사회윤리와 국가윤리

정용교

현재 영남대학교 교수(사회학)로 재직하고 있으며, 다문화현상과 국제교류협력을
세계시민 교육의 차원에서 바라보고 풀어내는 데 관심이 많다. 주요 저서로는 『세계
시민교육』, 『베트남 사회문화 교육의 이해』, 『경제와 윤리』, 『우리교육의 현실과
청소년문화』 등이 있다.

사회윤리와 국가윤리
초판 발행 2021년 1월 30일
지은이 정용교
펴낸곳 영남대학교출판부
펴낸이 서길수
출판등록 1975년 9월 5일 경산 제16-1호
주소 경북 경산시 대학로280
전화 053) 810-1801~3
FAX 053) 810-4722
홈페이지 book.yu.ac.kr

ISBN 978-89-7581-832-5 93910

사회윤리와 국가윤리

×

정용교 지음

영남대학교출판부

머리말

오늘날 인류는 중차대한 갈림길에 서서 어느 노선을 택해야 할지 심각하게 고민해야 하는 상황을 맞이하고 있다. 한편에서 인류는 과학기술 체계로 대변되는 고도문명의 발달 덕분에 더 없이 풍요롭고 안락한 삶을 영위할 수 있지만, 다른 한편에서는 극명한 빈부격차, 경제사회적 무규범상황, 극단적 이념대결, 공동체의 와해 내지 붕괴 등의 중차대한 현상에 부딪히면서 인간이 인간답게 살아갈 수 있는 환경에서 점점 멀어지고 있다.

경쟁과 효율성의 추구가 정당화되고 그것이 정상적인 경제행위로 인정되는 자본주의 체계에서는 실적과 성과경쟁이 일상적으로 전개된다. 또 그런 경쟁 이념은 경제영역을 벗어나 전반적 사회 영역으로 확대되고 있다. 이런 시대적 상황에서 인성과 품성도야에 일차적 목표를 두어야 할 학교교육의 영역에서도 점수와 성적으로 측정되는 계량적 잣대에 의거하여 일등에서 꼴등에 이르기까지 서열화하는 데 그 어떤 영역에서보다 앞장서고 있다. 이런 측면에서 본다면, 오늘날의 인류는 자신의 욕망 극대화에 삶의 최종 목표를 두며 나 이외의 타자를 철저히 이방인화하여 타도대상으로 바라본다고 해도 과언이 아니다. 인류는 각자 자신의 욕망극대화를 둘러싼 '만인에 대한 만인의 투쟁' 상태에서 한걸음도 벗어나지 못하고 있다.

만인에 대한 만인의 투쟁 상태에서 개인의 관심과 욕망은 어떤 사회적 거름 장치를 거치지 않고 무한히 극단적으로 표출되고 있다. 개인적 욕구가 있는 그대로 표출되는 상태에서는 어떤 식의 사회적 규범 체계도 잘 작동되지 않을 것이다. 인간 삶의 기본적 행위규제의 수단인 규범체계가 작동되기 어려운 상황에서는 무규범 상태인 아노미 현상이 불가피하다. 아노미 현상이 일상화된다면 사회질서 유지의 기초수단인 공동체 형성은 그만큼 어려워질 것이다. 그것은 해체되고 분열된 사회의 전형으로 다가올 것이다. 이렇게 개별화 혹은 개인화가 극단으로 진행되어 공동체의 붕괴가 나타난다면 존엄한 존재로서의 개체성 실현도 물 건너갈 것이며, 그것은 환류되어 공동체 붕괴상황으로 이어질 것이다.

인간존재성의 깊은 곳에서 볼 때 인간은 고립되고 독립된 개체적 존재의 측면을 띠지만 동시에 타인과 함께 살아야 할 사회적(공동체적) 존재로서의 측면을 띠기도 한다. 인간은 타인과의 관계망 속에서 자신만의 고유성과 주체성을 띤 존재이며, 또 다른 측면에서는 타인을 배려하면서 공존하며 살아야 할 사회적 존재이기도 하다. '인간존재의 이원성'을 염두에 둘 때 인간이 인간답게 사회적 삶을 산다는 것은 사회적 존재로서의 공동체성과 불가분의 관계를 맺는다.

인간이 공동체를 배경으로 공동생활을 한다는 것은 그에 합당한 권리와 의무를 받아들이면서 사회적으로 인정되는 약속을 잘 이행해야 한다는 사실을 전제한다. 인간은 각자 그런 권리와 의무를 성실하고 효과적으로 이행할 수 있는 사회적 환경을 만들 수 있어야 하며, 또 그런 사회적 환경을 인정해야 한다. 바로 이 지점에서 사회윤리학 성립의 중요한 근거를 찾을 수 있다.

　인류의 위기는 지나친 개인화(개체화) 과정을 겪으며 돌이킬 수 없을 정도의 공동체 붕괴상태에 직면해 있다는 사실에서 찾을 수 있다. 공동체가 제 기능을 발휘할 수 없을 때 인간의 안정된 삶은 가능하지 않고 그런 상태에서는 필연적으로 윤리붕괴 현상이 벌어진다. 윤리붕괴 현상이 발생하면 덩달아 불안과 불신, 불만 등으로 대표되는 윤리부재의 현상이 뒤따른다. 이런 상황에서는 인간성의 원상태인 전인적(全人的) 존재성에서의 파편화가 불가피하다. 더불어 '더 나은', '더 발전된', '더 편리한'으로 대변되는 효율과 경쟁이 사회적 가치의 전면에 등장하여 질주를 거듭하도록 지속적으로 압력을 행사할 것이다. 일찍이 라틴어 속담에서 적절히 표현하였듯이, 「인간은 인간에게 늑대(Homo Homini Lupus)」라는 탐욕적 욕구분출이 가감 없이 드러나는 형국이다. 이른바 「만인에 대한 만인의 투쟁」 상태가 우리의 일상화된 삶으로 와 닿는 모습인 것이다.

　이 책은 「사회는 인간을 위해 있는 것이지 인간이 사회를 위해 있는 것이 아니며」, 「인간은 경제목표이면서 동시에 경제주체여야 한다」는 사실을 학문적으로 천착하여 현실 사회의 장면으로 어떻게 구체화하여 드러낼 것인지를 모색하고자 하였다. 건실한 경제사회의 질서구조를 제대로 구축할 수 있을 때 우리가 딛고 살아가는 자본주의 체제가 한층 윤리성을 띠면서 건강성을 회복할 수 있다는 점에 유의하였다. 즉 사회질서구조 차원의 윤리성 문제를 논의의 핵심으로 삼아 윤리성을 보장할 수 있는 논의를 다양한 측면에서 드러내고있다.

　또한 개인차원의 윤리성이 아닌 사회질서구조 차원에서 윤리성 (Framework Ethics)이 필요함을 밝히고자 하였다. 흔히 윤리와 도덕의 문제를 개인차원에 국한시켜 다루려는 경향이 있었던 데 비해, 이 책은 질서구조 차원의 윤리성을 본격적으로 다루고자 하였고 이를 통해 질서구조 차원에서의 윤리학 성립이 갖는 중요성을 타진하려 하였다. 질서구조 차원에서 윤리성이 담보될 때 자연스럽게 개인차원의 윤리성이 보장될 수 있기 때문이다. 특히, 한국사회에서 생소한 질서구조 차원의 윤리성을 본격적으로 드러내어 학문적 차원에서 논의를 확장하려 하였다. 이는 이 분야에서의 학문적 논의를 위한 중요한 자양분을 제공할 수 있다. 아울러 독일식 사회윤리학(질서윤리학)을 둘러싼 다양한 논의들을 근거로 사회구조와 국가차원의 윤리성을 어떻게 접근하여 파악할 것인지에 대해 집중적으로 살펴보았다. 이런 논의를 통해 사회윤리학을 바라보는 우리의 윤리학적 인식 수준을 확장하려 하였다.

이 책에서는 사회윤리학의 핵심준거를 개체성과 공동체성, 가톨릭(자연법)과 국가론, 사회적 시장경제와 경제윤리학의 측면에 두고 질서윤리 구축을 위한 다양한 논의를 담아냈다.

1장은 사회윤리학의 근본전제를 둘러싼 논의를 본격적으로 전개했다. 인간의 이원적 존재성, 즉 개체적 인간존재와 공동체적 인간존재를 어떤 측면으로 바라보고 어떻게 접근할 것인지를 살펴보았다. 2장은 사회윤리학의 성립근거를 공동체 윤리 차원에서 본격 논의하였다. 공동체 윤리의 핵심을 공동선, 보조성, 연대성의 측면에서 다루었고, 이를 근거로 서양 사회윤리의 핵심근거를 찾으려고 했다.

3장은 공동체 윤리의 한 핵심 영역인 권위의 속성과 구체적 행사방법 등을 중심으로 공동체가 윤리적으로 운영될 수 있는 근거를 마련하고자 하였다. 4장은 시장과 경쟁을 원칙으로 하는 자본주의 체제 아래에서 공동선에 이를 수 있는 보다 안정적 근거는 어디에서 어떻게 찾을 수 있는지에 대해 질서구조 차원에서 탐색했다. 자본주의의 테두리 질서를 수립하고자 할 때 일정 수준까지의 질서윤리가 필요함을 밝혔다.

5장은 가톨릭에서 바라보는 국가공동체는 어떤 의미를 띠며 윤리적으로 어떻게 바라보아야 할 것인지를 다루었다. 가톨릭에서는 국가의 근거를 자기자신의 완성만이 아니라 시민들의 완성에서 찾는다. 따라서 공동선 질서에 입각한 국가운영과 국가공동체 안에서 생활하는 모든 사람들의 완성이 어떻게 가능할 것인지에 대해 논의하였다. 6장은 인간의 자연적 공동체인 국가를 윤리적 차원에서 바라보고 그 관계설정에 대해 다루면서 국가공동체를 바라볼 수 있는 윤리적 성찰영역을 열고자 하였다.

7장은 지속가능사회 실현으로서 질서경제 철학(질서자유주의)의 등장과 의미를 밝혀서 지속가능사회의 경제사회적 조건을 독일식 사회적 시장경제체제에서 찾고자 하였다. 독일식의 사회적 시장경제체제는 경제에서의 윤리성을 담보할 수 있는 제도적 장치를 모색하려 하였기 때문이다. 8장은 경제학을 넘어선 경제윤리학의 제안을 통해 경제활동에서 인간가치와 존엄성을 실현할 수 있는 있는 방안을 제시하고자 하였다. 이를 통해, 경제윤리의 실천을 경제교육 영역에서 구체화할 수 있는 방법을 타진하고있다.

이 책의 핵심 내용은 대부분이 허창수(Herbert Wattawah) 신부님의 아이디어에서 비롯되었음을 밝힌다. 신부님은 베네딕도 수도회 소속의 독일인 신부로서 일찍이 선교사로 이 땅에 파견되셨다. 신부님은 1970, 80년대를 거치면서 자본의 힘이 압도적으로 영향력을 행사하는 한국의 경제사회적 환경에서 '인간의 얼굴을 한 자본주의'를 어떻게 현실의 장면에서 실현할 것인가에 지대한 관심을 표명하셨다. 자본의 힘이 압도적으로 커지는 한국의 경제사회적 상황에서 이 땅에 인간존엄성이 실현될 수 있는 자본주의는 어떻게 가능할 것인가를 사목의 중요한 과제로 삼으실 정도였다. 신부님께서는 1971년부터 2009년까지의 한국생활 과정에서 당시의 척박한 경제상황에 주목하였으며,

이에 대한 대안을 '인간의 얼굴을 한 자본주의'에서 찾고자 하셨다. 신부님은 자유방임주의로 빚어지는 자본의 냉혹성에서 벗어남과 동시에 자유와 인권을 억압하는 사회주의의 무책임으로부터도 해방될 수 있는 이른바 제3의 길을 열고자 하셨다. 이런 양극단의 체제가 야기할 수 있는 비인간화 현상에 주목하면서 이에 대한 대안을 독일식의 '사회적 시장경제체제'에서 찾으려 하셨다. 사회적 시장경제체제를 통해 개인과 공동체가 조화되고 윤리성이 보장되는 자본주의를 실현하는 데 특별히 관심을 쏟으셨다.

신부님은 긴 세월 동안 파킨슨병을 앓았기에 몸이 상당히 불편하셨지만 경제에서의 윤리성을 세상에 구현하기 위한 열정은 참으로 대단하셨다. 이 책을 통해 평소 신부님께서 꿈꾸었던 인간이 인간답게 살 수 있는 세상(하느님 나라!)과 삶의 지향점을 되돌아보는 작은 성찰의 기회가 되었으면 한다. 이 작은 몸부림이 더 좋은 경제사회 공동체 구축을 둘러싼 논의에 조금이나마 보탬이 되었으면 한다.

2021년 저자

차례

머리말

4부

사회적 시장경제와
경제윤리학

1부

인간존재의 이중주와 공동체 윤리

1장

인간존재의 이중주 : 개체성과 공동체성

인간은 이중적 본성을 갖고 살아간다. 한편에서 인간은 홀로 서 있는 개체로서 다른 존재와 달리 독자적으로 삶을 살아가야 하며, 다른 한편에서 인간은 다른 사람들과 공동체를 만들어 함께 살아야 할 존재이기도 하다. 인간은 자유롭게 태어났으며, '자유인'으로서 언제나 자기의 행위와 행동에 최종적 책임을 지는 개체적 존재이기도 하다. 동시에 인간은 공동체를 형성하여 자신의 자유로운 결정을 타인에게 양도하기도 한다.

　　인간은 자신의 삶에 대한 자유로운 결정을 피할 수 없다. 샤르트르의 표현대로 "인간은 자유의 선고를 받은 몸이다." 다른 한편에서 인간은 내가 태어난 공동체(가족과 국가)를 위하여 떠나야 할지 아니면 계속 머물러야 할지를 결정해야 한다. 그렇지 않으면 내적 이민을 떠날 수밖에 없다. 다른 말로 하면 나는 이곳에 살고 있지만 이 공동체에 더 이상 동일시될 수 없다. 즉, 그 공동체에서 나는 더 이상 나의 정신적 고향을 느낄 수 없다.

자유로운 결정, 즉 자유로운 자기결정은 중요한 인간권리의 하나이다. 나의 의지의 내적인 자유는 나에게 고유한 것으로써 누구에게도 빼앗길 수 없는 독자적 권리이다. 그러나 나의 자유로운 의지를 외적으로 실현하려 할 때 일상적 삶에서 방해를 받거나 실패를 경험할 수 있다. 이처럼 인간은 개체로서 독자적으로 살아가기도 하지만 동시에 공동체의 구성적 존재로서 나 이외의 타자와 함께 살아가기도 한다. 인간은 공동체를 형성할 자질(예컨대, 언어능력)과 그렇게 하고자 하는 충동을 갖고 태어났다. 그러나 공동체는 그 자체로 목적이 되어서는 안 되며, 목적실현을 위한 수단에 그쳐야 한다. 공동체 안에서 공동체적 삶을 통해 자신의 복지와 완성을 추구하는 삶에 공동체의 중요한 목적을 두어야 하며, 함께하는 존재 그 자체를 기꺼이 즐겁게 받아들이도록 하는 데 공동체의 목적을 두어야 한다. 공동체는 인간을 위해 존재하는 것이지 거꾸로 공동체를 위해 인간이 존재해서는 안 된다. 따라서 인간, 인간의 복지, 인간의 완성은 공동체가 지향해야 할 질서창출에의 중요한 목표이며 규준이 되어야 한다. 여기에서 우리 삶에서의 공동체적 연대성이 요청된다.

개체로서의 인간이 최우선적으로 존재하며 공동체는 그에 입각하여 성립된다. 그렇다면 어떤 연유에서 인간은 공동체를 형성하는가? 인간은 자기 자신, 자신의 복지 그리고 자신의 완성을 위해 공동체를 형성할 수 있다. 인간이 공동체를 만드는 또 다른 이유는 무엇일까? 공동체가 인간에게 아무 것도 주지 않고 인간의 삶과 행동을 제한할 뿐이고 인간에게 해만 된다면 인간이 왜 군이 공동체를 만들고 그 안에 스스로 편입해 들어가려 하겠는가?

공동체를 만든다면 우리는 역시 우리의 자기결정에 일정한 제한을 받아들일 수 있어야 한다. 우리는 공동체 질서를 지켜야 할 의무를 가지며 공동선을 주어진 규범으로 기꺼이 받아들여야 한다. 공동체에 발을 들여놓음으로써 역시 타인을 위한 공동책임도 져야 하기 때문이다.

인간존재의 이중적 속성에 대한 이상의 논의를 염두에 둘 때 집단주의와 개인주의에서 해방될 수 있다. 즉, 인간은 자신만의 고유한 삶을 살아가는 것을 보장받아야 함을 주장함으로써 집단주의에서 벗어날 수 있고, 공동체 안에서 자기정돈의 불가피성 및 타인을 위한 공동책임을 져야 함을 강조함으로써 개인주의에서 벗어날 수 있다.[1]

인간존재를 둘러싼 이중적 차원은 사회윤리학의 근본적 토대이기도 하다. 인간존재의 이중성에 초점을 두면서 우리는 사회윤리학의 출발과 성격, 근본적 전제에 대해 다룰 필요성에 직면한다. 이 장에서는 사회윤리학의 기본 성격과 전제에 토대하여 사회윤리의 근간이 되는 인간존재의 공동체적 속성과 개체적 인격성을 좀 더 심도 깊게 논의하고자 한다. 나아가 개체적 존재를 넘어선 사회적 차원의 공동체적 존재모습에 대해서도 다각도로 검토할 것이다. 이를 통해 사회적 존재로서의 인간 삶에 대해 근원적 성찰의 계기를 마련하고자 한다. 이런 논의가 한층 분명해질 때 유동적이며 불확실한 사회적 상황에서 인간정체성을 어떻게 바라보고 설정할 것인지에 대한 중요한 함의를 얻을 수 있

---

1) 루크만에 의하면, 고대 고등문화 시대까지는 개인과 사회관계에 있어서 일반적 위기현상이 발생하지 않았다고 한다. 서양의 근대초기에 이르러 개인과 사회의 관계에 단절이 발생하였는데, 그것은 근대사회구조에 내포된 "가치중립적 성격", 곧 "실재에 대한 개인적인 의미부여의 임의성" 때문이었다고 하였다. 자세한 내용은 Luckmann, Th. *Zwänge und Freiheiten im Wandel der Gesellschaftsstruktur, in Neue Anthropologie3(Sozialanthropologie.* 1972: 168~198 및 Panenberg, Wolfhart. *Anthropologie in theologischer Perspektive.* 『인간학 II (인간사회론)』 박일영 옮김. 1996. 왜관: 분도출판사. 1996: 222 참조할 것.

을 것이다.[2]

1. 사회윤리학의 성격과 전제

인간은 윤리적 차원의 존재이다. 즉, 인간의 행동은 윤리적인 차원에서의 가치를 지니며 윤리적 차원으로 평가될 수 있다. 사람은 매일 자기 자신과 타인의 행동에 대해서 윤리적인 판단을 내리며 살아갈 수밖에 없다. 타인에 대한 행동을 규정하는 윤리의 근본원칙은 타인의 존엄성을 평등하게 존중하는 것과 밀접히 관련된다. 타인의 존엄성을 존중하며 하는 행동은 바람직한 것으로 수용되며, 또 반드시 지켜져야 할 가치 있는 것으로 받아들여진다. 대신 그런 평등한 존엄성을 무시하는 행동에 대해서는 바람직한 것으로 보지 않으며, 또 마땅히 하지 말아야 속성의 행동으로 받아들인다. 이것을 인간행동의 황금률로 부른다.

그러나 우리가 타인에게 특정한 행동을 하고 어떤 태도를 취할 때 그것은 보통 어떤 사회질서의 울타리 안에서 형성되는 것이다. 이런 점에서 타인을 다른 모든 사람들로부터 독립되고 완전히 분리된 존재(개체)로 볼 수 없고, 오히려 그를 공동체 조직 또는 사회조직에 속해 있을 수밖에 없는 존재로 보아야 하며, 또 마땅히 그렇게 대우할 수 있도록 행동하며 특정 태도를 취할 수 있어야 한다. 마찬가지로 나 자신도 같은 공동체 조직에 속해 있는 존재로서 행동해야 할 필요가 있다. 이 사실

---

2) 이 글은 사회윤리의 근간이 되는 인간존재의 이중적 차원, 곧 개체성과 공동체성의 관계를 다루고자 하였음에 유의하기 바란다. 인간존재의 이중성에 대한 상호적 논의를 통해 어려운 난제의 하나인 사회 속에서의 인간정체성 문제를 해명하는 데 좋은 단서를 찾을 수 있을 것이다.

에서 사람들의 대인관계는 개인의 선택 문제일 뿐만 아니라 공동체 또는 사회질서를 통해 정해야 할 문제라 할 수 있다. 나는 독립적인 개인으로서 다른 개체를 향해 행동할 뿐만 아니라 공동체의 구성원으로서 다른 구성원을 대상으로 행동한다.

예를 들면, 내가 교사로서 학생을 가르치면 그것은 나 개인의 문제일 뿐만 아니라 동시에 사회의 문제이기도 하다. 왜냐하면 조직된 사회(국가)가 교육제도를 세워서 나를 교사로 채용하고 나에게 그 학생을 맡겼기 때문이며, 바로 그런 이유 때문에 나와 그 학생 사이의 관계는 개인과 개인의 관계를 맺는 동시에 개인과 공동체 또는 사회 간의 관계를 형성하기도 한다.

인간 관계는 사회생활을 실행하는 근본적 토대이다. 대체로 인간 관계는 일정하게 주어진 사회질서에 따라서 실행된다. 사회생활을 할 때 우리는 권리의 주체인 동시에 의무의 주체이기도 하다. 만약 우리가 개인으로서 자신을 상대하게 된다면 특정의 권리와 의무 관계가 성립될 수 없다. 그렇지만 인간의 모든 대인관계는 공동체적 생활을 통해 이루어지며, 이런 공동체적 삶이 가능하기에 주어진 법률질서에 의해 규제받을 수 있게 된다. 그렇다고 모든 관계들이 주어진 법질서를 통하여 정리되는 것이라고 할 수는 없다. 즉, 대인관계는 자유로운 자기결정을 통해 정해지는 측면이 많기 때문이다. 이 때 주어진 법질서를 통하여 일정하게 정리된 형태로 이루어지는 사회생활은 사회윤리의 중요한 주제가 된다.[3]

---

3) 로크에 의하면, 개인은 불확실성 속에서 타인으로부터 침탈을 당할 수 있기에 사회적 결합을 통해 자기인격과 재산을 보호하려 한다. 때문에 무제한적 자유를 원하지 않는다고 본다. 따라서 그는 법률에 대해서도 "자유롭고 똑똑한 사람이 나서서 해당되는 법률에 속한 사람들의 고유관심사를 실현하도록 방향을

대인관계는 대개 많은 사람들을 포함하는 공동체에서 조직된 생활로 드러난다. 단지 두 사람의 개인관계에서도 이미 조직된 공동체 생활의 형태를 취하고 있음을 볼 수 있다(예: 부부생활). 공동체 생활은 질서 있게 조직된 공동생활의 한 모습이다. 이런 점에서 볼 때 인간은 사회 속에서 생활할 수밖에 없는 존재이다. 그럼에도 불구하고 인간은 원래 개체이고 또 마땅히 개체로서 존재해야 한다. 따라서 인간은 두 가지 종류의 실존차원에 마주하게 된다. 바로 그것이 개체성과 사회성으로 드러난다.

이와 같은 이중의 실존차원의 이행은 어떻게 가능할까? 개체성과 사회성은 서로 상반되는 속성을 띠는 것이 일반적이다. 개체성은 자유, 독립성, 자기결정, 자기책임, 자기부양 등을 의미하고, 사회성은 자유의 속박, 종속, 타자결정, 타자책임, 타자부양 등을 의미한다. 그러면 개인은 자기의 개체성을 포기하지 않고 사회생활을 할 수 있는가? 사회가 구성되는 데 불가피한 권위행사와 사회를 규정하는 법질서는 사람의 개체성을 파괴할 수 있지 않은가? 개체생활은 자기결정이고, 공동체 생활은 사회권위자와 법질서에 굴복하는 것이기도 하다. 이 지점에서 개체생활과 사회생활은 조화될 수 있는지 의문을 던져볼 수 있다.

두 차원의 조화는 실천 가능성의 문제일 뿐만 아니라 윤리적인 차원의 문제이기도 하다. 왜냐하면 윤리적으로 볼 때 개인의 존엄성은 공동체 생활에서도 반드시 존중되고 보장되어야 하기 때문이다.[4] 타인이

잡아주어 법률에 속한 사람들의 보편적 선의지를 실현하는 것"으로 본다(Locke. Second Treatize of Government. 1690; ch.8,n.120 재인용 및 Pannenberg. 1996: 231).

4) 이 점에 유념하여 사회윤리에서는 '인간의 신성한 존엄성을 긍정하고 수호할 것'을 기본원리로 인정한다.

갖는 존엄성이야말로 나에게 타인의 삶과 자유와 복지를 행동으로 존중할 의무를 지운다. 즉, 타인의 존엄성은 그의 삶과 자유와 복지에 대한 권리의 기초가 된다. 거꾸로 남들도 나의 존엄성을 지켜줄 의무가 있다. 그러나 이미 언급하였던 인간존엄성은 다른 개인에게 의무를 부과할 뿐만 아니라 사회차원에도 의무를 지운다. 또 다른 개인을 상대로 권리를 부여할 뿐만 아니라 사회를 상대로도 권리를 부여할 수 있다. 개인과 개인관계에 대한 것은 개인과 공동체 관계에 대해서도 그대로 적용된다. 즉, 권위자와 법질서를 통하여 정리된 공동체 생활에서도 인간의 존엄성은 보장되어야 한다.

　이런 점에서 인간존엄성은 사회윤리의 출발점이기도 하다. 사회의 법질서와 구성상의 권위행사는 인간을 존중하는가의 문제와 결부되어야 하기 때문이다. 사회윤리학에서는 공동체가 개인을 상대하는 행동을 포함할 뿐만 아니라 개인의 공동체에 대한 행동도 포함해야 한다. 공동체에 대한 행동은 곧 그 구성원에 대한 행동을 포함할 수밖에 없기 때문이다. 공동체의 질서를 지키는 것은 곧 공동체를 구성하는 인간을 존중하는 것이다. 왜냐하면 이 질서는 - 올바르게 제정되면 - 인간복지를 보장하여야 하기 때문이다(공익질서). 사회윤리는 개인이 사회를 상대로 하는 행동을 규정하는 윤리적인 기준으로 작용한다. 사회윤리는 사회와 개인 간의 상호관계를 윤리적인 관점, 곧 선과 악의 관점에서 바라보는 데서 중요한 특징을 찾을 수 있다.[5] 다시 말해, 사회윤리

---

5)　사회적 차원에서 윤리문제를 고려할 때 타자를 단순히 나와 같은 주체로 인식하는 개인 사이의 윤리적 문제로 보기보다 우리와 다른 정체성을 가진 독자적 인격체로서의 권리를 인정할 필요가 있다. 이런 실질적 인정을 수용할 때 차이는 더 이상 차별로 대두되지 않을 것이다. 이는 사회윤리학 성립의 중요한 근간을 이루는 중요한 문제이다. 이에 대한 자세한 내용은 심현주(2007: 345~350쪽) 참조할 것.

는 좀 더 바람직한 상호관계의 측면에서 사회와 개인 간의 관계를 바라보려 한다.

개인을 상대로 공동체가 갖는 권리와 의무로는 무엇이 있을 수 있는가? 바로 여기서 제도화된 윤리가 성립될 수 있다. 개인은 공동체를 상대로 어떤 권리와 의무를 갖는가? 이 두 가지 주제는 사회윤리학의 중요한 대상이 된다.

사회윤리는 일반 사회윤리와 특수 사회윤리로 구분된다. 일반 사회윤리는 개인과 공동체의 상호관계에서 지켜야 할 일반적인 원리들을 다루며, 특수 사회윤리는 이 원리들을 구체화하며 여러 종류의 공동체가 지향해야 할 올바른 형태를 다룬다(예컨대, 가족, 국가 등등). 보통 사회윤리학은 특수윤리학에 속한다. 왜냐하면 사회윤리학에서는 일반적인 윤리의 근본원리가 일정한 실제 범위에서 어떻게 실천되는지를 연구하고 가르치는 데 목표를 두기 때문이다.

사회윤리학은 사회학과도 구분된다. 사회학은 사회의 역사적인 현상을 묘사하고 설명하는 데 초점을 두며 가능한 가치판단을 배제하고 경험적 사실에 근거하여 사회현상을 파악·설명하려 한다. 반면 사회윤리학은 사회생활에 있어서 선과 악에 대해 판단하여 올바른 것이 무엇이며 어떻게 그 올바름을 실천할 수 있는가에 대해 가르친다. 즉, 사회윤리학은 윤리적이어야 할 바람직한 사회적 삶에 대해서 가르치려한다. 그렇지만 이를 위해 사회윤리학은 먼저 사회현상을 제대로 연구해야 할 필요성에 부딪힌다. 따라서 구체적인 사회생활 현상의 본질적인 구조를 파악할 필요가 있으며 그런 연유에 바탕하여 올바름의 실천에 다다를 수 있어야 한다.

사회학은 사회의 다양한 현상을 자료에 근거하여 경험적으로 연구하여 대상에 접근하려 하며, 이에 근거하여 사회현상을 둘러싼 복잡한 인과관계에 대해 과학적으로 설명하려 한다. 이에 비해 사회윤리학은 인간으로서 마땅히 따르고 지켜야 할 당위의 영역을 다루는 규범학문으로서의 성격을 띤다. 이 지점에서 사회윤리학은 규범관련의 지식을 가르쳐야 할 의무가 있을 뿐만 아니라 올바른 행동을 격려하고 사회적 여건을 조성하려는 호소적인 성격을 띤다. 결국 사회윤리학은 올바른 인간 삶의 방향을 제시하여 삶의 구체적 장면으로 연결할 수 있도록 하는 실천적인 학문이다.

2. 사회윤리의 기초적 인간관

사회윤리는 환영(幻影)에서 벗어나 실존하며 실제적 삶을 영위하는 인간에서부터 출발해야 하며, 동시에 그렇게 실존·실재하는 인간을 구속할 수 있는 공동체적 기준으로 역할을 할 수 있어야 한다. 즉, 사회윤리에서 설정하는 인간관은 인간의 개체성과 그런 인간 삶의 그릇인 사회성을 동시에 고려하며 바람직한 인간사회 조건에 적합해야 한다. 사회윤리는 인간존재의 이중성을 인간실존의 근본으로 인정하는 것에서 출발한다. 개체적 존재로서의 인간이지만 동시에 사회(공동체)가 추구하는 기준에 적합하며 또 그런 공동체의 목적에 부합해야 한다. 사회윤리는 권리를 갖고 행사할 수 있는 주체적 인간존재여야 함을 인정해야 하며, 동시에 사회적 존재로서 종속의 의무를 질 수 있음을 기꺼이 받아들일 수 있어야 한다. 이런 점에서 자유와 종속은 권리와 의무와 함께 인간의 본질적 실존을 규정하는 지점이기도 하다. 이런 상황을 받아들일 때 사회의 법질서를 통해 시민의 권리와 의무를 어떻게 정당하게 확정할 것이냐의 필요성을 둘러싼 고민을 할 수 있게 된다.

공동체의 구성과 원리

넓은 뜻으로 보면 인간의 공동체 생활은 나를 둘러싼 모든 타인과의 관계를 일컫는다. 일시적인 접촉(예컨대, 인사를 주고받는 것)도 공동체 생활의 하나에 속한다. 그러나 좁은 뜻으로 볼 때 공동체 생활은 일정 형태로 조직되어야 하고 비교적 지속되면서 안정된 관계맺음에 기반한다.

공동체는 그냥 많은 개인들로 이루어진 무리 또는 많은 사람들의 총합을 뜻하지 않는다. 무리 또는 총합 상태에서는 어떤 일정하면서도 안정된 형태의 구조화된 모습을 찾아볼 수 없다. 즉, 여러 부분들이 질서와 구조를 따르며 일정한 형태로 정돈되거나 연결되지 않는다. 이런 무정형의 형태와 달리, 공동체는 특정한 질서구조를 갖고 구성원들이 유기적 전체로 구성되어 서로 간에 하나처럼 작동될 수 있어야 한다. 공동체는 개별적 개체들로 이루어지지만 그런 전체 공동체는 개인과는 다른 생존조건을 갖고 살아갈 수밖에 없으며, 개인적 특성을 넘어 구조화된 형태로 드러난다.

공동체는 일종의 유기체와 같은 모습을 띤다. 유기체처럼 조직된 공동체는 단일한 존재처럼 지속적으로 생존하며 개별 인간들의 삶에 지대한 영향을 미칠 수 있다. 유기체의 특징은 적정한 역할분담과 분업에서 찾을 수 있다. 공동체 안에서는 각 개인이 모든 일을 함께 하지 않으며 동시에 똑같은 일을 하지 않고, 대신 특별한 역할, 과제, 기능 등을 각각 분담하여 담당한다. 어떤 한 사람은 타인의 일을 염두에 두고 그의 일에 자기의 일을 맞추며 살아간다. 즉, 공동체는 역할분담으로 서로 보완하기도 하고 일정한 목적들을 달성하기 위해 공동으로 실천하기도 한다.

서로 보완하고 협동하는 구조와 조직(질서)은 어느 정도 우연히 자동적으로 생길 수도 있다. 예컨대, 시장경제제도에서 질서는 '보이지 않는 손'을 통하여 이루어지기도 한다. 그렇지만 그렇게 쉽게 생길 수 있는 것은 아니다. 오히려 공동체 내 구성원들의 다양한 행동을 정리하는 질서를 의도적으로 설정할 필요가 있다. 즉, 일정한 통제가 수반된 권위행사를 통하여 질서정연한 공동체 생활이 이루어질 수 있고 공동체는 질서와 일치의 원리를 반영하여 안정된 모습을 갖추게 된다. 물론 그 권위행사는 다양한 모습을 띨 수 있다.

공동체는 구성원들의 직접적인 동의(투표)로 통제권위를 행사할 수 있으며 위임받는 대표자들을 통해 그 권위를 행사할 수 있다. 대표자들이 권위를 행사하는 경우 공동체에서는 구성원들이 피라미드 모양을 이루며 서로에게 종속된다. 따라서 조직론의 차원에서 볼 때 공동체는 상하의 구조를 갖는다. 공동체 생활은 질서를 지키는 것일 뿐만 아니라 권위자와 권위기관에 종속되기도 한다. 다시 말해, 공동체에서는 통제하고 명령하는 구성원이 있으며, 명령을 준수하고 집행하는 구성원도 있게 된다. 공동체 생활의 질서는 법제정을 통해 성립된다. 권위자가 법질서를 세우며 공동체 구성원들을 통제한다. 원칙적으로 통제하는 사람들도 자기가 설정한 법에 의해 구속된다. 법질서는 사람들에게 권리와 의무를 부과한다. 공동체는 질서를 지켜야 하며, 법을 위반하면 벌을 받는다. 이런 점에서 공동체 생활은 질서와 권위행사로 정해지고 이루어진다고 할 수 있다(허창수, 1996: 33~41).

공동체는 개인과 다른 생존을 가지고 개인의 능력을 넘어서는 일을 성취할 수 있다. 즉, 공동체는 분업을 통해, 다시 말하면 여러 사람들에게 능력대로 일을 나눔으로써 개인의 능력을 능가하는 일을 성취하도록 할 수 있다. 개인에게 있어 힘과 시간과 실력은 제한될 수 있다. 그러나 그런 개인들이 협동하면 개인의 능력은 양적으로 보태어지기(합해지기)만 하는 것이 아니라, 서로의 보충(보완)을 통해 개체들의 특별한 실력발휘로 이어지며, 그런 능력과 효력은 양적 및 질적으로도 더욱 크게 증대된다. 그것은 물질적 및 정신적인 범위에 있어서도 동시에 적용될 수 있다. 개인이 혼자서 달성하지 못하는 일과 업적은 분업으로 달성될 수 있다. 예를 들면, 사람들이 협동하여 일하지 않았다면 자동차가 생겨나기는 불가능하였을 것이다. 여러 사람들의 축적된 지식과 실력이 모아질 때 자동차가 생겨났으며 그렇게 생겨난 자동차는 시간을 더하면서 더욱 발전하였다. 인간의 지식, 즉 과학과 학문의 경우에도 협동을 통해 발전을 거듭하였으며 오늘날 그 발전속도는 기하급수적으로 가속화되고 있다. 예를 들어, 의사의 경우도 중요한 수술을 할 때 협동이 불가피할 것이다. 자신을 도와주는 간호사와 그 밖의 다른 이들의 도움이 없다면 큰 수술을 하기가 어려울 것이기 때문이다. 공동체가 달성할 수 있는 업적은 개인들이 실현할 수 있는 일을 능가하게 되며, 이런 협동을 통해 새로운 것을 실현가능하도록 만들어낼 수 있다. 공동체는 개인과 구별되는 생존구조를 갖는다.

공동체는 개인보다 더 오래, 더 강하게 존속한다. 예컨대, 국가는 많은 세대를 거치며 개인보다 더 오래 존속한다. 인간은 죽지만 국가는 더 오래 장수한다. 공동체는 개인이 할 수 있는 것을 넘어서서 문화를 유지하며 전달하는 역할을 담당하기도 한다. 공동체가 없다면 전통이 성립될 수 있는 여지가 많지 않다. 공동체는 세대들을 연결시키고, 다시 공동체의 전통은 인류문화의 과거와 현재를 미래와 연결시킨다. 이렇게 함으로써 과거는 현재를 살찌우고 현재는 미래를 다시 풍성하게 할 수 있다. 공동체 생활은 과거와 현재, 그리고 미래를 포함한다. 다시 말해, 우리는 현재의 사람들뿐만 아니라 과거와 미래의 사람들과도 연결된 공동체 생활을 영위한다. 과거의 전통은 인간생활에 지대한 영향을 끼치고, 새로운 전통을 형성하면서 미래 사람들의 생활에도 영향을 미칠 수 있다(Group of Experts on "World Economy and Social Ethics", 2001: 35~40).

그렇지만, 공동체가 개인과 구별된 생존을 갖는다고 말할 수 있음에도 불구하고 형이상학적으로 보면 공동체는 실체적인 존재라 할 수 없고, 여전히 인간들의 상호 관계로 구성되어 있는 어떤 집합체의 성격을 띤다. 즉, 공동체는 인간들의 삶에 부수적인 존재차원으로 다가오는 우유성(偶有性)을 띠는 것이다.

공동체 구조와 형성의 근거 및 목적에 따라서 여러 가지 종류의 공동체들을 구분할 수 있다. 특히 전근대사회에서 근대사회로의 변화에 따라 공동체의 성격에서도 그러한 구분이 한층 요구되기에 이르렀다. 근대성의 특징에 따라 등장하는 공동체 성격의 변화에 주목하여 학자들은 일상생활의 용어와 다른 전문용어를 만들게 되었다. 예를 들어, 사회(Gesellschaft)와 공동체(Gemeinschaft)의 구분이 바로 그 대표적 예가 된다(Tönnies, 1887).

퇴니스에 의하면 '공동체'의 구성원들은 정신적이고 감정적이며, 본능적인 관계로 연결되어 있다. 예컨대, 우정, 사랑, 연대감, 신뢰 등은 이와 같은 공동체의 기초를 이룬다. 공동체는 '나와 너'의 인격관계를 맺으며 계획적인 것이 아니라 자연적 형태로 생겨났다. 이런 이유 때문에 공동체는 대개 서로 아는 사람들의 작은 집단으로 나타난 것으로 볼 수 있다. 공동체의 목적은 공동으로 살아가는 생활 그 자체에 있는 것이다. 여기서 타인과의 관계 그 자체가 목적으로 여겨진다(예: 남편-부인 관계). 이와 같은 공동체 상태에서는 특정의 사상과 윤리관이 일치한다는 근거에 입각하여 함께 삶을 누리며 살아간다. 공동체의 목적은 공동체적 생활 그 자체를 통하여 실천될 가치관에 입각해 설정될 필요가 있다. 이 경우의 공동체는 자연적이며 자발적으로 생겨났다. 여기서 공동체를 구성하는 사람들의 의사 또는 공동체의 구성원들을 결합시키는 의사는 심의하고 계획하는 이성으로 정해진다고 볼 수 없다. '나와 너'의 인격관계는 합리적으로 세운 목적 집단이 아니다. 공동체는 대체로 법률제도에 의해 조직되는 형태의 단체라 하기 어렵다.

이에 비해, '사회'는 합리적으로 조직된 사람들의 결합, 곧 합리적인 목적결합이다. 사회의 구성원들은 개인적으로 서로 알지 못할 수도 있고, 또 구성원의 숫자에서도 더 많을 수 있다. 사회는 인위적으로 형성된다. 뭔가에 대해 의도를 갖고 심의하고 계획하게 하는 이성이 사회 구성원들을 연결시키려는 의지를 정해주는 구실을 담당한다. 사회의 목적은 결합 그 자체가 아니라 '나와 너'의 인격 관계에서 보다 선택적으로 협력하고 갈등하며 유사한 권익을 실현하는 데 있다. 이성에 토대해 제정된 법률제도는 사회생활을 일정한 형태로 규정·재편하면서 공동체 전체가 추구하는 사회차원의 공동목적을 달성해간다.

그렇지만, '공동체'와 '사회'는 명쾌하게 잘 구별될 수 없다. 실제적 측면에서 공동체는 사회의 여러 요소들을 포함하는 경우가 있고, 또 사회는 공동체적 여러 요소를 포함하는 경우가 많다. 예컨대, 노동조합의 구성원들은 서로 잘 모를 수 있지만 공유하는 연대감으로 연결되기도 한다. 또는 가족을 구성하여 살아가는 이유(결혼할 이유)에서도 자발적인 사랑에 의해서 뿐만 아니라 계획된 생활안정을 추구하는 것에서 찾기도 한다.

공동체는 자연적 공동체(societas naturalis)와 자유로운 선택적 공동체(societas libera)로 구분될 수 있다. "자연적인 공동체"(예: 가정, 국가)는 인간의 자연적 본성에 입각한 자발적 결합이다. 따라서 자연법에서는 인간에게 이와 같이 공동체적으로 살아갈 것을 요구한다. "선택적인 공동체"는 자유롭게 선택한 합리적인 목적을 갖는 결합이다(예: 노동조합). 또 인간의 사회생활은 일차집단과 이차집단으로 나누어 바라볼 수 있다(Cooley, 1902). 이러한 개념적 구분은 공동체와 사회로 구별하는 방식과 유사하다. "일차집단"은 인간의 자연적 본성으로 인하여 자발적으로 생긴 생활 공동체를 가리킨다(예: 가정). 여기서 구성원들의 결합은 감정적이고 친밀하고 인격적인 관계에 기반하여 맺어진다. "이차집단"은 합리적인 목적단체를 가리킨다(예: 노조). 친밀한 인격적 관계는 여기서 그다지 중요하지 않다.

　　또 다른 중요한 개념구분은 국가와 사회의 구별에서 찾을 수 있다. '국가'는 정부의 권력으로 통제되고 조정된 국민의 공동체를 말한다. '사회'는 국가와 개인 사이에 있는 여러 가지 공동체 현상들을 가리킨다(예: 가정과 노조). 이 방식에 의하면 공동체와 사회는 구분이 잘되지 않으며, 가정이란 공동체도 사회의 한 종류로 생각될 수 있다. 여기서는 주로 공동체라는 개념에 논의의 초점을 맞출 것이며, 이 개념을 사용하는 경우에도 주로 사람들의 조직된 공동생활을 가리키는 뜻으로 한정하여 사용할 것이다.

인간의 개체성(인격성)

인간은 사회생활을 하는 존재이지만 독립된 개체로서 사회를 구성하고, 또 그에 상응하는 행동을 하며 살아가는 개체적 존재기도 하다. 형이상학적 측면에서 인간은 개체적 실체로서의 삶에서 자유롭지 않다. 즉, 인간은 독자적 개체로서 독립적으로 존재하고 작용하면서 삶을 살아간다. 인간은 다른 존재 안에서가 아니라 그 자체로 홀로 살 수밖에 없는 고독자적 존재이다. 인간은 다른 존재자와의 관계에서 본질적 혹은 우유적(부수적)인 일부분으로 살아가지 않는다. 예를 들면, 그는 어떤 색깔에 있어서처럼 어느 특정 존재자의 우유성적인 속성으로 존재하지 않는다. 손이나 팔이 몸의 물리적인 부분인 것처럼 다른 존재자의 일부분에 속하는 모습으로 삶을 살아가지 않는다. 요컨대, 인간은 독립적인 실체로 존재하며 독자적으로 삶을 살아가는 각자의 독특성을 띤다.[6] 그래서 그는 개체로서 존재하며 또 개체로서 행동한다. 즉, 그는 독자적 개체로서 정신적이며 육체적인 행동을 하는 주체적 고유성을 띤다.

인간이란 개체는 '인격'을 갖는다. 바로 이런 인격성이야말로 인간을 모든 존재 중에서 가장 탁월한 존재성을 띠게 한다. 보에티우스(Boethius)에 의하면, "인격은 이성적 본성을 가진 개체적인 실체이다(homo est rationalis naturae individua substantia)."[7] 이런 점에서 "오직 인간만이 이성과 도덕, 그리고 법률을 지키는 자유로운 의지를 갖추었고, 사회는 아무리 잘 조직된다 해도 그런 능력을 갖출 수 없다."(비오 11세, 1937: 29). "질서 있고 풍요로운 공동생활을 가능하도록 하기 위해서는 모든 인간이 인격을 갖고 있다는 원리가 그 바탕이 되어야 한다. 즉, 인간은 지성과 자유의지를 가지고 있으며, 인간본성에서 직접적으로 나오는 권리와 의무를 지닌 주체이다. 따라서 인간의 권리와 의무는 보편적이며 불가침한 것이며, 그 어디에도 양보할 수 없는 것이다."(요한 23세, 1963: 8~9).[8]

가톨릭의 입장에서는 인간의 사회생활과 관계형성의 근본적 근거로 인간의 인격성을 특별히 강조한다. "인간은 '인간사회의 한 무명

---

6) 이런 점에서 인간은 절대적인 존재의 한부분 또는 역사에서 발전하는 신의 특정현상이라고 단정지어 말할 수 없다. 범신론의 입장을 염두에 둔다면 이점이 더욱 잘 이해가 될 것이다.

7) 이것은 가톨릭에서 바라본 전통적 인격개념이다. 그러나 근대에 와서 인간의 이성 이외에 특히 그의 자유의사와 그것을 따라가는 윤리적인 권리와 의무들이 강조되기도 한다.

8) 사회윤리적 차원에서 인격의 발생과 기원 및 관계성을 둘러싼 좀 더 자세한 논의에 대해서는 Rotter. 1975. *Grundlagen der Moral*. Benziger Verlag, 안명옥 옮김. 1993.『윤리의 기초』. 분도출판사. 26~39쪽 참조할 것.

의 요소'가 결코 아니다. 인간에게 이성이 있다는 것은 이론적인 이성의 측면에서뿐만 아니라 실천적인 이성(양심)의 측면에서도 함께 있다는 것을 의미한다. 인간에게 있어 이성은 윤리적인 계명을 인식하고 무엇을 하라고 하든 또는 하지 말라고 하든 요구할 수밖에 없다."(2차 바티칸 공의회, 1973: 사목헌장 14).

인간의 개체성은 특히 개인의 자유의사를 통해 잘 드러난다. 인간 행동은 자유로운 것이다. 자유로운 주체만이 자기 행동의 첫 번째 원인이 된다. 자유로운 존재야말로 완전히 독립적으로, 절대적인 개체로서 행동해야 하기 때문이다. 이 때문에 인간은 자기행동에 대해서 최종적 책임을 져야 한다. 또 인간은 자기 스스로의 책임의식을 갖고 주어진 특정한 목적을 실현하기 위해 행동해야 한다. 따라서 인간은 결국 자신의 복지에 대한 책임을 스스로 져야한다. 이렇게 자기 자신에 대해 책임을 지고 행동하는 것을 이기주의라고 할 수 없다. 오히려 그것은 인간의 핵심적 의무가 되기도 한다. 인간은 자기의 복지에 대한 책임을 타인이나 사회에 넘겨 부담시켜서는 안 된다. 인간에게 있어서 자아책임은 인간의 자연적인 자아실현이기 때문이다. "인간은 존엄한 존재이기 때문에 의식적 자유선택에 의거하여 행동해야 한다. 즉, 맹목적 본능이나 순수한 외적강박에 의하지 않고 인격적인 내적동기에 의하여 주체적으로 행동할 수 있어야 한다."(2차 바티칸 공의회, 1973: 사목헌장 17).

인간은 자신의 행동에 대해 남에게 그 어떤 책임도 떠넘겨서는 안 된다. 물론 다른 사람들이 나에 대해서 어떤 영향(세력)을 끼침으로써 나의 행동에 대해 공동으로 책임을 갖게 할 수도 있지만 궁극적으로 그에 대한 책임은 내가 맡을 수밖에 없다. 나의 행동은 나의 것으로 남는다. 이 때문에 인간은 죄인이 될 수도 있고, 무엇인가에 대해 특별한 공을 세울 수도 있다. 상을 받을 값어치를 갖게 되기도 하고 벌을 받을 수도 있다. 뉘우치고 보상(보속)해야 할 이유가 있을 수도 있고, 자랑해야 할 이유가 발생할 수 있다. 인간은 실천이성(양심)과 자유로 말미암아 스스로를 윤리적인 차원의 존재로 만들어 가야 한다.

인간은 이성과 자유를 부여받아 행사할 수 있기 때문에 삶의 주인 구실을 할 수 있으며(자기결정), 이런 연유에서 인간은 다른 존재, 곧 생명체들의 위에 설 수 있었다. 자기 자신에게 있어서 "주인됨의 핵심"은 바로 인간의 존엄성에서 비롯된다. 나아가 이런 이성과 자유는 인간에게 있어서 가장 보편적인 본질적 속성이기도 하다. 존엄한 존재로서의 인간 특성을 행사할 수 없다면 온전한 인간이라 할 수 없다. 인간이 인간으로서의 개체성과 인격성을 잃어버린다면 인간적 특성을 상실하게 된다. 이런 상황에 직면할 때 인간은 자기 자신도 모르는 사이에 어떤 형태의 조작에도 쉽게 말려들 수 있다. 예컨대, 신문의 광고와 사회의 여론, 풍습과 전통에 의해 그렇게 될 수 있으며, 오늘날은 유튜브와 각종의 SNS체계, 빅데이터와 인공지능 등에 의해서도 아주 쉽게 조작에 휘둘릴 수 있다. 이런 조작된 형태와 상황 속에서 인간은 스스로에 대해 생각할 수 없고 자신에 대해 제대로 된 결정을 내리기가 쉽지 않다. 자신의 고유한 이성과 판단에 입각하여 주체적으로 결정을 내리는 것이 아니라 어떤 조작된 상황에 영향을 받으면서 풍습과 광고, 여론을 따라 행동할 뿐이다. 이럴 경우 인간은 자신의 삶의 주인이 되는 것을 포기했다고 볼 수 있으며, 그런 상황에서 인간은 아주 쉽게 정신적, 육체적으로 노예상태에 빠질 개연성을 갖는다.[9] 인간에게 있어 이성과 자

---

9) 최근 첨단전자매체 기술의 급격한 발달에 따라 인격성을 지닌 개체들이 합리적 의사결정을 주체적으로 내리기가 점점 어려워진다. 동시에 지식과 정보가 폭발적으로 증가되는 정보화와 세계화 환경에서 개인들이 자신을 둘러싼 주위환경 변화를 능동적으로 파악해 올바른 처신을 하기란 결코 쉽지 않다. 이런 상황에서 자유의사에 따라 고유한 이성에 입각한 주체적 판단을 내리는 것은

유로운 개체성을 발휘하여 삶을 영위하는 것은 인간존엄성의 가장 중요한 기초를 마련한 것이다. 사유와 의사의 독립성(정신적 자립성)은 인간생존에서 무엇보다도 중요한 이상적인 현상이다.

인간은 자유롭게 태어났다. 인간은 의사의 자유, 자유로운 결정을 할 수 있는 자기결정 능력을 가지고 태어났다. 그것은 아무도 탄압할 수 없는 인간의 고유한 내부적 자유이다. 그러나 인간의 외부적 자유는 자유의사를 외부적으로 실현하는 것에 속박될 수 있다. 다시 말해, 외부적인 자유는 자율적으로 행동하는 것과 자기 삶의 주인인 것 그리고 외부적으로 실천하는 것을 구속하거나 속박할 수도 있다. 곧, 인간의 개체성이 외부적인 것으로부터 탄압을 받을 수도 있다. 그렇지만 인간은 외부적으로 자유롭게 살기를 원하며 또 자유로운 삶을 영위하고자 하는 자연적인 욕구를 가진다. 외부적 행동의 자유가 보장될 때 인간이 누릴 수 있는 자유도 좀 더 쉽게 완성될 수 있다. 뿐만 아니라 인간은 자유롭게 생활할 수 있는 권리를 누릴 수 있어야 한다. 우리는 이 권리를 인권(인간으로서 가지는 권리) 또는 자연권이라 부를 수 있다. 사람이 갖는 자유의 권리는 인간으로서 가지는 존엄성에 그 기초를 둔다. 사람의 자유를 존중하는 것은 곧 그의 존엄성을 존중하는 것이다. 인권은 천부적으로 주어진 것이고, 창조주에게서 부여받은 것이다. 이런 점을 염두에 둔다면 모든 공동체(국가)는 개인이 갖는 천부적 인권을 박탈할 수 없으며, 오히려 그의 존엄성을 보장해야 한다.[10]

난제이다.

10) 이러한 자기결정의 강조는 개인주의적 세계관을 옹호하는 입장과 연결되며, 나아가 그것은 자본주의적 세계관과 일맥상통한다. 자본주의는 개인의 자유를 인정하며 각자의 자기결정체제로서의 경제원리가 운영되어야 함을 인정한다. 자본주의에서는 생산수단의 소유와 처분을 통해 개인이 자기자신을

인간은 자유롭게 어떤 목적을 추구하며 행동할 뿐만 아니라 자신의 생활을 목적에 두고 행동하기도 한다. 즉, 인간은 자신의 행복과 완성에 최고의 가치를 부여한다. 개체는 항상 자신의 목적을 추구하며 삶의 주인으로 행동한다. 개체로서의 인간은 다양한 성격과 자질을 가지고 태어났으며, 그리하여 모든 인간은 특수하며 유일한 존재로서 삶을 살아간다. 이런 점에서 자기결정과 자기책임은 자기생활의 방식을 스스로 선택하는 것을 의미한다. 그 결과 인간들의 삶은 그 자체로 다양성을 띠게 된다. 인간은 자유로운 자기결정에 관한 권리가 있는 것과 같이 다양한 생활방식에 대한 권리도 동시에 갖는다. 공동체는 특별히 이 사실을 유념하여 존중해야 한다. 즉, 인간을 규격화시키면(집단주의) 인간개체의 존엄성이 보장되지 않으며, 아울러 개체가 갖는 다양성이 말살될 수 있다.

다른 한편에서 인간의 자유(개체성)는 부정적 성격을 갖는 것으로 바라볼 수 있다. 자유로운 개체는 궁극적으로 자신의 삶에 대해 책임을 져야 하기 때문에 쓸쓸함과 외로움의 상태에 빠질 수 있다. 자유는 우리를 고독하게 만든다. 샤르트르가 표명했던 "자유에의 선고"를 받았던 인간의 개체성으로 말미암아 인간은 고독과 외로움에서 벗어날 수 없는 운명을 안고 살아갈 수밖에 없다. 이런 점에서 인간은 개체성을 넘어선 공동체적 존재(사회성)의 모습을 띠며, 동시에 타자와 함께 살아야 할 숙명적 존재의 모습에서 자유롭지 않다.[11]

부양해야 하며, 또 자신의 소유물을 생산수단으로 이용할 수 있다. 이런 점에서 개인의 소유를 그 자신의 책임 하에 처분하여 생계를 꾸려가는 것을 보장하는 자본주의는 개인의 자기결정을 철저히 보장하는 시스템이다. 좀 더 자세한 내용에 대해서는 허창수(1996) 참조할 것.

11) 인간존재의 공동체성을 강조하는 몇몇 학자들의 의견에 귀 기울여보도록

3. 인간의 사회성(공동체성)

인간은 사회를 구성하며 또 사회의 산물이다

자유의 관점에서 본다면 인간은 독립적 존재일 뿐만 아니라 고독하고 외로운 존재이다. 그렇다고 인간은 혼자서 스스로의 생활을 모두 실현할 수는 없다. 인간은 태어나서 죽을 때까지 공동체 생활을 해야 하기에 공동체에서 자유로울 수 없다. 인간은 타인과 우연히 그리고 일방적으로 혹은 일시적으로 만나지 않는다. 오히려 그는 여러 가지 조직(단체)에 지속적으로 연결되어 살면서 타인과의 관계 속에서 살아갈 수밖에 없는 존재이다. 그는 자기의 생활을 남과 나누고 서로 보완하며, 공동의 목적을 두고 행동하면서 자기와 남의 생활을 공동으로 형성하며 살아간다. 이런 점에서 인간의 삶은 공동체적으로 조직되어 공동체와 떼려야 뗄 수 없는 관계 속에서 영위된다. 예를 들면, 인간은 가족과 국가라는 공동체 안에서 태어났으며, 사회를 떠나 살아갈 수 없고, 사회 구성원으로 살아야 한다. 또 사람은 스스로 여러 가지 공동체에 가입하고 그의 구성원으로서 살아갈 수밖에 없다. 즉, 인간은 혼자서 자아실현을 할 수 없고 오히려 공동체적 삶을 통해 자아를 실현할 수 있다. 이런

하자. 루소는, "도덕적 자유를 보편의지의 법률에 근거하도록 함으로써 개인은 사회에 종속되며 사회를 거스를 때 개인은 자유를 누릴 수 없다"고 하였다. 이런 그의 생각은 이후 인간 개인은 사회와의 관련에서 자율적이지 않으며 그 반대로 사회의 산물로서 사회에 종속되어 있다고 주장하였던 마르크스주의자들에게 큰 영향을 미쳤다. 칸트가 주장한 인간과 사회에 대한 생각을 들어보자. 그는 "인간은 그 본성 안에 원초적으로 군서(群棲) 본능이 있다"고 보았고, 특히 인간은 자기 스스로를 사회화시키려는 경향을 갖는다고 하였다. 그는 "인간은 사회 안에서 자기가 인간 이상이 되는 것을 느낀다. 다시 말해, 인간은 사회 안에 있을 때 자연적인 상태가 발전된 존재 그 이상이 됨을 느낄 수 있다"고까지 하였다(Pannenberg, 1996: 234~236에서 재인용).

공동체적 삶의 실현을 통해 인간은 조직적으로 타인의 영향을 받게 되고 또 타인에게 영향을 미치며 살아가지도 하는 사회적 존재이다.

인간은 정신적 및 물질적으로 서로 주고받으며 공동생활을 영위한다. 이렇게 상호 간에 주고받는 생활은 특히 분업의 형태, 곧 사람들 간에 서로 보완하면서 살아가는 모습을 띠었다. 또, 사람들이 지향하는 목적과 달성한 업적은 대개 개인적인 목적과 업적이 아닌 공동체적으로 이룬 것이기도 하다. 이런 연유 때문에 개개인의 책임 이외에도 공동의 책임, 공동의 잘못 및 공로가 인정될 필요가 있다. 공동체에서 각 사람은 자기 자신만을 위해서 살지 않고, 원하든 원치 않든 남을 위해 살아갈 수밖에 없다. 이기주의자도 공동체 생활을 할 때 어느 정도는 자동적으로 이렇게 된다. 그래서 개체인 인간은 자신의 생활뿐만 아니라 남의 생활에 대해서도 어느 정도까지 영향을 미치게 된다. 인간은 물리적 교환과 정신적 교환을 함께 나누며 살아갈 수밖에 없기 때문이다.[12]

따라서 각 사람은 공동체를 구성하는 동시에 공동체의 산물이기도 하다. 우리의 물리적인 생활수준은 공동체(국민 경제)에 달려있으며, 또 우리의 정신적인 생활도 공동체로부터 영향을 받을 수밖에 없기 때문이다. 인간을 인간답게 존재하게 하고 인간성을 한층 풍요롭게 하는 문화와 학문은 인간의 공동체성과 불가분의 관계를 맺는다. 이른바, 한 사회의 문화와 문학은 그 사회 공동체에서의 정신적인 교환과 상호

---

12) 심지어 사적이윤의 최적화를 추구하는 자본주의적 시장경제제도에서도 개별적인 경제활동을 주축으로 하지만 다른 한편에서 유기체적 전체를 전제하지 않고는 성립될 수 없다. 일단 시장에 참여하려 한다면 사회의 유기체에 편입해 들어가지 않을 수 없기 때문이다. 바로 이 지점에서 공동선의 질서가 형성되고 그런 공동선 질서를 유지해야 할 도덕적 의무가 발생하게 된다. 이에 대한 좀 더 자세한 논의에 대해서는 허창수(1996: 31~45쪽) 참조할 것.

간의 보완을 통해 형성된 것이다.

사회성은 인간실존의 본성적인 차원이다

인간은 사회의 산물인 동시에 사회 구성원이고 사회의 창조자(인)이기도 하다. 한마디로 말해, 인간은 사회적인 동물(존재)이다. 여기서 인간의 사회적 차원은 포기할 수 있는 '사치품'과 같다고 말할 수 없다. 사람은 혼자 있는 개체로서 자기 자신의 인간다운 자아완성을 구현할 수 없으며, 대신 그런 자아완성에 이르기 위해서 다른 사람과의 공동생활이 반드시 요청된다고 할 수 있다. 이런 점에서, 인간은 본질적으로 사회적 동물이라는 사실을 다시 한번 확인할 수 있다. 즉, 인간은 공동체 생활을 통해 완성될 수 있는 자질을 갖고 있으며, 동시에 그런 완성을 얻기 위해서 열려있어야 한다. 뿐만 아니라 인간은 살아남기 위해 공동체적 보충(보완)을 필요로 한다. 인간은 존재론적 차원에서 보면 독립적인 실체이지만 실존적 차원에서 보면 사회적 존재이다.

인간은 공동체의 도움을 받으며 살아가고 동시에 공동체를 통해 완성된다

공동체는 여러 측면에서 인간을 도와주며 보호한다. 뿐만 아니라 사람은 이런 도움과 보호를 받지 않으면 자아를 계발할 수 없고 또 생존할 수도 없다. 특히 어릴 때 인간은 가족과 사회의 도움 및 보호가 없다면 살아갈 수도 발전할 수도 없다. 예컨대, 어린이는 공동체로부터 도움을 받지 않는다면 자신을 부양할 수 없고, 교육을 받지 않으면 성격과 지식을 올바르게 발전시켜 갈 수 없다. 이와 달리 동물은 배울 필요가 없으며 본능적으로 올바르게(동물의 입장에서) 행동한다.

한편, 사람은 태어나서 어른이 되고 죽을 때까지 일생동안 공동체에 의존하여 살아갈 수밖에 없다. 이미 말한 바와 같이, 조직된 분업을 통해 공동체는 인간들에게 혼자서 달성할 수 없는 물질적, 정신적 이익을 마련할 수 있다. 예를 들면, 인간 개개인의 생활수준은 공동으로 마련된 것이다. 또, 인간은 공동체의 도움으로 정신적인 부와 문화적인 재산을 얻을 수 있다. 공동체는 의지할 곳 없이 외롭고 나약하게 살아가는 사람들의 권익을 보호하며 여러 가지 자연적 위험과 타인에게서 가해지는 위험으로부터 인간을 보호할 수 있다. 예를 들어, 인간은 국가로부터 자신의 권익을 보호받을 수 있고 특별한 이익협동체의 활동을 통해 자신의 권익을 보호받을 수 있다(예: 노조는 노동자들의 권익을 보호하며 그것을 새로운 형태로 추진하기도 한다).

인간은 공동체에서의 삶을 통해 인간이 자기 능력을 최고로 양성하고 발휘할 수있는 기회를 갖는다. 예컨대, 사회는 여러 가지 직업생활을 할 기회를 제공해준다. 공동체는 사람들에게 자아실현을 발휘할 다양한 기회를 제공한다. 그래서 공동체 생활은 사람들에게 육체적·정신적으로 포기할 수 없는 도움과 보호를 제공한다. 인간의 삶의 질은 공동체에 달려있으며, 동시에 인간의 행복도 공동체에 달려있다.

이런 점에서 보면 인간의 공동체 생활은 인간의 약함에서 근거하는 것이라 할 수 있으며, 나아가 인간의 사회생활은 공리주의적인 목적을 가진다. 공동체는 개인에게 유용한 가치가 될 수 있다. 인간이 최고의 자기완성에 도달하기 위해서 다른 사람과의 공동체를 결성할 필요가 있다면 인간실존의 최고이행은 본성적으로 볼 때 공동체에 의존하는 것이다. 이런 실존적인 의존성은 인간의 사회적인 본성을 여과 없이 있는 그대로 드러내준다. 인간은 독립적인 존재이기도 하지만 자기완성이란 측면에서 타인의 영향을 받아들이는 데 본성적으로 열려있다.[13]

---

13) 이 지점에서 우리는 다시한번 인간이 개체로서 살아가는 측면도 있지만 동시에

인간은 공동체 생활을 향하는 특별한 자질을 가진다

(인간의 소질을 펴는 것 그 자체가 공동체 생활이다)

사람은 자신의 자질에 입각한 자연적인 능력들, 즉 육체적이고 본능적이며, 심리적이고 정신적인 능력을 구현하려 할 때 필연적으로 공동체가 결성된다. 사람들은 혼자 개체로서 이런 능력을 구현할 수 없다. 만일 인간이 그것을 구현하려 한다면 자연적으로 상대방을 필요로 하고 타인들과 관계를 맺으며 공동으로 생활하여야 한다. 그가 특정 능력을 실현한다는 것(소질을 펴는 것)은 그 자체로서 인간관계를 구성하는 것에서 시작된다. 그것은 인간의 관계적인 존재차원이다. 예컨대, 번식, 사랑, 언어의 능력을 구현하고자 할 때 자발적으로 관계를 맺고 그 관계는 자연적으로 공동생활에 이끌려간다. 상대방이 없으면 사랑이 있을 수 없고, 사랑하는 사람은 서로를 위해서 공동으로 살고자 하며, 공동생활을 통해 사랑이 실현된다.

가족생활의 경우도 번식본능과 함께 사랑의 실현으로 볼 수 있다. 가족생활을 통해 사람은 아버지로서 또 어머니로서 자아를 실현한다. 여기서 공동체 생활은 목적에의 수단일 뿐 아니라 목적 그 자체로 구실을 한다. 왜냐하면, 공동체 생활 그 자체는 바로 인간존재의 완성이기 때문이다. 따라서 자아완성을 추구하는 사람은 이와 같은 공동체 생활에의 본능을 갖는다. 언어 그 자체는 정신적인 교류이며 교환으로써 곧

공동체의 구성적 존재로서 살아갈 수밖에 없는 이중적 속성을 띠고 살아감에 유의할 필요가 있다. 물론 그렇다고 하더라도 공동체는 그 자체로 목적이 될 수 없으며 단지 목적을 위한 수단에 그쳐야 한다. 즉, 공동체는 인간을 위해 존재하며 거꾸로 공동체를 위해 인간이 존재하지 않음에 유의할 필요가 있다. 이 사실은 사회윤리학의 대전제에 해당된다고 할 것이다.

공동생활이라 할 수 있다. 뿐만 아니라 완전한 공동체 생활은 언어의 교류로 가능하다. 일찍이 아리스토텔레스는 언어가 공동체를 조성하는 데 중요한 기능을 담당한다는 사실을 강조하였다. 이런 점에서 인간의 실존은 공동체의 도움으로 완성될 수 있으며(공리주의적 정당화), 이러한 일정한 공동체 생활이야말로 인간이 자신의 특별한 자질을 실현하는 것과 불가분의 관계를 맺는다. 인간은 그 자체로 공동체 실현을 향해 존재한다(자아계발의 정당화).

사람은 공동체에의 자연적인 욕구를 갖는다

인간은 본질적 특성상 혼자서 살아갈 수 없는 사회적 존재이다. 로빈슨 크루소처럼 무인도에서 혼자 살아갈 수 있다고 해도 그는 외로움을 느끼며 고독하게 살아갈 수밖에 없을 것이다. 이런 점에서 본다면 인간은 공동생활에의 본능을 갖고 살아간다. 공동체 생활 그 자체와 공동체 생활을 통하여 받은 도움은 인간행복을 위해서 필연적이다. 따라서 인간은 공동체 생활에의 자연적(본질적)인 욕구를 갖는다. 인간은 본질적으로 사회적 존재이다. 인간의 본성은 그 본질적 차원에서 볼 때 공동체 생활을 지향하는 데서 찾을 수 있다. 인간은 로빈슨 크루소처럼 외딴 섬에서 홀로 고독하게 살아가는 존재가 아니라 사회(공동체) 속에서 타자와 함께 살고 싶은 자연적·천부적 욕구를 갖는 사회적 존재로 살아간다.

공동체 생활 그 자체는 인간을 윤리적으로 특수화시킨다

지금까지 공동체로부터 영향을 받는 차원을 주로 살펴보았다(인간은 공동체 생활을 통하여 완성된다!). 공동체 생활은 본질적으로 사람들끼리 주고받는 생활을 말한다. 공동체 생활은 곧 베푸는 생활이기도 하다. 이미 말한 바와 같이, 공동체 생활은 자기와 타인의 생활을 공동으로 형성하는 것이며 자기와 타인의 생활에 대해서 공동으로 책임지는 것이다. 공동체 생활을 하면서 사람은 다른 사람을 통하여 살아갈 뿐만 아니라 다른 사람을 위하여 살아가기도 한다. 즉, 공동체 생활을 통해 타인의 삶의 질을 완성시키는 측면이 있기도 하다. 따라서 인간은 다른 사람을 위해 공동생활을 할 필요성에 직면한다. 이처럼 타인을 위해 뭔가를 주는 과정에서 인간은 윤리적으로 완성을 향해 나아간다. 이런 점에서 볼 때 자기 자신만을 위해서 사는 것은 비윤리적인 일이며, 타자와 함께 그를 배려하고 위하며 사는 것은 윤리적으로 더 완전한 생활이라 할 수 있다.

인간은 공동체 안에서 받을 뿐만 아니라 주면서도 자기의 완성에 이를 수 있다. 즉, 이런 주고받음을 통해 인간은 윤리적으로 완성된다. 주고받음은 공동체를 결성할 뜻과 목적이 되기도 한다. 받는 것뿐만이 아니라 주는 것도 공동체를 이루는 중요한 목적이 된다. 아리스토텔레스와 토마스 아퀴나스에 의하면 고도의 윤리적인 생활, 곧 고결한 생활은 공동체의 목적이 된다. 따라서 인간은 공동체 생활을 할 윤리적인 의무를 가진다. 타인에 대한 책임(사랑)은 바로 윤리적인 의무로 작용할 수 있기 때문이다.

공동체 생활을 하면서 인간은 타인에 대해 윤리적으로 좋은 생활을 할 수 있어야 하며, 동시에 그런 윤리적인 생활을 완성하기 위해서는 공동체도 올바르게 정리되어야 한다. 앞에서 말한 바와 같이, 공동체를 둘러싼 제도 그 자체는 인간존엄성을 존중하고 공동선에 목적을 두어야 한다.[14] 개인뿐만 아니라 제도는 사회적 정의에 근거하여 정의를 지

---

14) 여기서 말하는 공동선(bonum commune)이란 공동체적 삶을 통해서 마련된 한 공동체의 모든 구성원들이 누릴 수 있는 복지상태를 말한다. 즉, 공동체가 그 안에서 창출한 재화와 가치들을 모든 구성원들에게 제공하여 누리게 하면 이런 공동체에서는 공동선, 다시 말해 공익의 실현이 가능할 수 있다는 것이다. 이런

킬 수 있어야 한다. 정의와 사랑은 제도화될 때 더욱 잘 실현될 수 있다. 물론 공동체 생활을 하는 사람은 잘못을 저지를 수도 있다. 자칫하면 죄인이 될 수도 있다. 제도적으로 남을 착취하고 해칠 수도 있다. 공동체 생활에 부정적인 영향을 미치는 형태도 성립될 수 있다. 그렇지만 참된 공동체는 상호 간의 연대성 속에서 구체화되는 상호존중의 관계가 있는 곳에서 비로소 형성될 수 있다. 연대성을 가진 공동체만이 인간을 인간으로서 완성하게 할 수 있다. 인간이 상호존중하지 않으며 공동체적 연대성이 형성되지 않는 곳에는 진정한 의미의 공동체란 있을 수 없으며, 거기에는 오히려 공동체의 본질과는 거리가 먼 기생체가 성립될 뿐이다. 서로를 이용하는 관계는 인간관계의 한 형태이기는 하지만 그것은 인간의 본질을 이탈하는 인간관계일 뿐이다. 이 상태에서 소외된 인간관계가 성립하게 되며, 그것은 인간 삶의 비극을 낳을 수 있다.

이와 같이 소외된 형태의 삶이 드러나며 일반화되는 공동체에서는 적극적인 인간관계(예: 사랑, 신뢰, 감사, 헌신, 신의, 도움 등) 대신에 소극적인 인간관계(예: 미움, 싸움, 질투, 감정, 불신, 배신 등)가 우세하게 나타날 수 있다. 심지어 이런 환경에서 인간은 스스로의 자기존엄성을 해칠 수 있는 위험에 직면한다.

공동체 생활의 소극적인 차원

공동체 생활을 한다고 하더라도 인간은 적극적인 차원에서의 완성에 이를 수 없다. 공동체 생활이 아무리 잘 정리된다고 해도 인간은 여전히 소극적인 차원에서 삶을 살아가기도 한다. 인간의 개체성과 사회성은

점에서 공동선(공익)은 분배문제와 밀접히 관련된다. 여기에 대한 좀 더 자세한 논의는 Baier(1974)를 참조할 것.

어느 정도 서로 간에 배척될 수 있기 때문이다. 즉, 공동체 생활은 개체의 자유를 제한하기도 한다. 공동체 생활은 다른 사람에 달려있음을 뜻하며, 인간의 독립성과 자주성, 그리고 자아책임을 어느 정도 포기하고 잃어버리게 할 수 있다. 뿐만 아니라 공동체 생활은 일정부분 강제와 종속을 뜻하기도 한다. 따라서 우리가 공동체 생활의 이익을 누리고 싶다면 큰 대가를 치러야 한다. 우리의 자유와 자주성을 어느 정도까지 기꺼이 희생할 수 있어야 한다. 이런 점에서 볼 때 공동체 생활은 가치선택의 문제이기도 하다. 우리는 어떤 가치를 선택하고, 다른 가치를 포기함으로써 올바른 가치체계를 실천적 삶으로 드러낼 필요가 있다.

공동체 생활은 인간의 행복에 결정적인 역할을 미친다. 공동체 생활은 유쾌할 수도 불쾌할 수도 있다. 공동체가 우리를 도와주고 돌보아주면 그것은 우리에게 즐거움을 줄 수 있다. 공동체가 이익을 주면 우리는 그 공동체 생활을 행복한 것으로 경험할 수 있다. 따라서 우리가 어떤 공동체에서 분리되면(예: 가족) 외로움과 소외감을 경험할 수밖에 없다. 그러나 공동체가 우리에게 희생과 헌신을 요구하며 우리의 자유를 제한하여 손해를 입히며 나아가 개인의 생활을 간섭하고 무엇을 억지로 하게 한다면 고통 속에 빠질 수 있다. 이 때문에 우리는 종종 공동체에 대해 좋지 않은 감정적인 태도를 가질 수도 있다. 공동체 생활이 좋다고 생각되면 그 공동체를 긍정하고 지지하게 되지만 그 공동체에서의 생활을 나쁘다고 생각하면 공동체에 대해 적대적으로 대립하고 그것을 부정하여 바꾸고자 시도할 것이다. 이런 상태에서 공동체는 지배하는 적대적인 힘으로 다가오며 압박감을 느끼도록 할 수도 있다.

인간의 실존은 전체적으로 볼 때 공동체와 불가분의 관계를 맺는다. 인간은 공동체적 삶을 통해 인간으로서 완성되고 행복해질 수 있는 반면에 또 손해를 보고 불행해질 수도 있다. 인간은 어떤 공동체 안에서 태어나고 어떤 공동체를 의식적으로 선택하며 거기에 가입하여 살아간다. 예컨대, 인간은 국가와 가족이라는 공동체 안에서 태어나 그 사회 속에서 생활한다. 우리는 우리가 소속된 공동체에 가입하고 거기에 일치하여 살아간다. 그렇지만 어떤 사람들은 자기 나라의 사회제도(정치, 경제, 문화)를 인정하지 않을 수도 있다. 따라서 그들은 이런 사회제도 속에서 불행하다고 느끼고 그 사회제도에 반대하려 한다. 자신이 육체적으로 몸담고 살아야 할 그 국가와 사회(공동체)에 정신적으로 가입하지 못할 수도 있다. 오히려 정신적 차원에서 특히 국가에 대해 대립적으로 될 수도 있다. 사람은 부분적으로 공동체와 일치할 수 있으며, 부분적으로는 일치하지 않은 상태에서 살아가기도 한다.

우리가 태어난 공동체를 어떻게 의식적으로 받아들여 올바르게 사고하며 행동할 것인가는 매우 중요한 사회윤리적 과제이다. 아무런 판단도 하지 않고 정신없이 따라가는 행위는 윤리적으로 볼 때 결코 정당화될 수 없다. 왜냐하면 어떤 제도는 인간의 존엄성을 인정하지 않고 무시할 수 있기 때문이다. 인간이 자기 생활에 대해서 윤리적인 책임을 져야 한다는 것은 곧 우리 자신이 몸담아 사는 공동체 생활에 대해서도 동시에 책임을 져야함을 의미한다.[15]

---

15) 이 점에서는 "인간은 윤리적 정향에 대한 근본적 갈망을 갖고 살아갈 수밖에 없다"고 했던 Hans Küng에 주목할 필요가 있다. 오늘날 우리는 에너지 위기, 자원고갈, 각종 아노미 현상의 증대 등의 위기현상을 바라보면서 현재의 자유와 미래의 생존을 위한 자기통제의 필요성에 직면한다. 이런 자기통제의 필요성에 대한 성찰은 미래를 염려하는 새로운 윤리관 정립의 필요성으로 이어지고 있다. 이 지점에서 윤리는 단순히 개인적 사안에 그치는 문제가 아니라 인간의 복지와 인류의 생존을 위한 공적관심사가 된다고 할 것이다. 좀 더 자세한 내용에 대해서는 Küng(1992: 25~84)를 참조할 것.

4. 일인은 만인을 위하여 만인은 일인을 위하여

지금까지 인간 삶의 이중적 속성, 곧 개체성과 공동체성에 대해 알아보았다. 인간 삶을 실존적 차원에서 살펴볼 때 인간은 자유를 실현하고픈 개체적 존재일 뿐만 아니라 동시에 자유의 구속을 의미하는 공동체적 존재이기도 한 이중적 속성을 지니며 살아간다. 자유를 누리는 개체적 존재로서의 인간이지만 동시에 자연적으로 공동체의 구성원으로 살아가야 할 존재이기도 하다. 인간의 실존은 이중적 본성을 지닌다. 바로 이런 인간존재의 이중적 속성에서 사회윤리의 출발점이 시작된다.

인간존재의 이중성을 인정하는 것은 현실적 차원에서 인간관을 바라보는 첫 단초가 된다. 인간의 개체성을 무시(예: 공산주의)해서도 안 되고 인간의 사회성을 무시(예: 자유방임주의)해서도 안 된다. 현실적인 인간관에서부터 출발하는 제도만이 인간을 완성하고 행복하게 할 수 있기 때문이다. 비현실적이고 일방적인 이데올로기로부터 출발하는 제도는 인간에게 소외된 삶을 강요하며, 인간 삶에 커다란 질곡으로 작용할 수 있다. 우리는 이미 이런 사례를 수차례의 역사를 통해 경험하기도 하였다. 바로 이 지점에서 공산주의와 자유방임주의가 갖는 인간소외의 측면에 주목하여 인간을 개체인 동시에 사회적 존재로 바라보고 사회체제가 갖는 사회적 차원의 윤리성에 주목할 필요가 있다. 그런 사회체제를 사회적 시장경제제도에서 찾을 수 있다.[16] 이에 대한 자세한

---

16) 독일 제2차 세계대전의 패배를 겪은 뒤 자본주의와 공산주의 체계에 대한 대안으로 사회적 시장경제제도를 마련하여 지금까지 실시해오고 있다. 사회적 시장경제는 흔히 말하는 자본주의와 공산주의에 대한 대안이라기보다 개인이 갖는 개체성과 공동체가 갖는 연대성을 어떻게 적절하게 결합하여 사회적 차원의 윤리성을 확보할 수 있느냐에 쟁점을 두었다고 할 수 있다. 이런 점에서 사회적 시장경제는 그 자체로 사회윤리를 실현할 수 있는 경제사회적

언급은 추후의 사회적 시장경제 관련 논의에서 충분히 다룰 것이다.

사회윤리학은 인간존엄성을 존중하고 사회적 삶으로 실천하는 것에 그 중요한 목표를 둔다. 이런 목적을 달성하기 위해 올바른 인간관에서 출발할 필요가 있다. 그것은 바로 인간존엄성을 존중하는 것, 곧 인간의 자연적인 완성을 존중하는 것과 밀접히 연관되기 때문이다. 이런 자연적인 완성은 인간을 행복하게 하는 데 아주 중요하다. 현실적인 인간관에서부터 출발할 때 인간의 완성과 행복을 비인간적인 방향으로 추구하는 실수에서 벗어날 수 있다. 인간의 실존은 두 개의 본성적인 차원에서 출발한다. 개체성과 사회성(공동체성)이 바로 그것이다. 이 두 개의 차원은 관계없이 나란히 있지 않으며, 오히려 서로 의존하는 보완적 성격을 갖는다.

사회윤리학에서는 일방적인 인간성에 대한 강조에서 벗어나 인간실존의 개체성과 사회성을 존중하는 것을 중요시한다. 이런 사상은 연대주의에서 잘 표현되어 있다. 연대주의의 기본 원리는 "일인은 만인을 위하여, 만인은 일인을 위하여 존재한다."이다. 이런 점에서 사회는 유기체와 같다고 할 수 있다. 기관들이 전체를 위해서 일정한 기능을 발휘하고 전체가 이 기관들의 기능을 통하여 살아갈 때 유기체는 더욱 잘 기능한다. 동시에 각 기관들도 전체와의 유기적인 관계 속에서 제대로 작동될 수 있다. 기관과 전체 사이에 생명을 주는 상호관계가 성립될 때 유기체는 더욱 잘 움직인다. 즉, 존재론적인 상호의존 관계를 전제한다.

사회라는 유기체에서 존재론적인 상호관계는 곧 윤리적인 책임을 질 의무관계이기도 하다. 다시 말해, 개인의 전체(집단)에 대한 책임

시스템으로 볼 수 있다. 이 점에 대한 자세한 논의에 대해서는 Herbert Wottawah·정용교(2005) 참조할 것.

을 전제하며 동시에 전체의(집단적인) 개인에 대한 책임과 의무를 다할 때 비로소 윤리적 연대공동체 사회가 성립될 수 있다. 인간존재로서 근원적으로 벗어날 수 없는 개체성과 공동체성에 주목하여 양자의 적절한 균형과 조화가 가능한 윤리적 연대공동체 사회에 대한 성찰은 효율성과 수량화된 성과의 기치를 걸고 그 어딘가를 향해 목적도 없이 무한 질주를 거듭하는 현행의 경제사회적 상황에서 우리에게 함의하는 바가 적지 않다 할것이다.

2장

공동체 윤리의 3각축: 공동선, 보조성, 연대성

오늘 우리는 삶의 도처에서 각종 물질적 욕망으로부터 끊임없이 유혹받고 있다. 물질적 욕망이 커질수록 윤리적 위기에 쉽게 빠질 수 있다. 우리의 삶이 전통의 붕괴, 포괄적 삶의 의미파괴, 절대적 윤리척도의 결여 등에 빠질수록 그만큼 사회의 윤리적 규제력도 떨어질 수밖에 없다. 따라야 할 삶의 기준이 상실될 때 많은 사람들은 어떤 선택에 입각하여 자신의 결정을 내려야 할지 방황하게 된다.[17]

발전과 성장 그리고 효율성을 중요시하던 진보적 사고관은 근대 이성중심 사회의 위기와 맥락이 닿는다. 언제나 자신을 절대화시키고 모든 것을 합리화하도록 강요하는 이성중심의 사고관은 어떤 우주와도 매여 있지 않으며, 세상의 그 어떤 것에 대해서도 신성시하지 않는다. 급

---

17) Küng, H., *Projekt Weltethos*, R. Piper GmbH & Co. KG, München, 1990, 안명옥 옮김,『세계윤리구상』, 왜관: 분도출판사, 1992, p. 44.

기야 진보적 세계관은 끝없는 성장신화에 빠져 자기 스스로를 파멸시킬 상황에 이르게 되었다. 현대적 기술진보가 야기시킨 속도는 가속화되고 있으며, 그 결과 이 진보는 특정의 정치적 형태를 계속 추월하는 모습을 띤 채 앞으로의 질주를 거듭하고 있다. 한때 우리를 열광시켰던 수많은 기술진보의 결과들은 이제 우리에게 환멸을 느끼게 하며 심각한 사회적 갈등을 초래하기에 이르고 있다. 이런 시대상황에서 우리는 그동안 발전과 성장의 중요한 추진력으로 생각했던 분석적 이성 그 자체의 정당성에 대해 되돌아보고 회의하게 되었다. 어제의 최고 판관이 오늘은 피고로 전락하게 되는 신세에 빠지게 된 것이다.

이런 시대상황에서 우리는 우리를 둘러싼 윤리 그 자체에 대한 사색이 필요하며, 인간의 윤리적 근본태도에 대한 성찰이 더욱 필요한 시대에 살고 있다. 우리의 결단과 행위를 이끌 수 있는 윤리적 가치와 규범에 대한 재정립이 무엇보다 중요한 시기이다. 최근 추동력을 더해가며 전진을 거듭하는 빅데이터, AI, IoT, 3D 프린팅 등의 4차혁명 시기를 맞이하여 인간이 인간답게 사는 삶이란 어떠해야 할 것인지에 대한 사회적 성찰이 한층 더 요구된다.

일정한 가치, 규범, 태도와 관련해 최소한의 기본적 동의를 배제한다면 인간 사회 안에서 인간존엄성에 부합하는 공생이란 불가능하다. 사회가 제대로 작동되려면 목표를 둘러싼 뚜렷한 확신과 이런 확신의 연결선이 있어야 한다. 공생적 사회환경을 조성하기 위해 자유롭게 선택된 개인의 속박들에 관련된 물음들(개인과 공동체를 둘러싼 제반 조건들)에 대해 좀 더 섬세하게 다룰 필요가 있다. 이런 속박은 인간을 묶는 쇠사슬 또는 족쇄를 의미한다기보다 인간다운 삶을 영위하도록 도와주는 버팀목이 될 수 있기 때문이다.[18]

인간은 윤리적 정향에 대한 근본적 갈망을 갖고 살아간다. 특히 에너지 위기, 자연고갈, 가치관 혼돈, 아노미 현상 등의 각종 위기현상을 바라보면서 현재의 자유와 미래의 생존을 위한 자기통제의 필요성에 직면하게 된다. 이러한 자기통제의 필요성에 대한 성찰은 미래를 염려하는 새로운 윤리관의 정립으로 이어진다. 윤리는 단순히 개인적 사안에 그치는 문제가 아니라 인간의 복지와 인류의 생존을 위한 공적 관심사가 된다.

이 장에서는 윤리적 존재로서의 인간에 관심을 갖고 공동체 윤리관 형성을 그 기본이라고 할 수 있는 공동선, 보조성, 연대성에 근거해 논의해보고자 한다. 오늘 우리 사회의 지나친 개인주의적 경향에 주목하여 바람직한 공동체 형성의 근거를 공동체 윤리관 정립으로 보완하려 한다. 이런 시도를 통해 유동성을 띠고 불확실성을 더해가며 복잡하게 전개되는 현행의 경제사회적 상황에서 공동체 윤리의 모습과 전개 방법을 탐색해보고자 한다.

1. 공동체와 공동선

공익(공동선)의 개념

공동체는 인간을 위해 존재하며 인간생활을 완성하도록 도와주고 그의 삶을 보호해야 한다. 그것을 이루기 위해 공동체는 사람들에게 유익한 공동생활 질서와 조직을 세우고 유익한 기관과 시설을 설립해야 한다. 예컨대, 국가는 법률제도, 학교제도, 의료제도, 보험제도 등의 사회간접

---

18) Küng(1992), p. 73.

자본(예컨대, 도로)을 만들어야 하며, 이를 통해 인간의 풍요로운 삶을 보장할 수 있어야 한다. 공동체 생활의 목적은 곧 인간생활의 완성으로 이어져야 하며, 인간 삶의 윤택을 보증할 수 있어야 한다. 공동체는 소수의 사람들을 목적으로 하는 것이 아니라 사회의 모든 구성원들을 완성으로 이르도록 하는 데 그 목적을 둔다. 공동체의 목적은 공익 실현에 두어야 하는 것이다.

공익(공동선 bonum commune)이란 공동체적 삶을 영위해가는 데 있어서 한 공동체의 모든 구성원들이 누려야 할 복지상태를 뜻한다. 공동체 생활은 공익에 근거하여 이루어져야 한다. 공동체가 그 안에서 창출한 재화와 가치들을 모든 구성원들에게 제공하고 누리게 하면 그 공동체에서는 공익이 실현되고 있는 것이다. 즉, 모든 구성원들이 공동체에서 창출되고 제공된 재화와 가치들의 몫을 받을 수 있다면 이 공동체에서는 공익의 실현이 가능한 것으로 볼 수 있다. 이런 점에서 공익은 분배문제와 밀접히 관련된다.[19]

공익은 정의에 의해서 요구되어야 한다. 공동체가 사람을 도와주고 보호할 때 지켜야 할 기준은 인간의 평등한 존엄성에 두어야 한다. 사회는 나를 위해서 뿐만 아니라 모든 사람을 위해서 존재해야 하기 때문이다. 이것은 정의의 실현과 직결된다. 그렇지만 인간존엄성에도 불구하고 정의는 모든 사람들을 평등하게 도와주고 보호할 수 없다. 즉, 공동체는 혜택과 부담을 평등하게 나누도록 하고 모든 사람의 생활수준을 규격화시킬 수 없다. 차이가 있을 수 있으며, 또 규격화도 자유와 정의의 이름으로 거부될 수 있다. 공익은 규격화가 아니기 때문이다. 따라서 공익은 보조성과 정의의 원리에 따라서 실천되어야 한다.

---

19) Baier, K., *Der Standpunkt der Moral*, Patnos Verlag, Düsseldorf, 1974.

자유(자율성)를 존중하는 공익의 실천

인간의 자유로운 자아실현과 자율성은 매우 중요하다. 즉, 인간존엄성에 상응한 가장 큰 가치는 자유로운 자아실현이다. 자유로운 자아실현에 반대되는 것은 타인과 공동체를 통해 사람을 제약하고 조작을 가하는 것이다. 사람의 자아실현을 고려할 수 있을 때 올바른 공익실천이 가능하다.

인간의 평등한 존엄성에는 완전히 평등한 분배가 전제되어야 한다. 그러나 평등주의적으로 완전히 똑같은 생활수준을 실천하려는 공동체는 너무 많은 대가를 치러야 한다. 인간의 복지를 규격화시키기 위해서 인간의 자유로운 자아실현을 속박해야 하며, 또 인간의 자아책임을 쉽게 포기하게 할 수 있다. 따라서 생활수준의 평준화보다 인간의 자유로운 자아실현이 더 중요한 가치이다.

국가는 국민에게 공동복지를 강요할 수 없으며 국민이 스스로 그것을 수립할 수 있도록 도와야 한다. 즉, 인간은 자아실현의 기회를 스스로 행사할 수 있어야 한다. 물론 이 기회에 있어서 평등성이 요구된다. 이 때의 이상은 완전한 기회균등일 것이다. 국가는 가능한 그러한 질서를 이룰 수 있어야 한다(예컨대, 동등한 교육기회 부여). 공익실현을 위해 국가는 스스로의 힘으로 살 수 있는 사람에게 기회를 주는 것 그 이상의 일을 해서는 곤란하다. 즉, 국가는 공익을 직접적으로 이루려 해서는 곤란하다. 왜냐하면 인간은 자신의 복지를 진정한 자기책임 하에서 이루어야 하기 때문이다. 다시 말해, 국가는 인간을 금치산자로 만들어서는 안되기 때문이다. 물론 어떤 사람이 자기 힘으로 생계를 꾸릴 수 없으면 국가는 그의 생계를 보장해야 한다(사회보장제도의 설정의무). 하지만 최고의 국가라면 인간에게 최소한의 도움만 보장해주는 역할에 만족해야 한다. 자기책임과 수행실적을 통한 공익구현이 인간존엄성에 적합한 공익이기 때문이다.

그러나 아무리 자유로운 자아실현이 중요하고 또 보완되어야 한다고 할지라도 사람들의 복지생활, 즉 공익은 완전히 자유로운 활동에 맡겨져서는 곤란하다. 사람들은 자유를 이기주의적으로 남용할 수 있기 때문에 완전히 자유로운 경쟁은 공익의 파괴를 초래할 수도 있다.[20] 이 때문에 사람들의 자유로운 자아실현은 공익의 이름으로 어느 정도까지는 공동체에 의해 제한될 필요가 있다. 타인의 복지를 해치는 자유는 성립될 수 없기 때문이다.

공익과 정의의 실천

자유로운 자기실현이 보장되는 제도에서 생활수준의 격차가 생기는 것은 당연하다. 그리고 이런 격차는 정의의 원리로 인정될 수 있다. 이런 점에서 본다면, 규격화와 평준화는 정의의 원리에 부합하는 것으로 볼 수 없다. 여기서 정의와 평준화는 구별될 필요가 있다. 정의란 개념은 넓은 뜻으로 윤리적 차원에서의 올바른 행동을 말한다. 즉, 정의로운 사람은 덕행을 수행하는 사람을 뜻한다. 그러나 좁은 뜻으로 정의란 각 사람에게 "자기 것을 주는 것"(suum cuique)이 된다. 즉, 윤리적으로 볼 때 정당하게 받아야 할 것(권리가 있는 것)을 남에게 주는 것이다. 정당한 것(권리가 있는 것)을 받을 때 두 가지 경우가 있다. 사람이 무엇을 남과 교환할 때 또는 여러 사람 중에서 무엇을 나눌 때 각 사람은 "제 것"을 받을 수 있어야 한다. 다시 말해, "교환정의"와 "분배정의"에 입각해야 한다. "교환정의"는 무엇보다 개인 대 개인의 문제이다. 예를

---

20) 이 점에서는 자유 방임주의적인 경제제도를 참조할 필요가 있다. '보이지 않는 손'에 의해 인도되는 자유방임적 자본주의에서는 지나친 사익추구로 인해 공공재와 같은 공익확보가 어려웠음에 유념해야 한다.

들어, 장사의 문제는 매매계약의 문제가 된다. 공동체가 실천해야 할 공익은 "분배정의"의 문제에 해당된다. 공동체의 구성원들은 공동체에서 이룩한 이익과 (재화)가치의 정당한 몫을 받을 수 있어야 한다. 이것은 두 가지 방법, 즉 직접적인 분배와 간접적인 분배로 실천된다.[21]

　인간은 평등한 존엄성을 갖기 때문에 각 사람은 공동체에서 동일한 조건으로 정신과 육체의 복지생활을 할 수 있는 기회를 받아야 한다. 따라서 한 사람에게 다른 사람보다 더 큰 복지생활을 할 수 있는 혜택을 주어서는 안 되며, 또한 한 사람에게 다른 사람보다 더 큰 부담을 주어서도 안 된다. 아무에게도 공동체로부터 더 큰 혜택을 받을 권리가 없고 더 큰 부담을 져야 할 의무도 없다. 이 때문에 공동체의 법률제도는 모든 사람을 평등하게 대우해야 한다. 법률제도 앞에서 모든 사람은 동등하다. 그러나 그것은 사람들의 구체적인 사정과 조건을 염두에 두어야 한다.[22]

　공동체는 모든 사람이 제 몫을 받을 수 있는 질서를 세워야 한다. 물론 사람이 자유로운 자아실현을 하는 데 방해가 되어서는 안 된다. 자유로운 자아실현제도가 실천된다고 해도 모든 사람들이 똑같은 정

---

21)　Böckle, F., *Grundbegriffe der Moral*, Pattloch, 1977.

22)　예컨대, 부자와 가난한 사람이 똑같은 세금을 부담해서는 곤란하다. 부자와 가난한 사람이 똑같이 수입의 50%를 소득세로 낸다면 가난한 사람은 부자보다 훨씬 큰 부담을 느낄 것이다. 국가는 나라의 부를 조세형태로 직접적으로 재분배해야 한다. 또 사회보장제도를 설정하여 재분배의 역할을 하도록 해야 한다. 그러나 사회보장제도의 혜택을 단순히 평등한 분배문제로 볼 수는 없다. 여기서 "욕구의 원리"가 적용된다. 정의의 원리대로 혜택과 부담은 경우에 따라 상대적으로 정해질 필요가 있다. 다시 말해, 개인이 복지생활을 할 수 있도록 상대적으로 정해져야 한다. 즉, 개인은 인간다운 삶을 누릴 수 있는 복지생활이 가능한 정당한 혜택과 부담을 받아야 한다. 이것은 입법의 기준이 되어야 한다. 요한 23세의 회칙,『지상의 평화』, 1963, 56항.

신적, 물질적 생활수준을 달성할 수 없다. 자유를 존중하는 공동체는 사람들에게 직접적으로 어떤 이익과 가치를 주지 않고, 다만 이익을 얻을 수 있는 기회를 주기 때문이다. 이런 점에서 공익질서를 세우는 것은 모든 구성원들에게 똑같은 기회를 부여하는 데서 시작한다. 그러나 그 결과에서 모든 사람들이 똑같은 완성의 상태에 도달할 수 없다. 이유는 간단하다. 모든 사람이 자기의 능력대로 받은 기회들을 이용하면 생활수준의 차이가 나타날 수밖에 없기 때문이다. 그리고 그것은 부당하다고 할 수도 없다.

이런 격차를 인정한다 해도 다음을 고려해야 한다. 분업사회에서는 다양한 일을 하는 사람들이 서로 의존하고 보완한다. 즉, 분업사회에서 창출된 재화와 가치들은 한 사람의 업적일 뿐만 아니라 여러 사람의 협동으로 창출된 것이다. 따라서 개인의 일은 아무리 시시해도 전체 공동체의 복지를 위해서 중요하다.[23]

국가(공동체)가 인간의 자유를 존중한다 해도 모든 구성원들이 똑같은 복지를 누릴 수는 없지만 - 생활수준의 격차가 생길 것이다 - 그렇다 하더라도 국가는 인간 존엄성에 근거해 모든 구성원들에게 일정한 수준의 복지를 보장해야 한다. 예컨대, 공업사회에서는 최저임금보장이 요구될 수 있고, 국가는 약한 사람들의 최저생계를 사회보장제도로 설정하여 보장해야 한다. 즉, 정의는 사회적인 관심과 사랑으로 보완되어야 한다. 사회보장제도는 정의의 요구가 아니라 사랑의 요구라고 말할 수 있다.

---

23) 공동체의 복지를 위해서는 의사도 중요하지만 노동자도 또한 중요하다. 따라서 모든 사람들의 기여도가 다르더라도 너무 큰 격차는 사회적 차원에서 정당화될 수 없다. 이 땅의 과일은 혼자 독점하는 것이 아니라 모두에게 유익해야 하기 때문이다. 제2바티칸 공의회,『기쁨과 희망』, 1963, 27번 참조.

"실적정의"(성과정의)는 "욕구정의"로 보완될 필요가 있다. 이는 수행능력이 있는 사람을 고려하여 시장에서 생긴 소득분배를 수정함으로써 실현된다. 즉, 국민소득의 한 몫은 아무것도 수행할 수 없는 사람과 나눌 수 있어야 한다. 그것을 이루는 사회보장체제의 설치는 국가의 중요한 과제이다. 그러므로 국민의 책임이 국가로부터 보완될 때 공동선이 실현될 수 있다. 일할 수 있는 능력이 있는 사람들은 연대성을 발휘하여 약자들을 도와줄 수 있어야 한다.

공익 생활의 수준 문제

지금까지 우리는 공익개념을 형식적으로 정의했다. 그런데 공익개념에 대한 형식적 정의는 크게 어렵지 않지만 공익의 실천에 대한 내용적 정의는 어렵다. 생활수준의 격차를 허락하는 제도에서 다음과 같은 문제가 제기된다. 공익원리에 위배되지 않으면서 격차를 얼마까지 인정해야 하는가가 그것이다. 또 시민이 요구할 수 있는 (최저의) 복지수준은 어느 정도이며, 국가가 보장해야 할 (최저)생활 수준의 내용은 구체적으로 무엇인가?

공익 생활수준의 문제는 사회보장제도와의 관계로 나타난다. 이 제도는 공익생활을 어떤 수준으로 보장해야 하는가? 국민 경제에 능동적으로(생산적으로) 참여하는 사람의 수준까지는 아니라하더러고 살아남기 위해서 반드시 필요한 생계수준을 보장받을 수 있어야 한다. 여기서도 국민경제의 힘이 고려되어야 하고, 또 그것이 결정적인 역할을 하여야 한다. 사람들의 사고방식과 욕구와 필요는 시대변화에 따라 달라지기 때문에 공익의 내용, 곧 모든 사람이 보장 받을 수 있는 생활수준은 변할 수밖에 없다. 예컨대 어제 사람들은 자전거로도 행복했지만 오늘은 자동차를 원하게 되며 더 좋은 명품 차를 선호하게 된다. 공익의 개념은 정적인 개념이라기보다 동적인 개념이다.

　　지금까지 공익은 공동체 안에서 이루어지고 모든 공동체 구성원들이 공동체 생활을 하면서 공동으로 누리는 복지상태를 의미하는 것으로 사용되었다. 그러나 공익이라는 말은 사람들의 복지상태를 직접적으로 지시하지 않고, 오히려 공동체 그 자체가 잘 조직되고 모든 사람의 복지를 보장하는 기능을 발휘하는 좋은 상태를 말하기도 한다. 즉, 공동체의 구조는 한 사람에게만 좋은 것이 아니고 모든 사람에게 좋은 것이어야 한다. 그것은 공통으로 가지는(사용하는) 선이라 할 수 있다. 그것은 모든 사람을 위해서 기능을 잘 발휘하는 유익한 공동체의 조직과 구조를 말한다. 그러므로 공동선은 그 자체로 가치 있는 것이 아니며 다만 수단적 가치를 지닌다고 할 것이다. 공익은 모든 사람의 복지를 마련하는 수단이다. 공동체는 유익성을 띠면서 모든 이에게 좋은 것이어야 한다. 이와 같은 공익개념은 특히 공동체 생활의 마찰과 방해가 없는 상태, 이른바 안전과 안정이 보장되는 상태를 말한다.[24]

　　이와 같은 공동선의 개념은 위험한 측면을 띤다. 왜냐하면 집단주의에서 자유롭지 않을 것이기 때문이다. 공동체(국가집단)의 안전이 과잉 강조될 수 있다. 즉, 국가의 안전이란 이름으로 개인의 인권이 탄압될 수 있다. 또 국가(공동체) 우위 원리에 의해 개인들의 권익(인권)이

---

24)　중세기에서부터 공동체(특히, 국가)는 유기체에 비교되었다. 유기체의 부분들(기관들)은 유기체 안에서 유기체를 통해야만 살 수 있다. 전체가 잘 조직되어 있고 건강하면 부분도 건강하게 산다. 물론 부분도 전체를 위해서 살고 기능을 발휘해야 한다. 마찬가지로 잘 조직된 공동체는 자기의 구성원들을 잘 살게 한다. 즉, 그들을 위해서 존재하는 것이다. 그래서 전체가 건강해야만 부분(인간)이 잘 살 수 있다. 공익은 이런 유기체의 건강을 지켜야 한다. 자세한 내용은 허창수, 『자본주의 도덕성과 비도덕성』, 왜관: 분도출판사, 1996 참조할 것.

쉽게 무시되고 유린될 수 있다. 정치가 윤리에서부터 분리되는 것이다.

요컨대, 공익이란 개념은 항상 공동체 안에 살면서 사람들이 공통으로 누리는 복지를 말하는 것이지 공동체 그 자체의 좋은 상태를 말하지 않는다. 그러나 공익적 조건을 포함하여 공동체 자체의 기능이 잘 발휘되고 조직된 상태로 공익의 개념을 활용할 수 있어야 한다. 이런 점에서 공익은 공동체의 과제일 뿐만 아니라 개인의 과제이기도 하다. 공익은 공동체의 올바른 질서와 공동체 지도자들의 올바른 정신에 달려 있다. 따라서 개인의 참여와 협조가 없다면 공동체는 공익을 실천할 수 없다. 개인들이 공익의 질서를 실천하지 않으면 공동체에서 공익의 실천이 쉽지 않다.

2. 공동체와 보조성(보충성)

인간은 자유의 권리를 갖고 공동체도 그 권리를 존중해야 한다. 공동체는 보조성의 원리(라틴어로 subsidium은 '돕는다'를 뜻함)를 지켜야 하며 이 원리에 의거하여 운영되어야 한다.

"역사에서 명백히 보여주었듯이, 사회상황의 변화 때문에 이전에는 소규모 집단으로 수행되었던 많은 일들이 현재에는 대규모 조직체에 의해서 효율적으로 수행될 수 있다. 그럼에도 불구하고 개인의 창의와 노력으로 완수될 수 있는 일을 개인으로부터 빼앗아 사회에 맡겨 수행해서는 안 된다는 것이 사회철학의 근본원리이다. 따라서 한층 더 작은 하위의 조직체가 수행할 수 있는 기능과 역할을 더 큰 상위의 집단으로 옮기는 것은 불의에 해당되며 중대한 해악이 될 수 있고, 더 나아가 그것은 올바른 질서를 교란시키는 것이기도 하다. 모든 사회활동은 본질적으로 사회구성체의 성원을 돕는 것이어야 하므로 그 성원들을 파괴하거나 흡수해서는 안 된다."[25]

인간의 자유로운 자기실현 가치(자율성의 가치)

우리가 자유에 대해 생각할 때 무엇보다도 의사의 자유를 생각할 수 있다. 의사의 자유와 자유에 입각한 자기 자신에 대한 궁극적 책임, 그리고 자기 자신에 대한 주인됨은 인간본성의 중요한 특징이다. 의사의 자유를 박탈하는 것은 인간의 본성을 파괴하는 것이다. 특히 의사의 자유는 인간의 내적인 자유와 통한다. 우리는 자신을 자유롭게 실현할 수 있어야 하고 또 마땅히 그런 자유를 누릴 수 있어야 한다.

내적인 자유와 외적인 자유는 구별되어야 한다. 외적인 자유는 인간이 외적으로, 즉 다른 인간 또는 환경에 의해 한정되거나 제한되지 않음을 뜻한다. 내가 원하는 것을 가로막는 외적인 장벽 내지 힘이 제거되었을 때 나는 외적인 자유를 가진다. 이에 비해 내적인 자유는 자유로운 자아실현으로써 "자율성"으로 불릴 수 있다. 자율성은 사람의 인격성을 따른다. 판단할 수 있는 이성을 갖고 있으면서 의사의 자유를 행사할 수 있는 인간은 "자율적으로" 행동할 수 있는 능력을 갖는다.

자유로운 자아실현은 인간을 존재론적 및 윤리적으로 완성시킨다. 모든 존재는 작용하기 때문에 존재론적으로 완성될 수 있으며, 또 그렇게 작용함은 자아실현으로 나타난다. 이처럼 자유를 집행하는 것은 인간의 특별한 본성을 구현하는 것이다. 또한 자유로운 자아실현은 자아책임을 뜻하기 때문에 인간을 윤리적으로 특수화시킬 수 있다. 물론 이런 자유로운 자아실현은 윤리적인 결정을 포함한다. 올바른 결정

---

25) 비오 11세 회칙,『40주년』, 1932, 35항.

을 내릴 수 있을 때 인간은 윤리적으로 완성될 수 있기 때문이다.

윤리적으로 볼 때 타인의 자유로운 자아실현을 제한하는 것은 옳지 않다. 왜냐하면 타인의 평등한 존엄성을 경시할 수 있기 때문이다. 자유로운 자아실현은 인간이 갖는 근본권리의 하나에 속한다. 이 사실 때문에 각자는 타인에게 자유로운 자아실현과 자아책임을 인정·허락해야 하며, 또 자기 쪽에서도 타인에게 이러한 자아실현을 위한 자유를 요구할 수 있어야 한다. 뿐만 아니라 공동체 역시 인간의 존엄성 보장을 위해 특정의 질서(법률질서)를 통해 사람들의 자율성을 존중하고 보호할 수 있어야 한다.

자율의 권리(조작의 금지)

공동체는 인간의 자율성을 존중해야 하지만 동시에 인간의 자율적 행동을 허락하지 않거나 제한하기도 한다. 다시 말해, 공동체 또는 공동체의 권위자들은 인간의 자아실현을 막을 수도 있다. 왜 그런가?

공익에 대해 책임을 지는 공동체는 자유의 남용을 허락하지 않으려 한다. 악행의 권리란 성립될 수 없기 때문이다. 공동체가 개인의 자아실현을 제한할 때는 그의 나쁜 행동을 막아내 그를 도와주고 싶어서일 것이다. 예를 들면, 국가는 부모 대신에 아이들의 교육을 맡아 행할 수 있다. 또는 국가는 사적인 기업 활동을 허락하지 않고 중앙 단위에서 경제를 영위하고 통제할 수도 있다.

이런 식으로 도와주면서 공동체는 인간으로부터 자유로운 자아실현의 기회를 빼앗을 수 있다. 이런 상황에서 개인은 자신의 목적을 설정할 수 없고 자기가 원하는 방법으로 무엇인가를 실천할 수 없다. 개인이 자발적 혹은 강압적으로 공동체가 설정한 목적에 사후적으로 협력할 수 있지만, 이때 개인은 그 행동의 진짜 주체라고 말할 수 없다. 그는 조작을 당한 대상이 될 뿐이다. 즉, 사물처럼 처분될 여지가 충분히 있다. 그렇지만 인간에게 자유로운 자아실현을 빼앗는 것은 옳은 것으로 볼 수 없다. 인간생활을 문화, 경제, 사회, 정치 등 어떤 측면에서 보아도 인간은 자아실현의 여지를 공동체에게 요구할 권리를 갖는다. 공동체가 개인의 자유로운 자아실현을 막으면 인간을 존재론적으로 완성시킬 가능성을 빼앗을 뿐만 아니라 윤리적인 완성의 가능성까지도 빼앗는 것이 될 수 있다. 자유가 부여되지 않으면 행동의 윤리적인 차원이 열릴 수 없기 때문이다. 무엇보다도 자유로운 자아실현이 가능할 때 인간은 행복해질 수 있다.[26]

물론 공동체는 인간의 자아실현 그 자체를 빼앗으려 하지 않으며 인간의 욕구를 충족시키고 인간에게 필요한 것을 직접 마련하려 한다. 공동체의 존재목적은 인간 복지를 실현하는 데 있다. 그러나 이 사실은 인간에게 어떤 복지를 강요하는 것이 되며 동시에 인간들의 자아실현을 속박하는 것일 수도 있다. 인간은 자기가 누리고자 하는 복지생활에 있어서도 완전히 공동체에 의해 조작될 수 있다. 이 경우에, 인간은 공동체가 주는 것(구체적으로 공동체를 대표하는 위정자들이 주는 것) 이외에는 아무 것도 받지 못한다. 인간은 주체가 아니라 조작대상으로 전락될 수 있다.[27]

자유와 자아실현은 다른 사람과 공동체 앞에서 인간이 행사할 수 있는 고유 권리이다. 공동체가 이 권리를 무시하면 인간은 본래의 의미와 존재 근거를 상실하게 된다. 이제 공동체의 목적은 더 이상 인간에

---

26) Johannes, Messner, *Das Gemeinwohl, Idee, Wirlklichkeit, Aufgaben*, Osnablück, 1968.

27) 허창수. 김종민,『경제활동 -사람은 어디 있는가?-』, 왜관: 분도출판사, 1995. pp.75~80.

두지 않는다.

인간의 자율 존중과 보완

공동체는 우선 인간의 자율을 존중해야 한다. 그럼에도 불구하고 공동체는 경우에 따라서 인간의 자유로운 자아실현을 제한하기도 한다. 예를 들어, 공익의 가치를 염두에 두면서 나라는 인간의 자유로운 행동을 규정하는 법들을 만든다. 법은 인간의 자유로운 자아실현을 허락하기도 하지만 어느 정도로 그 실현을 제한하기도 한다. 즉, 인간은 자신이 선택한 목적을 추구할 수 있지만 그 실천방법에서 어느 정도까지 법에 의해 규제될 수밖에 없다. 이는 공익을 위해 필요한 일이기 때문에 윤리적으로 정당화된다.[28]

개인이 인간의 존엄성에 근거하여 자신의 자유로운 자아실현(자유로운 목적 선택과 추구)을 요구한다 해도 공동체는 몇몇 영역에서 그 개인을 대신하여 직접적으로 그 일을 수행할 수 있어야 한다. 공동체는 개인이 할 수 없는 일을 넘어서서 특정의 일을 수행할 수 있다. 사회적 차원에서 개인은 어떤 경제사회적 과업을 충분히 할 수 있을 만큼 능력을 갖지 못하며, 또 그런 일을 수행한다고 해도 완전하게 잘 이루어낼 수 없기 때문이다. 이처럼 개인이 갖는 능력부족으로 말미암아 사람들은 특정의 목적단체(혹은 권익단체)를 설립하고 이에 가입하여 공동으

---

28) 직접적인 예로 기업이 공익을 무시하며 활동하게 된다면 그 기업은 경제법에 의해 제재를 받는다. 바로 국가는 공동체 보호차원에서 개인의 자율성을 제한하며 일정부분 강제할 수도 있다. 그것은 현대국가에서는 이미 보편화되어 있다. 그렇지만 어느 정도까지 규제할 것인가에 대해서는 국가마다 차이가 있을 수 있으며, 또 이해당사자들 간에 그 정도와 범위를 놓고 갈등과 마찰을 빚을 수도 있다.

로 그 일을 수행하려 한다. 이런 사실에서 말미암아, 공익의 원리는 당연한 것으로 요구되기도 한다. 예컨대 국가에서 세운 적절한 교육제도가 없다면 대부분의 아이들은 교육을 제대로 받을 수 없을 것이기 때문이다. 그러므로 공동체는 개인 대신에 혹은 개인을 넘어서서 여러 가지 일을 수행할 수 있어야 한다.

개인과 사회 간의 역할분담

공동체가 해야 할 일과 개인이 해야 할 일을 결정하는 기준은 다음에서 찾을 수 있다. 공동체는 개인이 할 수 있는 일을 개인으로부터 빼앗으면 안 되지만, 공동체는 개인이 그 일을 제대로 할 수 없을 때 개인을 보완해서 그 일을 할 수 있어야 한다. 가능한 많은 개인의 자유와 자아실현을 보장할 수 있어야 하지만 동시에 공동체의 불가피한 간섭이 요청되기도 한다. 이런 기준을 "보조성의 원리"(보충의 원리)에서 찾을 수 있다. 공동체가 무슨 일을 직접 하기에 앞서서 그 일을 할 수 있는 개인의 능력과 힘을 향상시켜야 하며, 또 그 일을 할 수 있는 기회를 줄 수 있어야 한다. 이상적으로 볼 때 가장 좋은 방법은 개인이 스스로 모든 일을 할 수 있도록 하는 것이다. 그 이상을 도와줄 필요가 없다면, 즉 어떤 간섭도 할 필요가 없으면 그것은 가장 이상적이라 할 수 있다.

좀 더 구체적으로, 항상 이렇게 물을 필요가 있다. 즉, 누가 어떤 일을 더 잘 할 수 있을까를 둘러싼 물음으로써 그것이 공동체인가 아니면 개인인가의 물음이다. 예를 들어, 나라가 어떤 특정의 공업부문을 국유화하려 한다면 개인보다 그 일을 더 잘 할 수 있다는 것을 먼저 증명해야 한다. 만약 잘 할 수 없다면 결국 공익에까지 손해를 입힐 수 있다. "먼저 언급되어야 할 점은 개인이 혼자서 운영하거나 또는 다른 사람들과 여러모로 연합하여 자신들의 공동 이익을 추구하는 사기업(私企業)

에 경제 분야의 우선적인 위치를 부여해야 한다."[29]

보조성의 원리에서 볼 때 공동체는 개인의 자유로운 창의성을 존중해야 한다. 다만 개인의 힘만으로 부족할 경우에 도와줄 것을 요구하기 때문에 모든 사람들에게 똑같은 정도의 도움을 주는 것이란 성립될 수 없다. 오히려 공익의 실천을 위해서는 필요한 만큼 도와줄 수 있어야 한다. 예컨대 사회보장제도는 경우에 따라 어떤 사람을 다른 사람보다 더 많이 도와주어야 할 때도 있다. 그렇지만 자기 힘으로 살 수 있는 사람에게까지 사회보장제도의 형식으로 도움을 줄 필요는 없다. 사회보장제도가 자조와 자아책임을 마비시켜서는 안 되기 때문이다. 개인은 먼저 자기의 힘으로 스스로 독립적으로 살 수 있어야 한다. 지나친 사회보장제도는 미흡한 사회보장제도와 마찬가지로 좋은 것이라 할 수 없다.[30]

작은 생활 공동체와 상위 공동체 간의 역할분담

"과도와 남용은 최근 들어 '원조국가'라고 불리는 '복지국가'를 둘러싼 복잡한 논쟁을 불러 일으켰다. 원조국가의 결점과 결함은 국가기능의 불완전한 이해에서 온다. 이 문제에 있어서 보조성의 원리를 존중해야 한다. 상위층의 사회는 하위층 사회의 내적 사안에 간섭하여 그 고유의 임무를 제거하려 해서는 안 되며, 오히려 필요한 경우에 공동선을 목표로 그 행동이 하위층 사회의 행동과 조화되도록 지원하고 도와주어야 한다."[31]

---

29) 요한 23세 회칙,『어머니와 교사』, 1961, 51항.

30) 요한 바오로 2세 회칙,『100주년』, 1991, 48항.

31) 이에 대한 자세한 내용은 요한 바오로 2세 회칙(1963)과 비오 11세 회칙,『40주년』, 1931, 11-13항 참조할 것.

보조성의 원리는 공동체와 개인 사이의 관계에서뿐만 아니라 더 큰 생활공동체와 더 작은 생활공동체 간의 관계에서도 타당하다. 국가는 개인의 가족생활에 간섭해서는 안 되며 아울러 국가 내의 도시와 읍면에 될 수 있는 한 많은 자치권을 부여해야 한다. 보조성의 원리는 중앙정부의 민주적인 선거뿐만 아니라 지방정부의 민주적인 선거를 요구할 수 있어야 한다. 다시 말해 작은 생활공동체에서의 민주화를 요구할 수 있어야 하며, 또 그런 민주화를 실현할 수 있도록 도움을 주어야 한다. 지방이 가진 여러 문제들은 중앙으로가 아닌 지방 자치적으로 다루어지고 접근할 수 있을 때 더 효과적으로 해결될 수 있으며, 이런 과정에서 공익의 실현이 더 잘 실천될 수 있을 것이다. 이 지점에서도 우리는 어떤 제도가 공익의 실현에 더 잘 어울릴 수 있을 것인지에 대해 물어야 한다. 지방자치제가 더 적절한가 아니면 중앙집권제도가 더 적절한가?

이상에서 보았듯이, 보조성의 원리는 중앙집권화보다 지방분권화에 더 적합하다. 즉, 자신의 힘으로 자신의 과제를 해결하는 작은 생활공동체에서 보조성의 원리가 더욱 잘 실현될 수 있다. 작은 생활공동체에서 자아실현의 기회는 보조성의 원리와 아주 밀접한 관련을 갖는다.

보조성을 통한 인간의 인격적 완성(자아계발)

공동체의 도움은 인간생활을 조작하는 대신에 보완하고 봉사하는 성격을 띠어야 한다. 쓸데없는 도움을 누구에게 강요하는 것은 조작에 가깝다. 보조성의 원리는 바로 이것을 피하는 방법이 된다. 조작은 사람을 인격상으로 완성하는 것을 막지만 보조성의 원리는 인격완성에 이바지한다. 보조성의 원리가 자기결정을 허락하기 때문에 사람들의 책임감과 실행의욕, 능력(자아계발)을 북돋워준다.

보조성의 원리는 개인의 사회적인 책임감과 의무감에 상응해야한다. 그렇지 않으면 공익이 실천될 수 없다. 이런 이유에서 보조성의 원리는 사람들의 생활을 항상 더 편리하게 하는 것이 아니라 때로는 더 힘들게 하기도 한다. 그렇지만 사람이 맡아서 하는 바 책임과 의무를 다할 수 있을 때 윤리적 완성이 가능하다.

공익원리는 개인주의와 대립하는 것에 비해, 보조성의 원리는 집단주의와 대립한다. 인간의 자유로운 자아실현이란 공동체가 제대로기능할 때 보호될 수 있기 때문이다. 여기서 자아책임과 공동체 책임사이의 균형이 아주 중요하다. 개인의 자유와 공동체의 간섭은 적절한균형을 이루는 것이 관건이다. 공익은 사람들이 자기의 창의성을 발휘하면서 공동으로 구현하는 것이고, 공동체는 이 과제에 있어서 보조성의 원리로 도와줄 수 있어야 한다. 따라서 보조성의 원리는 소극적인면과 적극적인 면을 동시에 갖는다. 한편으로 간섭하지 말라고 하고 다른 한편으로 도와주라고 한다. 이 원리는 공동체 활동을 제한하는 동시에 공동체적으로 활동할 의무를 지우기도 한다.

3. 공동체와 연대성(공익에 대한 책임)

공익에 대한 개인 책임의 윤리적인 근거

사회윤리의 근본 원리는 인간이 공동체를 위해서 존재하는 것이 아니라 공동체가 인간을 위해서 존재하는 것에 둔다. 그렇다고 이 원리를사람이 공동체 이익을 무시한 채 자신의 이익을 위해서 살면 되는 것으로 볼 필요는 없다. 윤리적으로 보면 자신의 이익을 위해서만 공동체생활을 해서는 안 되고, 타인의 이익을 위해서도, 곧 공익을 위해서도 공동체 생활을 해야 한다. 공동체는 나의 존재이유가 되지 않지만 나의 공동체 생활은 나뿐만 아니라 남을 도와주는 수단이 되어야 한다. 이른바 사람이 공동체를 위해서 있지 않다는 말은 집단주의를 두고 하는 말이다. 인간은 자기 자신을 버리면서까지 집단 그 자체의 목적에 종속될 필요가 없다.

물론 사람은 사회생활을 하면서 자동적으로 남을 위해 살게 된다. 이 사실은 공동체 생활에서 하나의 좋은 "부작용"이기도 하다. 즉, 공익을 목적으로 한 구조를 가지는 공동체 생활에 참여하는 것은 곧 남을 위해 사는 것이 되기도 한다. 그것은 남에게 봉사하는 형태의 생활이기도 하다. 그러나 윤리적으로 볼 때 사람은 이것을 의식적으로 긍정하고 스스로 이와 같은 역할을 하도록 노력할 수 있어야 한다. 이런 점에서 개인적 차원의 공리주의만이 공동체 생활을 할 근거가 되어서는 안 되며, 대신 진정한 의미의 이타주의가 공동체 생활의 중요한 동기가 되어야 한다.

공동체 생활을 둘러싼 이런 정당화는 여전히 부족한 측면이 많다. 공동체 전체의 복지에 기여한다는 것은 공리주의적으로 보면 지혜로운 일이고 그것은 무엇보다도 윤리적 의무가 되기도 한다. 정의의 관점에서 보면 받는 사람은 주어야 할 의무를 진다. 즉, 우리는 우리가 받은 좋은 것에 보답해야 한다. 주지 않고 받기만 하는 태도는 공동체, 즉 다른 사람들을 자신의 이익수단으로 이용하는 이기심이다. 한마디로 말해, 정의의 관점에서 보면 사람은 공동체를 상대로 권리뿐만 아니라 의무도 갖는다. 이 지점에서 공동체에의 연대성은 공리주의를 넘어 정의에 의해 보안될 필요가 있다. 그러나 이런 연대성은 정의의 의무보다 "이웃 사랑"(사회적 사랑)의 의무라 말할 수 있다. 이웃 사랑은 받을 경우 주는 것을 요구하며 동시에 받지 않은 경우에도 남에게 줄 것을 요구한다. 이런 사랑은 타인의 존엄성을 존중하는 것에 기초를 둔다. 이런 점

에서 정의와 이웃 사랑은 다른 것으로 볼 수 없다.[32]

개인의 공동체에 대한 의무와 책임을 연대주의 원리의 울타리 안에서 볼 필요가 있는데 이 원리는 상호책임의 원리와 맞닿는다. 공동체는 개인을 도와주고 보호해야 하며, 동시에 개인은 공동체 생활에 참여하고 기여하며 협동하여야 한다. 즉, 개인은 공동체와 협동하며 필요시에 자기의 자유를 자제할 수 있어야 한다. 이렇게 되면 각 사람은 공동체, 곧 모든 다른 사람(만인)을 위해서 살고 동시에 공동체, 곧 모든 다른 사람들(만인)도 각 사람을 위해서 살게 된다.

이와 같은 상호책임 관계는 공동체가 공익구조를 갖출 때 성립된다. 공동체가 공익구조에 입각해 사람들을 완성시키는 수단이 될 때 개인은 이와 같은 공동체 안에서 충실하게 살아갈 수 있다. 다시 말해, 공동체가 인간을 목적으로 두고 그를 위해서 올바로 존재할 때 개인도 공동체를 위해서 양심적으로 살 수 있다. 따라서 인간을 위해서 사회가 존재한다고 말할 때 그것은 나 자신의 이익을 추구하는 것이지, 나를 위해 사회가 희생해야 한다는 것을 뜻하지 않는다.[33]

공동체는 유기체에 비교될 수 있다. 유기체의 각 부분들은 전체 안에서 살며 동시에 전체와 통하며 산다. 이 전체는 부분들로 구성되어 있고 부분들을 통하여 살아간다. 이 관계는 상호의존성의 관계이기도 하다. 부분의 복지(건강)와 전체의 복지는 서로에게 달려있다. 그러나 공동체란 유기체에 있어서 이 존재론적인 상호관계 이외에도 다른 상

---

32) 흔히 이웃 사랑의 원리에 의하면 남의 복지는 남의 문제일 뿐만 아니라 또 내 문제가 되기도 한다. 그 원리에 따라서 공동체에서는 남의 복지가 자동적으로(같이 살기 때문에) 나의 복지와 연결 된다. 억지로가 아닌 스스로의 의지로 남을 위해서 살 수 있는 자세를 갖추어야 한다.

33) Wolf, Ernst, *Sozialethik: Theologische Grundfragen*, Göttingen, 1982.

호관계도 성립되는데, 곧 윤리적인 상호 의무와 책임의 관계도 따른다. 개인들은 전체에 대해 책임질 의무가 있으며, 공동체도 개인에 대해 책임질 의무 또한 성립된다. 한 쪽에 의무가 있다면 다른 쪽에 권리가 따른다. 공동체가 개인의 참여와 협조를 요구할 권리를 가지고 개인이 참여와 협조할 의무를 가진다. 그러므로 쌍무적인 권리와 의무의 관계가 성립된다. 이처럼 양쪽이 서로에게 각자의 의무를 다할 때 공익은 보다 쉽게 실천될 수 있다. 이런 점에서 공익은 공동체의 과제일 뿐만 아니라 개인의 과제이기도 하다. 공익은 올바른 공동체의 질서와 공동체 지도자들의 올바른 정신에 달려 있으며, 개인의 참여와 협조가 없다면 공동체는 공익을 실천할 수 없다.

공동체에 대한 개인 연대성의 구현

준법성

개인은 공동체에의 연대성 혹은 공익책임을 규정한 법률질서를 따르며 공익을 실현할 수 있다. 원칙적으로 볼 때 법률질서의 목적이 공익의 실천에 두기 때문이다. 이런 법적 질서가 없다면 공익의 실천은 쉽지 않을 것이다. 법은 공익을 실천하도록 사람들의 다양한 행동을 정리한다. 개인은 공익 때문에 공동체의 법을 지켜야 하며, 또 법을 지키면서 공익을 실천해야 하기 때문이다. 공동체는 이런 법률질서를 지키고 실천할 것을 요구할 권리를 갖는다.[34]

역사에서는 법률제도를 지키는 것을 "법률정의"라고 했다. 정의

---

34) Schmmer, Uwe, Im *Mittelpunkt steht der Mensch*, Bund Verlag, 1995.

는 자신의 것을 받는 것일 뿐만 아니라 자신의 일을 하는 것이기도 하다. 각 개인은 공동체의 공익질서에 따라서 해야 할 일이 있기 때문이다. 연대주의 원리에 의하면 공동체는 공익을 실천하기 위한 법질서를 만들고 개인은 이 질서를 지켜야 한다. 연대주의 원리는 공동체에게 혜택과 부담을 옳게 나누는 정의를 요구하고 개인에게 법률을 지키는 정의를 요구한다. 그렇지만 법률정의의 실천은 그렇게 당연한 것이라 할 수 없다. 그 이유는 법률정의가 사익을 제한하고 희생까지 요구할 수 있기 때문이다.[35]

공익질서 설정에 대한 책임

연대성 또는 공익책임은 공익질서(법률)를 지키는 것(법률 정의)을 요구할 뿐만 아니라 공익질서의 설정에 대한 관심을 요구한다. 그것은 연대성이란 맹목적인 준법성만으로는 잘 실천될 수 없기 때문이다. 이런 상황에서 시민들은 공익책임의 원리에 입각해 정치생활에 보다 적극적으로 참여할 수 있어야 한다. 예를 들어, 우리가 선거에 참여하여 일정한 정치가를 선출함으로써 정치의 방향(사회질서)을 정할 수 있기 때문이다. 선거에 무관심하다는 것은 공익에 무관심한 것과 같다. 즉, 선거에 무관심한 사람은 잘못된 정책에 대해 불평할 권리를 갖지 못한다.

또 공익정신에 입각해 대표자를 선출할 수 있어야 한다. 공익정신은 정부에 요구함과 동시에 유권자에게도 요구할 수 있어야 한다. 우리는 투표할 때 자기의 특별한 사익만을 생각하지 않고 공익을 실천할 능력과 뜻을 가진 사람에게 투표할 수 있어야 한다. 더 구체적으로 말하

---

35) 예를 들면, 세금을 내야 할 의무를 뜻할 수도 있다. 보통 세금을 즐겨 내는 사람은 없을 것이다. 그러나 우리는 세금을 내야 할 윤리적인 의무를 생각해야 한다. 시민들이 세금을 내는 연대성이 없으면 공익은 실천될 수 없기 때문이다.

면, 출마자의 정책 프로그램을 다른 사람들이 가진 보편적 관심을 인식하여 공익정신으로 판단할 수 있어야 하며 그것을 투표에 반영해야 한다.[36] 이 지점에서 사익을 넘어선 공익의 실현이 가능하고 공익은 사익보다 더 중요하다는 말이 성립된다. 이 말의 의미는 나 자신의 이익보다 타인의 이익을 더 중시해야 한다는 뜻이 아니라, 다른 사람의 이익을 무시한 채 나의 특별한 이익만을 중요시하고 추구해서는 안 된다는 의미를 띤다.

공익제도는 항상 새롭게 개선될 필요가 있다. 어떤 제도에도 약점이 나타나기 때문이다. 또 한번 만들어진 제도라 해서 영원히 좋은 제도는 아니다. 시대 사정이 변하면 공익제도도 따라서 변해야 한다. 예를 들어, 공업화가 진행되었을 때 생산방법이 달라졌고 그에 따라 경제제도와 사회제도도 달라졌다(예: 임금노동자의 발생). 이런 상황에서 공익질서의 구체화는 다른 형태로 나타나야 한다. 공동체 질서의 개정은 새로운 사회질서 수립에 책임을 져야 할 정치인의 과제이며, 동시에 만인이 자기 힘으로 자기 자리에서 책임져야 할 문제이기도 하다.

민주주의 사회에서 공익에 책임 있는 사람은 어떤 정당에 가입하여 당원으로서 정치활동을 할 수 있는 권리를 갖는다. 민주주의 제도에서는 주로 정당들이 나라의 정치를 담당한다. 그러면 정당에 가입하여 정당의 방향에 영향을 끼치고 정당 활동을 하는 것은 공익에 책임지는 방법의 하나라 할 수 있다. 또 시민들이 자발적인 창의성과 시민차원의 운동을 통해 나라 제도에 영향을 끼칠 수 있다. 이런 점에서 연대성의 원리(공익책임)는 시위와 항의를 요구할 권리와도 통한다. 시민은 항의할

---

36) 이 때문에 민주주의는 성숙한 시민을 전제로 한다. 또한 계급만을 대표하는 정당을 세우고 투표하는 것은 공익 원리에 반하는 것이다.

권리가 있을 뿐만 아니라 양심의 의무를 질 수 있어야 한다. 나라의 운명은 시민에 달려있다. 이런 차원에서 시위와 항의 등은 반국가적, 반사회적 운동이라 할 수 없으며 경우에 따라서 애국심의 표출로도 볼 수 있다.

공익은 시민운동의 기준이 되어야 한다. 사람들은 자기 자신의 이익을 위해서 운동을 결성할 수 있다. 예를 들면, 자기에게 유익한 법률과 제도가 제정되도록 권익협동체를 설립하여 항의하기도 하며 로비활동을 할 수 있다. 그러나 이런 과정에서 흔히, 기업주 연합회가 노동자들에게 불리한 경제 정책을 요구하는 등 공익을 잊어버릴 수도 있다. 마찬가지로 농부들 및 노동자들은 국가전체의 경제상황을 생각하지 않고 물론 사익을 추구하는 정책을 요구할 수도 있다. 사익을 위해 항의하는 것은 나쁘다고 볼 수 없고 다만 공익을 무시한 채 사익을 추구하는 것은 인정될 수 없다. 연대성의 원리는 법률정의를 넘어 개인의 자발적인 노력과 협조에 바탕해야 한다. 적극적인 공익 질서의 설정이 요구된다.

법률정의(준법성)를 초월하는 자발적인 공익정신과 행동

공동체는 분업생활로 영위된다. 분업적 생활에서 모든 사람은 서로 의존하고 협력해야 하며 한 사람의 노력과 실적은 다른 사람들의 생활에 영향을 끼친다(유기체!). 따라서 내가 내 자리에서 충실히 일하면 공익에 이바지하는 것이 된다. 내 일을 열심히 하지 않고 내 의무를 다하지 않으면 그것은 공동체의 번영과 발전에 지장을 주는 것으로 곧 공익에 방해가 된다. 게을리 일하는 사람은 다른 사람과의 연대성에 위반하는 것이다. 그래서 연대성의 원리는 인간의 자발적인 참여와 협력을 요구한다.[37]

---

37) 요한 23세에 의하면 "진정한 인간 공동체"는 기업과 같은 협력체에서 생긴다고

"진정한 기업공동체를 위해서 고용주들과 경영자들은 그 기업의 노동자들과 상호이해와 존중 그리고 선의로 관계를 맺어야 한다. 모든 사람들은 이익 추구만을 위해서가 아니라 자기에게 맡겨진 임무를 수행하고 책임을 완수하여 다른 사람들에게 유익한 봉사를 하려는 목적에서 진지하게 협력함으로써 공동 노력을 추구해야 한다."[38] 연대성의 원리는 법률 정의를 뛰어넘는 공익정신과 행동을 요구한다. 사람들은 법률 제도에 의해 완전히 공익에 지향되는 행동을 할 수 없다. 즉, 공익에 위반할 여지가 언제든 남아 있다. 자기의 욕심을 스스로 제한하지 않으면 공익의 실천은 불가능하다.[39]

다른 한편에서 보면, 어떤 회사와 경제부문의 노동자들이 너무 높은 임금 인상을 요구하면 회사가 망하여 실업자들이 생겨날 수 있다. 또 그렇게 된다면 인플레이션 현상이 나타나 경제에서의 부작용이 생길 뿐만 아니라 특히 임금인상이 충분히 이루어지지 못한 다른 노동자들이 손해를 볼 수 있다. 문제는 이와 같은 행동이 연대성에 위배되지만 실정법에 위배되지 않는다는 점이다.[40]

하였을 정도로까지 자발적 참여와 협력을 중요시했다. 요한23세,『어머니와 교사』, 1961, 91항.

38) 요한 23세 회칙(1961), 92항.

39) 여기에 대한 구체적 예를 들어본다. 시장경제제도에서는 물건에 가격을 매기는 자유가 있다. 그러나 생산자와 상인들이 너무 비싼 물가를 요구하는 것은 소비자를 착취하는 것이 된다. 또 사용자가 너무 낮은 임금을 주고 돈을 아껴 쓰며 좋은 노동조건을 무시한다면 실정법을 어기지는 않았지만 노동자를 착취하는 것이 될 수 있다. 우리는 한때 외국인 노동자들을 연수생으로 분류하면서 근로기준법을 적용하지 않은 채 그들을 합법적으로 착취하기도 하였다.

40) 비오 11세 회칙(1931), 72-75항.

공동체는 연대성의 이름으로 개인의 희생과 자제, 그리고 헌신까지 요구할 수 있는 것으로 볼 수도 있다. 예를 들면, 사회 간접자본의 형성, 사회보장 제도의 설정, 교육제도의 정비, 국방 등을 위해서 세금을 요구할 수 있다. 그러나 거기서도 지켜야 할 가치체계가 있어야 한다. 연대성을 보장한다는 명목으로 보다 낮은 가치를 위해서 더 높은 가치를 희생시켜서는 안 된다. 예컨대 노동자가 열심히 일하도록 환경을 조성할 수는 있지만 그렇다고 그의 건강을 희생하면서까지 나라의 급속한 물질적인 발전을 위해 일하도록 강요할 수 없다. 개발도상국에서 나라의 급속한 경제적인 발전을 위해 노동자들이 비인간적인 노동조건에 시달리는 경우가 있기도 하였다. 이처럼 연대성의 원리는 나라와 전체를 위해 노동자들을 희생케 하는 것에 대해서는 부정적 입장을 취한다.

공동체와 개인의 상호 책임을 제한하거나 부인하는 자유주의

개인주의(집단주의와 달리)는 개인의 고유 가치를 중요시하고 특히 개인의 자유를 강조한다. 우리는 이것에 원칙적으로 찬성할 수 있다. 그러나 극단적인 개인주의는 자유방임주의로 변질될 수 있다. 자유방임주의는 개인의 절대적인 자유를 요구할 뿐만 아니라 다른 사람에 대한 책임을 부인하기도 한다. 다시 말해, 남에 대해 책임을 지는 것은 바람직하지 않는 간섭일 뿐이다. 따라서 공동체는 역시 자유로운 개인에 대한 책임이 없고, 개인 또한 공동체에 대해 책임을 지지 않는다. 극단적인 개인주의는 개인의 자유를 지나치게 강조하고 모든 국가질서와 권위를 거부하며 무정부주의를 요구했다.

자유주의는 이기주의라고 할 수 있다. 그러나 경제 자유주의자들은 이기주의에 대해 다음과 같이 반박하고 있다. 사익을 추구하는 것은 공익에 반하지 않으며 오히려 공익에 기여할 수 있다. 왜냐하면 여러 개인들의 사사로운 이해에 관한 관심과 요구들은 장기적으로 보면 서로 상충되는 것이 아니라 자연스럽게 조화를 이루기 때문이다. 자연적으로 '예정된 조화'가 작용하며 시장을 조화롭게 이끈다.[41] 즉, '보이지 않는 손'이 작동하여 모든 것을 다 조화시킨다.

개인들은 사익을 얻기 위해 자기 자리에서 일을 잘 해야 하며 타인과 교환하여야 하기 때문에 모든 사람들이 합친 실행능력은 점차 커질 것이다. 이런 사실 때문에 예정된 조화에 의하여 결국 공동체의 모든 구성원들은 더 큰 이익을 얻을 수 있다. 실제적으로 싸움이 생긴다 해도 그것은 일시적일 뿐이다. 공동체가 간섭하고 개인의 자유를 제한할 수록 자연적 예정조화와 공동질서는 방해된다. 따라서 국가의 역할은 수위의 역할에 그쳐야 한다. 그러므로 국가가 개인들에게 자유를 주면 가장 좋은 경제질서가 가능하다고 보았고, 이것은 모든 사람을 만족시킬 수 있는 질서가 생길 수 있다고 보았다. 그렇지만 이렇게 자동적으로 혹은 자연적으로 생긴 공익은 원래 공동체를 세울 목적이 아니기 때문에 하나의 윤리적인 부산물일 뿐이다. 다시 말해, 연대성 때문에 생겨난 결과라 할 수 없다.

자유롭게 사익을 얻도록 노력하는 것은 생산성과 발전을 추진하는 측면이 있지만 역사가 증명한 것과 같이 '보이지 않는 손'만으로는 여전히 부족하다. 즉, 연대성의 정신으로 공익을 지향하는 제도가 계획적으로 세워지지 않고 지켜지지 않으면 공익은 제대로 실현될 수 없다. 무한의 자유가 허락되면 강한 사람의 사익 때문에 약한 사람의 자유가 억눌리게 될 수 있다. 그래서 공익을 목적으로 적극적인 조치를 지향하는 것은 공동체와 개인이 마땅히 따라야 할 윤리적 의무다.

---

41) 허창수(1996), pp. 34~38.

4. 공동체성 : 인간 삶의 윤리성

인간은 개체로서 살아가기도 하지만 동시에 공동체의 구성적 존재로서 살아가기도 한다. 인간은 태어나면서부터 공동체를 형성할 자질(예컨대, 언어능력)과 공동체적으로 살아가고자 하는 충동을 갖는다. 그렇지만 공동체는 그 자체로 목적이 되지 못하고 목적을 위한 수단에 그쳐야 한다. 공동체 안에서 공동체적 삶을 통해서 인간은 자신의 복지와 완성을 추구할 수 있어야 하며, 그렇게 함께하는 존재 그 자체를 기꺼이 즐겁게 받아들일 수 있어야 한다. 공동체는 인간을 위해 존재하는 것이지 거꾸로 공동체가 인간을 위해 존재하지 않음을 염두에 둘 필요가 있다. 이런 점에서 인간, 인간의 복지, 인간의 완성을 위해 기여할 공동체의 생활질서를 창출하는 것은 무엇보다 중요하다.

개체로서의 인간이 최우선적으로 존재하며 그런 정신에 입각하여 공동체가 성립해야 한다. 그렇다면 어떤 연유에서 인간은 공동체를 형성해야 하는가? 인간은 복지 그리고 자신의 완성을 위해 공동체를 형성한다. 인간이 공동체를 만드는 또 다른 이유는 무엇일까? 공동체가 인간에게 아무 것도 주지 않고 인간을 제한할 뿐이며, 해만 된다면 인간은 굳이 왜 공동체를 만들고 그 안으로 스스로 편입해 들어가려 하겠는가?

만약 그가 공동체를 만든다면 그는 역시 자기결정에 일정한 제한을 받아들여야 한다. 그는 공동체 질서를 지켜야 할 의무를 가지며 공동선을 주어진 규범으로 기꺼이 받아들일 수 있어야 한다. 공동체에 발을 들여놓음으로써 타인을 위한 공동책임도 져야 하기 때문이다. 이처럼 인간이 갖는 개체적 및 공동체적 존재의 이중성은 사회윤리학 성립의 중요한 근거가 된다. 물론 이런 사회윤리학 성립의 핵심내용은 공동선, 보조성, 연대성에 토대해야 한다.

이상에서의 논의를 통해 개체로서 자신을 실현해야 하는 인간존재와 공동체 안에서 타인과 함께 살아갈 수밖에 없는 공동체적 존재라는 이중적 인간모습을 다루어 보았다. 특히 현대의 고도 기술문명 시대를 맞이하여 점점 개체화, 개별화되는 인간 삶의 양상을 염두에 둔다면 공동체적 존재로서의 인간에 대한 성찰이 한층 요청된다. 기술의 전문화와 사회 각 영역에서의 엄청난 복합성의 증대, 심각한 가치관의 혼돈 등의 공동체 해체현상에 직면하여 공동체를 둘러싼 윤리성에 대한 보다 적극적인 성찰이 필요할 것이다.

올바른 공동체적 삶의 근거로 작용하는 공동체 윤리(공동선, 보조성, 연대성)에 대한 재조명은 우리 시대의 중요한 과제이다. 여기서 한 가지 염두에 둘 점은 인간 삶에 있어서 의미, 가치 그리고 규범에 대한 일정한 속박을 배제한다면, 곧 인간 삶의 윤리성에 대한 근원적 성찰을 배제한다면 참된 인간다운 삶의 조건을 보장하기가 불가능하다는 사실이다. 공동체적 존재로서의 인간 삶의 조건을 둘러싼 깊은 성찰이야말로 인간 존재성의 의미를 한층 풍요롭게 할 것이다.

2부
공동체 질서의 구성원리와 자본주의

3장

공동체 질서의 구성원리 : 권위행사를 중심으로

오늘 우리는 속도, 변화, 불확실성, 비연속성, 애매모호성이 특징적으로 나타나는 세상에 살고 있다. 이런 상황에서 우리는 다종다기한 가치혼돈상태에 빠질 수 있으며, 이에 따른 공동체 해체현상을 경험하게 된다. 이런 해체현상에 즈음하여 '현대사회에서 공동체는 과연 가능할 것인가'라는 근본물음을 제기할 수 있다. 이는 곧 기존의 사회적 결속(유대)이 더 이상 유효한가라는 본질적 의문으로 이어지는 중차대한 문제이기도 하다. 그만큼 우리는 공동체적 결속이 취약한 시대에서 삶을 영위하고 있다.

인간은 고립된, 독립된 개체적 존재로서의 측면을 갖지만 동시에 자신이 속해 있는 공동체로부터 결코 자유로울 수 없는 사회적(공동체적) 존재이기도 하다. 이 점은 다음의 가톨릭 관련 문헌에서 잘 나타난다. "인간은 깊은 본성으로부터 사회적 존재이며, 다른 이와 관계없이는 생존할 수 없고 그 자질을 발휘할 수도 없다."[42] "본질적으로 사회적 존재인 인간은 공동으로 살아야 하며, 상호적으로 선익을 도모해야 한다. 인간의 공동생활은 그 권리들과 의무들이 상호 존중되고 잘 이행되기를 요청한다. 그래서 각자는 그런 권리들과 의무들을 더욱 성실하고, 효과적으로 이행할 수 있는 사회적 환경을 이룩해야 한다."[43] 인간존엄성은 홀로 살아가는 존재로서가 아닌 사회적(공동체적) 삶의 형태를 통해서 더욱 잘 표현될 수 있다.

최근 우리는 삶의 도처에서 공동체적 결속이 느슨해지는 현상을 경험하며, 특히 공동체 질서의 약화 내지 붕괴현상을 목도하는 삶을 영위하고 있다. 산업화를 거쳐 정보화와 세계화로 이어지는 일련의 급속한 사회변동과정에서 우리 사회는 심각한 가치혼란을 겪고 있으며, 동시에 공동체 와해현상에 노출되고 있다. 공동체 질서의 약화와 붕괴의 근본원인은 공동체 질서의 근간인 '권위의 흔들림'에 따른 위기현상에서 찾을 수 있다. 권위상의 위기발생이 공동체 해체현상과 밀접히 관련될 수밖에 없기 때문이다. 권위는 공동체와 공동체 구성원의 안녕과 복지를 위해 사용될 때 얻어질 수 있으며, 동시에 권위행사는 공동체의 공동선 실현에도 핵심적 근거가 된다.[44]

이 장에서는 권위개념을 공동체 윤리의 차원에서 다각도로 검토하여 공동체 질서구조의 핵심으로 재조명하고자 한다. 특히 최근 우리

---

42) 제2차 바티칸 공의회, *Gaudium et Spes*(기쁨과 희망), 1963, 12.

43) 요한 23세, *Pacem in Terris*(지상의 평화), 1963, 31.

44) 파넨베르크에 의하면 권위의 이런 성격은 가장의 권력이나 선사시대 씨족과 마을 우두머리가 누렸던 권력에서 유래하였다고 본다. 좀 더 자세한 사항은 Pannenberg, W., *Anthropologie*, Vandenhoeck & Ruprecht, Göttingen, 1983; 박일영 옮김,『인간학 III』, 분도출판사, 1996, p.585 참조할 것.

사회의 도처에서 나타나는 공동체 해체현상에 주목하면서 권위문제를 사회윤리(가톨릭 사회윤리) 차원에서 새롭게 다루어 보고 공동체 윤리의 근거로 삼고자 한다.

첫째, 공동체 질서구조를 권력과 권위의 측면으로 나누어 살피고, 이에 토대하여 권위의 개념, 공동체에서의 권력구조의 필요성과 정당화를 좀 더 분명히 할 것이다.

둘째, 공동체 질서에 불가피한 권위행사의 정당성에 대해 살피며, 아울러 권위행사의 권리와 자격에 대해서도 검토할 것이다.

셋째, 공익실천을 위한 권위행사의 다양한 측면을 밝혀 어떻게 권위를 실행할 것인가의 문제를 타진하며, 아울러 권위를 어떻게 받아들여야 할 것인지에 대해 모색할 것이다.

1. 공동체의 권력구조

공동체 생활은 혼자 살아가지 않고 타인과 함께 공동으로 살아감을 의미한다. 즉, 사람이 다른 사람과 함께 공동으로 생활목적을 설정하고 공동으로 생활과제를 해결하며 타인과 협동적으로 살아감을 말한다. 공동으로 살아가기 위해 우리는 자신의 행동을 타인에게 상호적으로 맞추어야 한다. 다시 말해, 여러 사람의 행동을 정리할 필요가 있다. 그만큼 사람은 어떤 질서에 입각하여 행동해야 한다. 행동의 질서가 없다면 우리의 행동은 서로 보완되는 것이 아니라 상충되어 서로를 마비시킬 수 있다. 질서가 없으면 사람들이 일치될 수 없으며 전체의 질서와 어긋나게 행동할 수 있고 윤리적으로도 공동목적, 곧 공익에 도달할 수 없다. 이처럼 여러 사람들의 사사로운 이익추구가 조화되지 않으면 정의가 실천되기보다 서로 착취하거나 손해를 입게 될 수 있다. 규정된 질서가 있을 때 사람을 보호할 수 있고 그에 따라 정의도 실천될 수 있다. 질서가 있을 때 공동체의 실행능력이 보증되고 추진될 수 있을 뿐만 아니라 사람들을 보호하고 공익을 드러낼 수 있다. 우리가 질서를 지킬 때 우리는 그 질서로부터 보호받을 수 있다.

일치와 질서는 우연히 자동적으로 생기지 않는다. 공동체는 단일한 의지를 갖는 실체가 아니다. 공동체는 자신의 개인의지를 갖는 여러 사람들로 구성된다. 개인들의 목적과 관심, 의견과 판단은 모두 다를 수 있다. 따라서 조화가 없고 서로 반대하며 싸우는 상태가 생길 수 있다. 뿐만 아니라 개인들은 종종 공익을 실천할 마음을 갖지 않는다. 자유주의에서 주장하는 '예정된 완전한 조화'란 사실상 불가능하다. 공익을 목적으로 한 일치와 질서가 계획되고, 또 그런 일치와 질서는 계획적으로 관철될 필요가 있다. 즉, 질서와 일치를 규정하고 관철하는 사람과 기관이 있어야 한다. 일치와 질서는 어떤 권력구조가 없다면 불가능하다.

권력은 공동체의 일치와 질서의 내적인 실천근원으로 작용한다. 이때 공익(bonum commune)은 권력자와 권력기관을 요구하고 공동체의 권력구조를 윤리적으로 정당화한다. 권력으로 일치되고 질서를 지키는 공동체 구성원은 단일한 존재처럼 행동할 수 있어 개인의 실행능력을 능가하는 성과를 거두면서 공익을 실천할 수 있다.[45]

권력행사에 있어서 권위와 강제는 구별되어야 한다. 권위를 행사

---

45) 공익(공동선)은 공동체적 삶을 통해 마련된 한 공동체 모든 구성원의 복지를 뜻한다. 공동체가 그 안에서 창출한 재화와 가치들을 모든 구성원에게 제공하여 누리게 하면 그 공동체에서는 공익이 실현된다. 이런 점에서 공익은 분배문제와 밀접한 관련을 맺는다. 자세한 내용은 Johannes, M., *Das Gemeinwohl, Idee, Wirklichkeit, Aufgaben*, Osnablück, 1968 참조할 것.

하는 것은 명령이다. 명령은 강제와 달리 결과를 직접적으로 나타내는 세력이라기보다 간접적, 정신적으로 영향을 행사하는 세력을 말한다. 즉, 상대방의 자유로운 반응을 자극하며 결과를 나타내는 것이다. 강제는 상대방의 자유를 받아들이지 않는다. 강제에 있어 자유로운 수용(순명)이 성립되지 않으며, 이와 달리 명령은 자유로운 수용(순명)이 인정될 수 있다. 권위자가 명령을 내리지만 아직 강제하는 것이 아니기 때문에 명령받는 사람은 순명하기를 자유롭게 거부할 수 있다.

　　권위적 명령 이외에 필요시에 강제를 가할 수 있다. 질서의 필요성 때문에 필요할 때 강제로 질서를 관철시킬 수 있어야 한다. 두 가지 권력형이 있는데 그것은 명령과 강제이다. 공익실천을 위해 경우에 따라 강제(예: 자유의 강제적 속박)가 필요하며, 이런 연유에서 그것은 윤리적으로 정당화될 수 있다. 즉, 자유가 존중되어야 하지만 타인을 해치는 자유는 자유의 남용이며 그것은 존중될 것이 아니라 오히려 강제로 규제되어야 한다. 공익을 실천하는 질서의 관철은 이를 지도하는 권위를 요구할 뿐만 아니라 강제를 정당화할 수 있다.[46]

권위의 개념

모든 공동체는 질서구조를 갖는다. 즉, 공동체적 삶은 인간의 복지와 복지실현을 위해 정돈되어 있는 공동생활이어야 한다. 공동체의 질서는 공동선의 질서에 부합해야 한다. 공동체가 제공하는 재화는 공동체의 모든 구성원들에게 도움을 주는 것이어야 하며, 혹은 도움이 될 수

---

46)　예컨대 권력자들은 직접적으로 불법적인 행동을 막고 사람들을 형벌로 다스림으로써 합법적 행동을 강요할 수 있다. 그런 경우에 있어서도 권력의 정상적이고 이상적 행사는 강제가 아니라 권위를 통해 이루어져야 한다.

있어야 한다.

자유(방임)주의는 세상 창조와 함께 자연스럽게 미리 고정된 조화로운 질서, 곧 미리 정해진 공동선 질서를 꿈꾸었다. 공동선 질서는 "보이지 않는 손"에 인도되는 것과 같이 저절로 만들어진 것이라고 보았다. 이런 질서는 인간에 대한 질서정연한 장악을 위해 파괴될 수 있다. 경제생활에서 이윤추구(사적이익)를 통해 형성되는 수요공급의 게임과 경쟁을 통한 시장의 어느 정도까지의 자기규제는 공동선 지향과 함께 공존할 수 있다는 사실을 부정할 수 없다. 그러나 이러한 공동선 메커니즘만으로는 충분하지 않다. 그것은 역시 방해받을 수 있고 파괴될 수 있기 때문이다. 공동선 질서는 저절로 생기는 것이 아니며, 오히려 그것은 인간이 계획하고 창출해야 하며 보호해야 한다. 잘 정리된 공동생활 내지 공동선 질서를 창조하고 그것의 실행을 보장하기 위해 수행해야 할 마땅한 책임이 따른다. 그것은 곧 정당한 권위행사를 뜻한다.[47]

모든 합법적 힘은 공동체의 구성원으로부터 위임된 힘으로서, 즉 그것은 대표된 힘이다. 인간은 원래부터 자기결정에 대한 권리를 갖으며 타인의 결정을 거부할 권리를 갖기 때문이다. 이런 이유에서 인간은 자신이 속해 살아가는 공동체 질서를 규정할 권리를 갖는다. 그러나 타인도 역시 이런 권리를 가져야 하기 때문에 어떤 단독의 결정이 아닌 "공동결정"이 관건으로 등장한다. 역시 이 사실은 최소한 거대 공동체에서는 간접적으로 가능하다. 공동체 구성원은 공동체 질서의 결정을 위한 자신의 권리를 공동선에 대한 책임을 수행할 대표에게 전달할 수 있다. 이런 힘은 위임된 힘이다. 위임되지 않은 권력행사는 권력찬탈이며 독재이다. 공동체 안에서 권위행사는 타인결정이다. 그러나

---

47) 비오 11세, *Quadragesimo Anno*(사십주년), 1931, 37.

그것은 위임을 통해 생겨난 것이며, 위임을 통해 타인결정이 정당화된다. '위임'은 보통 선거나 투표를 통해 가능하다. 그러나 그러한 위임은 역시 무언의 승인을 전제한다. 선거를 통한 위임은 다수결에 입각하여 일어난다. 그렇지만 소수는 다수의 결정을 어쩔 수 없이 받아들일 수밖에 없다. 소수는 다수의 결정을 말없이 받아들인다. 소수(패배자)는 정부에 직접적으로 참여할 수 없으며, 그의 참여는 반대를 통해서 일어나는데, 이는 대체로 탈의회적 속성을 띤다. 의회에서는 어떤 카르텔적 표결이 있을 수밖에 없기 때문에 대리자들이 표결을 함에 있어서 자신의 고유한 양심에 입각하여 결정할 수 있어야 한다.[48]

경제생활에서는 타인의 복지를 유기적으로 보완할 수 있는 질서를 만들 필요가 있다. 그런데 이러한 질서는 인간 이외의 다른 영역에서는 결코 저절로 생겨날 수 없다. 역시 여기서는 잘 조정된 권위가 존재해야 하는데, 그것은 기업 안에서와 국민경제의 전체수준에서 나타난다. 미시경제적 및 거시경제적 영역에서 적절하게 조정된 권위가 작동될 수 있어야 한다.

공동체 안에서 삶을 규제하는 권위는 담당관청의 위임에 근거를 둔다. 우리는 그런 권위를 '당국의 권위' 혹은 '지도부의 권위'라 부를 수 있다. 그것은 공동선 질서창출을 위하여 당국에게 주어진 법과 명령을 공포할 권리, 이를 실현할 권리, 혹은 이를 강요할 권리 등을 말한다. 이는 "Lex est dictamen rationis ab eo qui curam boni communis habet datum(법은 공동선을 위하여 배려를 아끼지 않는 사람의 이성에 입각한 명령이다)"라는 법의 전통적 해석과 그 맥락을 같이 한다.

---

48) 의회에서 반대당은 스스로의 힘으로 정부에 직접적으로 참여할 수 없고 대표를 통해서 참여할 수 있다. 이 사실에서 보듯이 의원은 자신을 뽑아준 국민을 대변함을 뜻하며 선거에서 그를 공천한 정당을 대변한다고 할 수 없다.

명령은 권력과 구분된다. 권력은 인간으로 하여금 무엇인가를 하도록 강요하며, 그에게 어떤 자유로운 결정도 허락하지 않는다. 그러나 명령은 인간에게 자신의 행위에 대한 자유로운 결정을 하도록 해줄 수 있다. 즉, 인간은 명령을 따를 수도 있고 복종을 거부할 수도 있다. 합법적 당국의 명령을 통하여 인간은 언제나 그런 결정을 설정할 수 있다. 그러나 명령은 만약 내가 명령자의 권위를 인정한다면, 다시 말해 만약 내가 타인의 명령을 나를 위한 명령으로 받아들인다면 나로 하여금 언제나 어떤 결정을 하도록 하게 만든다. 인간이 누군가에게 공동체의 지도명령권을 위임한다면, 곧 '권위화'한다면 나는 그에게 무엇인가를 명령할 수 있다. 물론 그런 경우도 그런 명령의 승인을 통해서만 나는 어떤 결정을 내릴 수 있는 입장에 설 수 있다.

사회 속에서 행정당국은 억압을 통해서 자신의 명령을 따르도록 동기화하려 시도할 수 있다. 이 말은 다른 사람에게 상처를 주면서까지 명령을 따르도록 동기화함을 뜻한다. 이렇게 동기화하는 것은 강요에 의한 것으로 명령과 구분될 수 있다. 이런 동기화는 반드시 명령을 따르도록 하는 것이라고 할 수 없으며, 그것은 거절당할 수도 있다. 행위의 자유가 허용되어야 하기 때문이다. 그러나 당국은 강요를 행사할 수 있다. 강요행사는 한 사람에게 외부로부터의 권력이 행사됨을 뜻한다. 여기서 인간의 자유는 무시되며 인간에게 무엇인가가 강요된다(예컨대 인간은 구금될 수 있다). 강요의 고통을 당하는 사람의 입장에서 강요에 동의하거나 강요를 인정하는 것은 성립될 수 없다. 오히려 그와 반대로 강요에 저항하는 것이 자연스런 인간의 반응일 것이다. 저항이 없다면 어떤 강요도 있을 수 없기 때문이다.

모든 공동체는 공동선 실현을 위해 책임을 져야하는 권위행사를 필요로 한다. 공동체의 법과 명령을 수행하는 것은 도덕적 의무이기도 하다. 그러나 동시에 비도덕적 명령은 따르지 않아야 할 의무도 성립된다. 비록 인간이 자신의 자기결정권 내지 공동체 생활의 질서를 특정의 대표에게 위임하는 경우도 그는 결국 자신의 도덕적 책임에서 벗어날 수 없으며, 자신의 책임에서 도피할 수 없다. 그는 그 명령을 심사숙고해서 다시 검토해야 하며 그 명령을 따를 것인지에 대해 양심에 비추어 결정해야 한다.[49]

당국의 명령을 따르도록 하는 당국의 권위와 의무는 당국자의 도덕적 품성과는 관계가 없다. 당국의 권위는 '인격적 권위'와 구분된다. 나는 타인의 견해를 받아들일 수 있다. 내가 보기에 그 사람이 전문가로 인정할만하고 나보다 나은 지식을 가졌다고 인정하기 때문이다. 역시 여기서도 권위의 행사는 타인이 이를 권위로 인정하느냐가 문제가 되는데 거기에는 전문가의 권위가 전제되어야 한다. 나는 전문가에게 나의 행위와 나의 의견을 결정해주도록 맡긴다. 나는 나를 위해서도 그의 말이 올바르며 사실일 수 있는 것으로 인정한다. 이 사실을 행한다는 것은 어떤 도덕적 의무라고 말할 수 없다. 그러나 그것을 사려 깊게 따라야 할 명령으로 받아들일 수 있다.[50]

공동체에서 권력(지배)구조의 필요성과 정당화

공동체에 있어서 질서를 유지하는 권위가 존재하지 않는다면 그 사회는 혼돈상태에 빠질 수 있으며, 그 결과 인간사회가 추구하는 공동선의

---

49) 예컨대 양심에 비추어 군복무를 거절할 것이냐 아니냐를 결정할 수 있어야한다. 이런 점에서 권위의 문제는 양심과 결부되는 문제로 볼 수 있다.

50) 여기서 교육의 권위가 성립될 수 있다. 부모는 자기자녀를 가르치고 교육하며 시도할 의무와 책임이 있다. 아직 아이들이 사기 삶을 홀로 꾸려나가기에 필요한 충분한 경험과 지식을 갖지 않았다고 보기 때문이다.

실현은 불가능할 것이다.

사도 바오로에 의하면 공동체를 구성하는 권위는 하느님께로부터 나온다. "하느님께서 주시지 않은 권위는 하나도 없다." 사도 바오로가 말하는 이 구절에 대해 요한 크리소스또모는 다음과 같이 해석하였다. "이것은 무엇을 말하는가? 모든 통치자는 하느님께로부터 지명된 것인가? 그렇지 않다. 그것을 의미하는 것이 아니다. 여기서는 각 통치자에 대해 말하는 것이 아니라 통치권 자체를 논하는 것이다. 권위가 있기 때문에 명령하는 자와 그에 복종하는 자가 있으며, 이런 사실은 우연으로부터가 아니고 하느님 섭리의 배려에서 나오는 것이다. 사실 하느님께서는 본래부터 사회적 인간들을 창조하셨기에 모든 사회는 타인을 통치하는 자가 공동목표를 향해 효과적으로 이끌지 않으면 유지될 수 없다. 그래서 문명사회를 유지하는 권위는 불가피한 것이다. 이런 권위는 사회 그 자체와 마찬가지로 자연에서 나오는 것이므로 결국 그 권위는 하느님께로부터 오는 것이다."[51]

공동체 생활은 다른 사람과 함께 공동으로 생활목적을 설정하고 공동으로 생활과제들을 해결하며 공동으로 자기와 타인의 생활을 형성하는 것을 말한다. 공익실천의 조건이 되는 화목과 질서는 잘 계획되고 효과적인 방법으로 관철될 필요가 있다. 즉, 공동체에서 질서와 화목을 규정하고 관철할 사람이나 기관이 필요하다. 일치와 질서는 특정한 권력행사 구조(지배구조)가 없다면 불가능하다. 화목하고 질서를 지키는 공동체 구성원들은 단일의 존재처럼 행동하고 개인의 실행능력을 능가하는 성과를 거두고 공익을 실천할 수 있어야 한다. 따라서 공익의 필요성 때문에 권력자와 권력기관이 요구되며 공익으로 말미암아 공동체에

---

51) 요한 23세, *Pacem in Terris*(지상의 평화), 1963, 46,

서의 권력행사 구조도 윤리적으로 정당화될 수 있다. 사도 바오로에 의하면 권력은 하느님이 주신 것이고 권력자의 명령은 하느님의 명령이다. "누구나 자기를 지배하는 권위에 복종해야 한다. 하느님께서 주시지 않은 권위는 하나도 없고 세상의 모든 권위는 다 하느님께서 세워주신 것이기 때문이다."[52]

권력을 행사함에 있어서 권위와 강제를 구별할 수 있어야 한다. 권위를 행사하는 것은 명령이다. 명령하는 것은 강제를 가하는 것과 달리 물리적인 힘으로 지배하는 것이 아니라 정신적인 세력으로 지배하는 힘을 말한다. 사람들의 자유로운 순종을 불러일으키면서 통치(지도)하는 자연법의 원리를 따르는 힘을 말한다. 강제는 사람의 자유를 인정하지 않는다. 즉, 명령에는 자유로운 순명이 따르며 강제에는 자유로운 순명이 따르지 않는다. 권위자가 명령을 내리지만 그것이 물리적으로 강제되는 경우에 명령을 받는 사람은 자유로운 상태에서 순명하기를 거부할 수 있다.

공동체에서는 필요시에 강제를 행사할 수 있다. 질서가 꼭 필요할 때 그 질서는 강제로 관철되어야 한다. 공익을 실천하기 위해서는 경우에 따라 강제(즉, 자유의 강제적 속박)가 필요할 수 있기 때문에 윤리적으로 그것은 정당화될 수 있다. 인간의 자유가 존중되어야 하지만 여러 사람들의 행동이 공동목적을 지향하도록 정리될 필요가 있다. 남을 해치는 자유는 자유의 남용이고 그것은 존중되어야 할 것이 아니라 오히려 강제로 억제되어야 한다. 그래서 공익을 실천하는 질서의 관철은 지도하는 권위를 요구할 뿐만 아니라 강제를 가하는 것을 정당화하기도 한다. 예컨대 나라의 권력자들이 불법적인 행동을 막고 사람들에게 형

---

52) 성경, 로마 13,1-2.

벌로 계도함으로써 합법적인 행동을 강요할 수 있다. 그렇지만 권력의 정상적·이상적인 행사는 강제가 아닌 권위를 통해 이루어져야 한다.

권력행사가 가능할 때 공동체 생활이 원활이 이루어질 수 있고 그런 권력행사로 인하여 공익을 보장할 수 있다. 그렇지만 공동체 생활과 공익 때문에 사람들은 큰 대가를 치르기도 하는데, 외부자유(자율성)를 상실할 수도 있다. 순명하는 것은 자기 스스로 선택의 자유(자율성)를 포기하는 것이며 강제를 받는 것은 그 자체로서 자율성의 박탈을 의미한다. 그렇다면 공동체 생활은 인간의 존엄성에 위배되는 것으로 볼 수 있지 않을까?

공동체 생활은 인생(실존)의 한 차원이지 그것이 전체 인생을 말해줄 수는 없다. 인간 삶의 영역에서 자유의 영역이 상당 수준 남아있다. 특별히 보조성의 원리를 고려하고 삶으로 지키려 한다면 자유의지의 여지는 더 많을 수 있다. 그럼에도 불구하고 공동체 생활은 부분적으로 자유의 속박이기도 하다. 인간이 자유롭게 어떤 공동체 생활을 선택하면 순명의 생활도 스스로 선택할 수밖에 없다. 이런 선택의 불가피성 때문에 이 순명의 생활을 다시 자유롭게 그만둘 수 있어야 한다. 따라서 이 순명의 생활은 자유의 차원을 가지며 자유에 그 기초를 두어야 한다. 그러나 내가 태어난 공동체 생활은 내가 선택한 생활이 아니고 쉽게 벗어날 수 없다. 여기서 진짜 자유의 탄압이 나올 수 있다. 그러나 우리는 천부적으로 주어진 인간의 실존조건을 보아야 한다. 즉, 공동체가 있든 없든 상관없이 인간의 자유는 제한될 수 있다. 인간이 같은 세상과 땅에서 살아야 하기 때문에 서로 제한하고 제한받는 것은 불가피하다. 조직된 공동체가 없다면 자유에 대한 이런 상호의 제한이 더 심할 수 있다. 공동체 생활은 자유를 보호하는 역할을 하기도 한다. 적어도 보조성의 원리가 제대로 지켜진다면 그렇다고 할 수 있다.[53] 인간은 공동체 생활을 하면 공동체에서 위임받은 권위자로부터 제한되고 공동체 생활을 하지 않으면 다른 사람들로부터 제한을 받을 수 있다. 그것은 벗어날 수 없는 인간의 실존조건이기도 하다.

공동체는 자유를 보호하는 동시에 그런 자유를 제한하기도 한다. 토마스 아퀴나스는 권위와 관계의 측면에서 노예(종)에 대한 지배와 자유인에 대한 지배를 구별하였다. "좋은 지배자는 사람에게 유익한 일을 하도록 지배하고 자유인은 자기 자신에게 유익한 일을 하도록 하는 범위, 곧 공익을 실천하도록 하는 범위 안에서 지배받는다."[54]

지나친 자유주의, 무정부주의는 인간의 자유를 강조한 나머지 국가권력 없이도 공익의 실천이 가능한 것으로 보았다. 오히려 무정부주의자들은 국가가 공익에 지장이 되는 것으로 여겼으며 따라서 국가를 없어져야 할 것으로 생각했다.[55] 국가권력 대신에 인간이성이 사람을 자연적으로 정의롭게 행동하도록 하며, 국가권력으로부터 해방된 사람들이 자기의 이성으로 올바른 사회질서를 세울 수 있을 것으로 보았다. 그들은 인간의 자연적인 인식과 선함을 신뢰하였다. 그런데 이들이 꿈꾼 지나친 낙천주의는 현실적으로 실현될 수 없는 한계를 갖는다.

---

53) 사회윤리에서 말하는 보조성(subsidium) 원리는 "개인이 자력으로 할 수 있는 것을 집단이, 하위집단이 할 수 있는 것을 상위집단이, 그리고 개인이나 집단이 할 수 있는 것을 전체사회, 즉 국가가 떠맡거나 빼앗지 않고 당사자가 스스로 할 수 있도록 도움으로써 공동선을 실현할 수 있다"고 본다. 김춘호,『가톨릭 교회와 사회변혁』, 분도출판사, 1998, p.252.

54) Aquinas, Th., *Summa Theogiae*; 정의채 옮김,『신학대전 I 』, 바오로딸, 2000, 96,4.

55) 이런 논지를 편 대표적 사상가들은 Godwin, Proudhon, Bakunin 등이다.

인간의 윤리적 선함을 항상 신뢰할 수 없을 뿐만 아니라 특정의 질서가 계획되지 않고 권위로 관철되지 않으면 개인이 무엇을 해야 하는지에 대해 모르는 일이 발생할 수 있기 때문이다. 아울러 질서의 권위적인 규정을 필요 없는 것으로 만드는 천부적으로 예정된 조화를 보장할 수 있는 다탕성도 역시 부족하다고 볼 수밖에 없다. 우리가 자연적으로 사사롭게 이익을 추구하는 행동이 공익을 실천하도록 하는 것과 항상 서로 보완될 수 없다.

인간실존은 공동체 생활을 통하여 완성된다. 이와 같은 인간의 사회적 완성은 권력의 잘 정돈된 행사에 근거하여 이루어질 수 있다. 권력은 인간의 사회적인 본성에 그 기초를 둔다. 그러나 가톨릭의 세계관에서는 그런 권력의 근거를 인간의 본성을 창조하신 하느님에게서 찾는다. 다시 말해 인간의 사회적 본성으로서 권력의 원천을 자연법적 질서, 곧 인간의 모성인 하느님에 둔다.

2. 권위의 행사방법

앞에서도 밝혔던 바와 같이 권위를 행사하는 사람 또는 기관이 없으면 질서와 일치하는 공동체 생활은 불가능하며 공익의 실천도 쉽지 않다. 권위는 누가 행사하면 정당한가? 누가 권위를 행사할 권리와 자격을 갖는가? 이 질문에 대답하기 위해 권위의 본성부터 살펴볼 필요가 있다.

직무에 입각한 권위

일반적으로 권위는 사람에게 어떤 영향을 끼치고 일정한 세력을 가하는 능력을 말한다. 이런 권위의 능력은 두 가지 측면에서 나온다. 사유

(思惟)의 범위와 행동의 범위에서 권위가 행사될 수 있다. 권위는 타인의 이성과 행동 의지를 규정하는 힘이 될 수 있다. 타인의 사유에 일정한 영향을 행사하는 권위자를 '전문가'라 하며, 타인의 행동을 정하도록 하는 권위자를 '지도자'라 할 수 있다. 이런 점에서, 전문가의 권위와 지도자의 권위가 각각 성립될 수 있다.

권위행사의 효력은 (강제가 아니기 때문에) 상대방의 이성과 의지의 자유로운 찬성 내지 동의에 달려 있다. 사유범위 안에서 (이론적) 이성의 찬성을 얻어내는 것은 신뢰로 나타난다. 이런 신뢰는 전문가의 말에서 비롯된다. 우리는 다른 사람이 우리보다 더 깊은 인식을 갖고 더 많은 경험을 한다고 생각하면 그의 말에 신뢰를 보낸다. 이런 이유 때문에 저명한 학자와 같은 전문가의 말에 신뢰를 하게 되고 그 사람은 지식의 권위자로 인정된다.

지식적인 권위는 인격적인 권위와 관련을 갖는다. 그 권위는 그 사람의 인격적인 우수성에 입각하기 때문이다. 지식적인 권위자는 우리의 사유(이성)로 하여금 그에게 찬성하게 할 수 있지만 찬성할 의무를 지울 수는 없다. 행동범위를 정하는 지도의 권위는 두 가지로 구분된다. 즉, 상담하는 지도행사가 있으며 명령하는 지도행사도 있다. 상담하는 지도권위는 그 사람의 인격적인 우수성(우월성)에 입각한다. 우리가 어떤 사람의 실천적인 판단(이성)을 인정하면(예컨대 사람의 지혜 또는 그의 실천이성 범위에서의 전문성) 그의 충고를 받아들일 수 있다. 다시 말해 그의 충고에 따라 특정의 행동을 하도록 결정할 수 있다. 그러나 상담하는 지도권위는 의무를 지울 수 없다.

여기에 비해 명령하는 지도권위는 직무에 입각한 권위로서 이 직무는 공동체를 통치하는 직무를 말한다. 여기서 인격권위와 직무권위를 구별할 수 있다. 직무권위는 통치하는 권위 또는 지배하는 권위이기도 하다. 통치권위는 공동체와 공익에 대해 책임을 진다. 이때 직무권위자의 명령에 대한 찬성은 수용(순명)으로 나타나며, 그것은 의사결정의 형태로 드러난다. 직무권위는 수용(순명)할 의무를 지운다. 만약 직무권위자에게 순명할 의무가 없으면 그는 자기의 통치과제를 실천하지 못할 수 있다.[56]

직무권위는 권위자의 인격적 우수성에 근거하지 않기 때문에 그 권위는 그의 윤리적인 완전성에 달려 있지 않다. 다시 말해 직무권위자는 공익의 실천을 위해서 필요한 일을 명령할 수 있고 또 마땅히 그렇게 할 수 있어야 한다. 예를 들면, 통치자들은 스스로 여러 가지 부정적인 일에 관련되어 있으면서도 시민들에게는 부정행위를 금지하는 질서를 세워야 한다. 물론 자기 자신들도 원칙적으로 이 질서를 지켜야 한다. 또 직무권위자들이 사생활에서는 실수를 저지른다 해도 공익에 있어서 권위를 가진다(예컨대 부모들이 거짓말을 해도 아이들을 교육할 때는 거짓말을 해서는 안 된다고 가르친다는 것과 같은 논리이다.).[57]

권위행사의 자격(권위행사의 주체)

여기서 공동체가 갖는 직무권위의 주체에 대해 살펴볼 필요가 있다. 앞에서 말한 바와 같이 공동체의 일치와 질서가 없으면 공익은 잘 실천될 수 없다. 그러면 누가 이 질서와 일치에 대해서 책임지는 권위자여야 하

---

56) 우리는 인격권위와 직무권리를 구분할 수 있다. 통치권자의 권위는 인격적 우수성에 입각하지 않고 직위에 입각한다. 즉, 통치권위자는 공동체를 위한 직무를 받은 사람이다. 가톨릭 교리서, 1597.

57) 특별한 권위의 종류는 교육권위이다. 예컨대 부모와 교사의 권위가 그것이다. 이 권위는 인격적인 권위이고 직무적인 권위이다. 그 권위는 해당자의 미성년성을 전제로 하고 그들을 가르치고 지도할 직무와 어른으로서 아이들에 대해 가지는 우월성에 입각한다.

는가?

　원칙적으로 보면 모든 사람은 자기 자신에 대해서 자유롭게 책임질 권리와 의무를 진다(자아실현의 권리와 의무). 나는 나 자신에 대한 책임을 누구에게 양도할 의무가 없고 타인에게 나에 대한 책임을 요구할 수 없다. 그러나 공동체 생활을 하려는 사람은 자동적으로 자기 자신에 대해서 책임져야 할 뿐만 아니라 타인에 대해서도 책임져야 한다. 즉, 공동체 생활은 나와 타인의 생활을 공동으로 형성해야하고 공동체 질서에 대한 공동책임이 성립된다. 공동체는 집단적으로 책임져야 한다.

　나는 타인에 대한 책임에 참여하고 타인은 나에 대한 책임에 참여한다. 국가에 있어서 공동책임은 이렇게 표현되는데, 국가권력은 원래 국민의 것이다(군주국가에서도 그러하다). 따라서 다음과 같은 상황이 발생한다. 사람은 공동체 구성원으로서 권위를 실행할 수 있는 주체이며 동시에 공동체의 권위에 복종하며 공동체의 결정을 따라야 한다. 국민은 단순히 국가 권력행사의 주체여야 하며 또 국가권력에 복종해야 한다. 국민은 국가 권력행사의 주체이며 대상자이다. 다시 말해 국민은 주인으로서의 권리주체인 동시에 종으로서의 권리객체이기도 하다.

　공동체 생활을 위해 필요한 권위구조(직무권위)를 인간에게 요구할 수 있지만 동시에 인간은 자유로운 자아실현의 권리를 갖는다. 이런 인식에 토대할 때 직무권위에 대한 올바른 이념에 다가설 수 있다. 자아실현의 권리를 갖기 때문에 모든 권위는 공동체 구성원에게 귀속되어야 한다. 그들이야말로 가장 중요한 권위주체이다.

　물론 공동체 생활을 하는 사람은 자아실현의 실행을 타인과 나눌 수 있어야 한다. 공동결정을 인정하고 삶으로 실천하며 살 수 있어야 한다. 공동결정은 종종 타협하고 양보할 때 가능하다. 항상 모든 사람의 뜻을 모아 어떤 결정을 내리기는 불가능하다. 이 때문에 공동결정을 받아들일 때 종종 자신의 자유로운 자아실현을 제한받을 수 있음을 인정해야 한다. 자유의 제한은 공익을 위해 치러야 할 대가이기도 하다.

공동체 생활은 공동결정으로 정해져야 한다. 그러나 종종 공동결정이 불가능할 때도 있다. 공동체 생활을 할 때 자기에 대한 책임을 다른 사람에게 위임해야 할 경우가 있다. 작은 공동체에서는 모든 문제들을 함께 모여 공동으로 결정할 수 있지만 더 큰 공동체(예: 국민)에서는 그렇게 할 수 없다. 그것은 기술적으로 불가능하고 결정과정도 너무 오래 걸리며 심지어 공동생활을 마비시킬 수 있다. 여기서 전체 공동체가 아니라 권력을 위임받은 전문가들이 국민을 대신해 결정한다. 질서를 세우고 그의 실천을 관철해야 할 필요가 있기 때문이다.

뿐만 아니라 대중이 결정하지 않는다는 사실은 또 다른 측면에서 보면 좀 더 바람직할 수 있다. 전문적 문제에 있어 전문가가 아닌 사람들(대중)이 결정을 내리면 공익의 실천이 더욱 힘들어질 수 있다. 공익은 그것을 실천할 수 있는 윤리적 의지를 행사할 수 있는 능력을 가진 전문가들이 결정하는 것이 바람직할 수 있다. 물론 위임받은 전문가들이 대중보다 윤리적으로 낮다고 무조건적으로 말할 수 없다. 그러나 이기주의적 입장에서 사사로운 이익을 위해 결정할 유혹에 쉽게 넘어갈 수 있는 대중의 결정보다 더 낮다고 보는 것이 대체적인 평이다. 전문가는 직무상으로 전체와 공익에 대해서 책임을 맡을 경우 해결할 문제에 대해 좀 더 객관적이고 전문적으로 문제를 파악하여 해결할 수 있는 능력이 있으며, 또 공익정신에 맞게 결정내릴 가능성이 크다고 보기 때문이다.[58]

---

58) 서구사회에서는 이미 '노블리스 오블리제'의 정신이 특히 사회지도층에게 널리 퍼져 있다. 그 대표적 사회윤리의 특성은 신탁사상에 잘 드러나 있다. 권력과 부로 대표되는 특권은 신으로부터 부여받은 것으로 보기에 그것을 또다시 신을 위해 되돌려야 한다는 것과 관련된다.

특정의 전문영역 문제와 공익에 관련된 문제를 결정할 때 지식이 풍부하고 윤리적인 태도를 갖는 엘리트가 결정하는 것은 바람직한 현상이다. 무엇이 진리인지, 무엇이 윤리적으로 더 좋은 것인지는 다수가 투표로 결정할 문제라 할 수 없다. 그런 문제들은 단순히 민주적이라는 이름으로 투표를 통해 결정될 사안이 아니다. 원칙적으로 보면 인간은 진리와 윤리에 대해서 결정할 위치에 있지 않으며 그것을 확립할 수 있는 상황에 있을 뿐이다. 그렇다면 누가 그것을 확립할 수 있겠는가? 전문적 문제에 있어서 엘리트는 대중보다 그것을 좀 더 잘 확립할 확률이 높다. 물론 완벽하게 잘 할 수 있다고 할 수 없지만 상대적으로 더 잘 할 가능성이 높은 것이다.

대표자의 권위위임 문제(대표자에게 권위를 위임하는 것과 대중의 주인권)

공동체 구성원들은 대표자에게 권위를 위임해야 할 필요가 있다. 그것이 대중을 무시하는 일일까? 반드시 그렇게 볼 필요는 없다. 이 사실은 공동체 구성원이 공동체 생활에 대해서 본래 갖는 결정권(권위)을 완전히 포기해야 하는 것으로 볼 수 없다. 오히려 자신들의 권위를 간접적으로 실행할 수 있는 것으로 볼 수 있다. 즉, 원래 권위는 공동체 구성원들의 것이기 때문에 공동체 구성원들이 권위자를 임명할 권리(위임권)를 갖기 때문이다. 그들은 이 권리를 행사하면서 공동체 생활을 공동으로 결정할 수 있다. 일정한 사상을 갖고 일정한 목적을 가진 프로그램을 추구하고 관철하려는 대표자를 선출할 수 있기 때문이다. 여기서 대중은 자신의 권위행사를 포기하지 않으면서 간접적으로 권리를 실행할 수 있다. 대중보다 엘리트가 결정하는 것이 공익을 위해 더 낫다고 볼 수 있지만 그것은 공동체 구성원이 공익에 대한 책임을 질 의무와 권리를 포기해도 좋다는 것으로 볼 수 없다. 권위와 권위에 따른 책임은 원래 그들의 영역에 속하며 그리하여 그들은 어떻게 해서든 권위와 책임을 실행으로 옮겨야 한다. 본래 공동체 구성원들이 공동체의 주인이고 또 주인으로 머물러야 하기 때문이다. 물론 대중은 대표자를 잘못 선택할 수 있다. 독재주의자들은 대중이 성숙된 결정을 내리지 못한다고 주장하면서 그들로부터 주인권리를 빼앗는 것을 합리화하기도 하였다. 그렇지만 이는 민주주의 성숙의 저해요인이기도 하였다. 역시 민주주의의 기본가치는 공동체 구성원의 민의를 받들고 그들의 의견을 수렴해야 하는 것이기 때문이다. 단지 그들 결정권을 대표에게 위임했을 뿐이다.

이런 상황에서 누가 결정해야 하는가는 여전히 어려운 과제이다. 대중이 결정해야 하는지 엘리트가 결정해야 하는지의 문제는 어려운 난제일 것이다. 양쪽 다 모두 실수할 수 있는 개연성은 늘 도사리고 있다. 또 이 문제에 있어서 다음 사실에 대해 생각해볼 필요가 있다. 민주주의에서 대중은 엘리트의 지도를 받고 결정한다. 즉, 대중은 엘리트가 제시한 다양한 제안들을 비교하면서 결정을 내린다. 대중이 결정해야 할 것은 근본적인 방향에 관한 것이다. 근본적인 방향에 대한 결정은 보통 아주 복잡하며 어려운 전문 분야라 할 수 없기 때문이다. 여기서는 누구든 전문가가 될 수 있다. 예를 들어, 특정정부가 독재인가 그렇지 않은가에 대해서는 금방 알 수 있다. 여기에 비해 엘리트는 대중으로부터 지지받은 근본적 방향을 현실영역에 적용하여 실천으로 옮길 수 있는지의 여부를 전문지식을 동원해 관철할 수 있어야 한다. 그것은 전체국민의 복지실현에 중대한 영향을 미칠 수 있기 때문이다.

결정의 일반적인 방향은 대개 전문적 분야에 관련되는 영역보다는 가치관과 세계관에 관련된 영역이다. 모든 공동체적 질서는 어떤 세계관을 실천하는 것과 관련된다. 예를 들면, 사회주의적인 제도와 자유주의적인 제도 중에서 어느 쪽을 선택한다는 것은 인간관, 곧 가치관의 문제와 직결된다. 이 지점에서 우리는 자신의 양심에 따라 결정할 권리를 갖는다. 물론 가치관 문제는 주관적일 수 있다. 예컨대 어떤 사람에게는 신체적 복지가 더 중요하고 다른 사람에게는 정신적 가치가 더 중요할 수 있다.

그러면 정책의 중점을 어디에 두어야 하는가? 이 결정에는 모든 사람이 참여하여야 한다. 공동체의 주인인 구성원은 자신의 가치관을 실천할 수 있는 권리를 가지고 실천할 가치체계에 대해 결정할 수 있다. 이 때문에 자신의 대표자를 선출할 자유를 누릴 수 있다. 즉, 대중이 모든 것에 대해서 직접적으로 결정하지 못한다 해도 적어도 자신의 대표자를 선출할 때는 공동체 질서를 결정할 수 있다.

권위위임의 방법

국가권력은 국민에게 있다. 즉, 공동체의 지도권위는 원칙적으로 공동체 구성원들의 것이다. 따라서 권위를 대표자에게 위임하는 것은 구성원의 과제(의무)이며 권리이다. 다시 말해, 대중이 자신의 주인권위를 누구에게도 위임하지 않으면 공동체 안에서의 어떤 정통적인 권위자도 있을 수 없다. 권위자가 자기 자신을 임명하는 것은 성립되지 않는다. 그것은 모순된 것이다. 권위자는 자신을 받아들이고 따라야 할 사람으로부터 먼저 위임받아야 한다. 이런 위임이 없으면 권위행사의 윤리적 근거는 성립되지 않는다. 이 때문에 독재적으로, 즉 어떤 위임 없이 집권하는 정부는 정통성을 갖지 못한다.[59]

---

59) 다만 어떤 극단적인 경우에, 예컨대 특정한 국가적인 위기를 극복하기 위한 잠정적인 차원에서 독재집권이 정당화될 수도 있다. 그것은 위기를 극복하는 유일한 수단으로써 임시로 정당화될 수 있다.

모든 권위자의 권위는 반드시 공동체 구성원으로부터 위임받아야 한다고 할 수 없다. 교육권위와 종교권위는 다를 수 있다. 부모들의 권위는 아이들에게서 위임받은 권위라 할 수 없으며, 교회지도자의 권위에 있어서도 신자들이 위임한 것이 아니며 예수님이 사도들에게 위임한 권위를 교회의 '성사'로 위임받은 것이다. 그렇지만 교회에서 성직자가 집행하지 않아야 할 여러 직무가 있을 수 있으며, 이런 상황에서 교우들이 그 실행자를 투표로 결정할 수 있다. 또 사도들의 후임자 직무권위를 성사로 부여하는 것과 신자들이 그 성사를 받을 사람을 선출하는 방법은 연결될 수 있다. 즉, 신자들이 권위를 직접 줄 수는 없지만 받을 사람에 대해서는 공동으로 결정할 수 있다.

공동체의 권위자가 권위를 구성원으로부터 위임받는다는 것은 또 다른 관점에서 볼 때 여전히 중요하다. 순명은 신뢰를 전제하기 때문이다. 신빙성이 없는 사람에게 순명하기란 쉽지 않다. 이 때문에 사람들은 전문적이고 윤리적으로 신빙성 있는 사람을 자신의 대표자로 선출하려 한다. 대표자 선출은 권위를 위임하는 것일 뿐만 아니라 그를 신뢰하고 자기 자신을 그에게 맡기는 것이다. 신빙성 없는 사람에게 자기 자신을 맡긴다는 것은 쉽지 않다. 따라서 권위자는 모든 사람으로부터는 아니지만 적어도 다수로부터 신뢰를 받는 것이 중요하다.[60]

원칙적으로 보면, 어떤 권위도 공동체 구성원으로부터 권위자에게 주어지지 않는 것이 없기 때문에 그들은 이런 권위의 위임을 다시 취소할 수 있다. 권위를 주는 자는 권위를 취소할 권리도 갖는다. 예컨대 국민은 선거를 통해 지금까지 나라를 다스리던 사람에게서 위임한 권위를 빼앗아 다른 사람에게 줄 수 있다. 즉, 권위를 주는 사람이 권위

---

60) 이것은 민주주의의 근본원리와 직결되는 문제로 민주주의는 권위위임의 정당화 문제와 밀접한 관련이 있다.

자의 임기를 제한할 권리를 갖는다. 주는 사람이 주는 것의 조건을 정할 수 있다. 공동체 구성원은 공동체의 주인이고 주인으로 머물러야 하기 때문이다. 또 윤리적으로 보면 우리는 공익에 대한 책임을 포기할 수 없으며, 누구에게도 넘길 수 없다. 공동체 구성원(예: 국민)은 권위자를 계속 감독해야 하고 필요시에는 바꿀 수 있어야 한다. 따라서 사람들이 제도적으로 권위자(권위의 방향)를 바꿀 가능성을 부여받아야 한다. 국가의 선거법은 국민에게 새로운 권위자(새로운 정치방향)를 선택할 가능성을 주어야 한다. 이런 가능성이 부여되지 않으면 국민은 본래 부여받았던 공익에 대한 책임을 질 수 없다.

3. 공익실천을 위한 권위행사

공익실천과 권위행사

공동체 생활에 대한 권위는 원칙적으로 공동체 구성원에게 있으며 그 다음으로 권위를 위임 받은 대표자에게 있다. 그러면 그 권위는 어떻게 실행되어야 하는가?

권위를 행사할 때 우선 올바른 마음자세를 갖는 것이 중요하다. 권위의 존재이유와 목적은 공익을 실천하는 공동체의 일치와 질서에 있다. 따라서 권위의 행사는 공동체의 공익을 위해서 구성원에게 기꺼이 봉사할 수 있어야 한다. 권위의 행사자는 높은 자리에 오를수록 봉사와 섬김의 자세로 접근해야 한다.[61] 사도 바오로에 의하면, "권위자들은 인간 공동체에 봉사해야 할 뿐만 아니라 하느님께 봉사하는 자들이

---

61) 이것은 Servus 혹은 "Servorum Dei"라 불린다. 가톨릭 교리서, 2235.

다. 하느님의 위탁으로 행동해야 하기 때문이다."[62] 이것이 권위자들의 근본 마음자세라 할 수 있다. 권력에의 욕심과 권력을 즐기는 것은 직무 권위를 추구하는 올바른 동기라 할 수 없다. "공익을 위해 일하는 권위자들은 무엇보다도 먼저 인권에 바탕하여 인권을 존중할 수 있어야 한다."[63]

공동체의 권위자들이 공익의식을 가져야하는 것은 정치적 권위행사에 있어서 특히 중요하다. 여기에서 우리가 생각해야 할 특별한 문제가 나타난다. 바로 정치적인 권위자들(정부)은 어떤 이익단체의 대표자가 아니고 위임을 준 다수만의 대표자도 아니며, 결국 모든 공동체 구성원을 위한 대표자의 역할을 해야 한다는 사실이다. 대표자는 자신에게 투표하지 않은 사람들의 대표자이기도 하다. 바로 이 때문에 그들의 결정은 모든 공동체 구성원을 위해서 타당해야 하며, 모두가 그 결정을 받아들일 수 있어야 한다. 정부결정을 받아들이고 순명해야 하는 의무는 투표와는 직접적인 관계를 갖지 않는다. 민주적 선거에 참여하는 사람은 그 자체로서 선거를 인정하는 사람이기 때문이다. 자기가 투표하지 않은 사람도 대표자로서 인정할 수 있어야 한다. 이 사실을 받아들일 수 없다면 민주주의 정신에 적합하다고 할 수 없다. 유권자도 투표할 때 공익을 실천할 수 있는 사람에게 투표하여 그를 대표자로 선출해야 한다.

권위자는 전체 공동체의 대표자이기 때문에 양심대로 공익을 추구해야 한다. 대표자는 자기에게 위임을 준 사람들이 원하는 대로 하는 것이 아니라 양심에 입각하여 공익을 실천할 수 있어야 한다. 대표는 의회에서 어떤 결정을 할 때 특정 유권자들이 원하는 것, 또는 소속정

---

62) 성경, 로마 13,1-6.

63) 가톨릭 교리서 1930.

당이 원하는 것에 구속받기보다 양심대로 공익을 생각하고 결정할 수 있어야 한다. 의원은 정당과 유권자들의 집행기계가 되어서는 안 된다. 대표자에게도 양심의 자유라는 인권이 있어야 하며, 대표자에게 자기 양심의 계명에 위반하는 행동을 하도록 요구할 수 없다.

공익은 권위의 목적이기 때문에 권위행사의 한계를 정해주기도 한다. 즉, 권위자가 공익에 기여할 것을 명령하고 공익을 방해하는 것을 금지할 수 있으며, 그 목적에 해당되지 않은 것을 명령할 수 없다. 각 공동체는 자신의 특수한 공익목적을 갖기 때문에 권위자의 책임이나 권위는 이 목적에서 벗어나지 않아야 한다. 모든 권위는 일정한 공익목적에 연결되어야 하며 일정한 범위 안에 구속되어야 한다. 권위자가 이 범위를 넘어서는 지시를 내리면 그 효력은 없어진다. 그래서 권위행사는 공동체 생활처럼 인간을 위해서 존재해야 한다. 이 때문에 뜻이 없고 임의적인, 인간을 도와줄 수 없는 법은 인간의 자유를 쓸데없이 제한하고 탄압하기 때문에 존재 이유가 없으며 무효라 할 수 있다. 다음의 경구를 되새길 필요가 있다. "법이 인간을 위해 존재하는 것이지, 인간이 법을 위해서 존재하지 않는다."[64]

권위자들은 다음의 사항에 대해서도 고려해야 한다. 자유로운 순명은 권위에 해당된다. 곧, 권위자의 지시를 받은 사람도 자유로운 인간이라는 사실이다. 우리는 자유로운 결정으로 권위자의 명령을 받아들일 수 있으며, 또 거절할 수 있어야 한다. 특히 윤리적인 이유에서 순명을 거부할 수도 있다. 권위자는 순명할 사람의 존엄성을 존중하여야 하기 때문에 자신이 내리는 모든 지시를 설명할 수 있어야 한다. 자신의 지시를 기꺼이 설명할 수 없는 권위자는 권위의 남용에 이를 수 있기

---

64) 그것은 유명한 안식일 계명이다. 성경, 마르 2,27.

때문이다.

　공동체 권위자는 자유로운 자아실현에의 권리를 존중해야 하며, 그것은 보조성의 원리를 지키는 것과도 통한다. 보조성의 원리에 따르면 개인이 자신의 힘으로 할 수 있는 일이 있으면 공동체의 권위자가 개입해서는 안 된다. 공동체의 권위자는 모든 일을 중앙에서부터 정할 필요가 없으며 개인에게 자신의 창의성을 발휘하도록 기회를 주어야 한다. 자유로운 자아실현은 지켜야 할 최상의 가치이기 때문에 최대한 무시하거나 제한해서는 안 된다.

권위의 수용(순명)

"누구든 자신을 지배하는 권위에 복종해야 한다. 하느님께서 주시지 않은 권위는 하나도 없고 세상의 모든 권위는 다 하느님께서 세워 주신 것이기 때문이다. 그러므로 권위를 거역하면 하느님께서 세워 주신 것을 거스르는 자가 되고 거스르는 사람들은 심판을 받게 된다."[65]

　이미 말한 바와 같이 권위자에게 순명해야 할 이유는 공익 때문이다. 순명이 없다면(질서가 지켜지지 않으면) 공익이 실천될 수 없기에 윤리적으로 볼 때 순명할 의무가 있다. 자유로운 순명은 자아실현을 의미하며 인간존엄성을 해치지 않는다. 옳은 순명을 거부하는 것은 대개 왜곡된 자존심이며 교만이다. 인간은 자기 자신에 대한 주인이지만 그것이 순명을 배제하지는 않는다. 오히려 자유로운 순명은 주인으로서의 자아실현이기도 하다. 이런 겸손한 행동은 인간의 존엄성에 위배되지 않는다.

---

65) 성경, 로마 13,1-2.

그렇지만 무조건 순명할 의무 역시 존재하지 않는다. 그러면 권위자에게의 순명을 규정하는 기준은 무엇인가? 언제 순종해야 하며, 언제 순종을 거부할 수 있는가?

공익, 즉 공동체의 특별한 목적은 권위행사의 한계를 정하는 것과 같이 순명할 의무의 한계도 정한다. 예컨대 노조는 어떤 사람의 가족생활에 대한 책임을 지지 않기 때문에 우리는 가족생활에 있어서 노조권위자에게 순명할 필요가 없다. 어떤 공동체도 간섭해서는 안 될 사생활이 있다. 예를 들어, 내가 결혼을 할 것인지 아닌지 누구와 할 것인지의 문제는 사생활에 속한다. 각 공동체의 목적과 범위 안에서 옳게 임명된 권위자에게 순명해야 한다. 민주적인 공동체에서 어떤 권위자를 뽑지 않을 수 있거나 혹은 무슨 이유로든지 그 권위자를 좋아하지 않을 수 있다. 그렇다고 해도 그가 올바른 절차에 의해 임명되었다면 그에게 순명할 수 있어야 한다.

맹목적으로 법대로 임명된 권위자에게 반드시 순명할 필요는 없다. 어떤 대표자에게 권위를 위임해도 계속해서 스스로 공익에 대한 책임을 져야 하고 이 때문에 권위자를 감독하고 그의 임기를 제한하며 정해진 법대로 그들을 바꿀 권리를 갖는다. 뿐만 아니라 포기할 수 없는 공익에 대한 책임 때문에 사람들은 권위자에게 저항할 권리와 의무를 가진다. 즉, 권위자가 공익에 위배되는 일을 하면 우리는 공익을 보호해야 한다. 예컨대 정부가 공익에 위배되는 일을 하면 시민들이 저항함으로써 공익을 보호해야 한다. 이런 반정부운동을 반국가운동으로 볼 수 없다. 오히려 윤리적으로 요구되는 공익운동이라 할 수 있다. "인간은 하느님의 '공복'에 순종해야 한다."[66] "부당한 정부는 하느님의 '공복'이라

---

66) 성경, 로마 13,6.

할 수 없다. 부당한 정부는 오히려 '깡패 집단'으로 볼 수 있다."[67]

이미 언급한 대로 권력은 윤리적 질서에서 요청되는 것으로 그것은 하느님, 즉 자연법적 질서로부터 온 것이다. 그러기에 법과 명령들이 윤리적 질서나 자연법의 질서를 거슬러 입법되거나 선언된다면 그런 권한은 양심을 구속할 힘을 갖지 못한다. 바로 "사람에게 복종하는 것보다 오히려 하느님(자연법적 질서)께 복종해야 하기 때문이다." 그런 경우에 권력의 본질이 훼손될 뿐 아니라 불의한 남용을 초래하게 되는 것이다. 다음 사실에 대해 명심할 필요가 있다. "인간의 법은 올바른 이성에 합치하는 한 영원법에서 온다고 할 수 있다. 그러나 법이 이성과 반대될 때 악법이 되며 이 경우 법으로서의 존재는 중지되며 그것은 폭력행위가 된다."[68]

역사에서 국가의 집권자를 상대로 한 저항권을 인정하지 않는 국가론이 빈번했다. 여러 국가론과 법학론에 의하면 사회적인 평화와 안전 때문에 정부(국가)에게 절대적인 권력이 주어져 있고 순종에 대한 거부권이 인정되지 않았다(홉스, 루소, 법학실증주의). 그러나 사회적 안전과 평화보다 인간의 자유는 더 큰 가치이며 우선적으로 존중되어야 한다. 양심의 자유대로 행동하지 못하게 하는 안전과 평화는 인간을 해방하는 참 평화라 할 수 없으며, 인간을 억압하는 전쟁과 같다. 인간에게 '강요된' 안전과 평화는 또 다른 탄압이 될 수 있기 때문이다.

저항해야 할 경우 다음의 몇 가지 사항에 대해서 생각해야 한다. 저항하는 사람 스스로도 공익정신을 갖고 저항해야 한다. 사람들은 종종 공익을 보지 않고 사익을 추구하며 저항한다. 공익정신은 권위자에

---

67)　Augustinus, *De Civitate Dei* , 성염 옮김,『신국론』, 분도출판사, 2004, Ⅳ-4.

68)　요한 23세, *Pacem in Terris*(지상의 평화), 1963, 51.

게 요구되어야 하며 동시에 공동체 구성원(시민)에게도 요구되어야 한다. 또한 제도와 그의 권위자를 제거하려고 하는 사람들은 더 좋은 제도를 세울 수 있는 힘과 가능성을 가졌는지를 고려해야 한다. 혁명은 종종 더 큰 해악을 가져올 수도 있기 때문이다. 더 좋은 제도를 보장할 수 없다면 혁명은 자제될 필요가 있다. 나쁜 제도를 없애는 것은 쉽지만 더 좋은 제도를 금방 세우는 것은 쉽지 않은 과제이기 때문이다. 또 독재자 타도를 부르짖으며 정부를 전복해 완전히 새로운 국가를 수립하려 시도하기 전에 정부정책의 수정을 요구하는 것이 더 합리적 순서일 수 있다. 역사적으로 독재타도를 부르짖으며 완전히 새로운 국가체제를 수립하는 것은 쉽지 않았고, 또 그렇게 성공한 경우도 많지 않았음에 유의할 필요가 있다. 중요한 것은 공익실현이 어떻게 가능한 것인지에 대해 심사숙고해야 한다는 사실이다. 공익 실현은 혁명과 같은 급진적 방식으로 잘 구현될 수 없기 때문이다.

권력자에의 저항방법을 두 가지로 구별할 수 있는데, 그것은 능동적인 저항과 수동적인 저항이다. 수동적인 저항은 권위자에의 순명을 거부하는 것이다. 그러나 본래 직무 권위자에게 순명할 윤리적인 의무를 갖기 때문에 순명을 거부하는 것이 윤리적으로 정당화될 수 있다. 즉, 순명의 윤리적인 의무는 중지될 수 있어야 한다. 이 정당화는 다음과 같다. "공익은 권위의 존재이유이다. 권위자의 지시가 공익에 기여할 수 없다면 또는 반대된다면 권위의 존재이유는 없어지고, 그 권위자의 지시도 유효성을 잃게 된다. 따라서 순명할 의무는 사라지게 된다. 즉, 순명을 거부할 권리가 발생한다. 뿐만 아니라 공익에 대한 책임은 순명을 거부할 의무를 지울 수 있다."[69]

---

69) 권위자가 해당 권위범위를 넘는 것을 명령하면 순종할 의무를 갖지 않는 것은

능동적인 저항은 다음 두 가지로 대별되는데, 폭력적인 저항과 비폭력적인 저항이 그것이다. 그 구체적인 내용은 다음과 같다.

1) 비폭력적인 저항은 공개적 항의행위이다. 예를 들면, 시위(데모)와 같은 것은 능동적인 저항으로 볼 수 있다. 시위에 참가하는 것은 공익을 보호하는 책임의 표현으로서 인간의 권리이며 의무일 수 있다. 다만 극단적인 국가위기 상황일 때 - 예컨대 나라가 전쟁에서 공격을 받을 때 또는 큰 혼란이 발생할 때 - 즉 나라와 시민의 존재와 안전이 위태롭게 될 때 저항이 위기상황을 악화시키거나 혹은 위기의 해결을 막는다면 그 저항은 임시적으로 금지될 수 있다. 임시적인 독재주의가 잠정적으로 정당화될 수도 있다.

2) 이와 달리 폭력적인 저항은 더 큰 문제를 불러일으킬 수 있다. 이 상황에서 원칙적으로 다음과 같은 윤리적인 규칙이 적용될 수 있다. 폭행 그 자체는 나쁜 것으로 볼 수 있지만 권위자가 했던 잘못보다 더 작은 손해를 끼친다면 그런 폭력적인 저항은 윤리적으로 정당화될 수 있다. 우리는 두 가지 해악 중에서 하나를 선택해야 하고 가능하면 더 작은 해악을 선택해야 하기 때문이다. 그리고 폭력의 정당화에는 다른 조건이 작용한다. 즉 폭력사용은 가장 마지막 수단이어야 하지만, 다른 저항방법의 가능성이 없을 때 폭력은 더 큰 해악을 막는 긴급조치로 생각될 수 있고 잠정적 측면에서 윤리적으로 수용될 수 있다.[70]

당연하다. 예컨대 나의 사생활에 관한 한 나는 누구에게도 순명할 필요가 없다(가톨릭 교리서, 2242).

70) 가장 극단적인 저항의 방법은 독재자의 암살이 받아들여질 수 있다. 이 극단적인 방법은 독재자의 지나친 악한 행동을 막기 위한다는 차원에서 한시적으로 수용되기도 하였다. 예를 들면, 독재자가 자신에게 반대하는 사람들을 살해하거나 부당한 전쟁을 시작하면 그를 죽이는 것이 마지막 수단으로 정당화될 수도 있다. 여기서 독재자를 살해하는 것은 그의 극악한

4. 권위 : 공동체의 질서원리

이상에서 공동체의 질서원리로서 권위를 둘러싼 다양한 의견을 검토하였다. 공동체 윤리의 근본으로서 권위는 사회질서의 유지를 위해 불가피하게 요청된다. 오늘날 우리 사회에서 흔히 발생하는 공동체 붕괴현상도 권위의 상실과 밀접한 관계가 있을 것이기 때문이다.

이런 측면에서 권력과 다른 권위의 개념, 공동체 권력구조의 필요성과 정당화를 중심으로 공동체의 권력구조를 살펴보았으며, 이를 토대로 권위행사의 구체적 방법에 대해 검토하였다. 권위행사 방법에 대해서는 직무에 입각한 권위, 권위행사의 자격, 대표자의 권위위임 문제, 권위위임의 방법 등의 차원에서 살펴봄으로써 권위의 정당성 확보를 밝히고자 하였다. 나아가 권위를 위임받은 대표자들이 구체적으로 권위를 어떻게 행사하는 것이 공익의 실천을 위해 유용할 것인지를 논의하였다. 공익실천과 권위행사와의 관련성을 집중적으로 다루었으며, 나아가 권위를 어떻게 수용하는 것이 공익실천에 의미 있을 것인지에 대해서도 다루었다.

권위의 문제는 공동체적 질서원리와 직결된다. 권위는 지시나 명령과 같은 강압적 힘에 의한 복종이라기보다 합리성과 정의로운 신념에 호소함으로써 추종자들의 자발적인 복종에 의거하여 확보될 수 있기 때문이다. 어떤 사회든 권위에 의해 통제될 때 그 사회는 윤리적으로 타당하며 정당성을 갖는다. 특히 권위는 규칙을 따르는 삶의 형식을 누리는 데 필요한 것들을 사람들이 이해하도록 하고 그것을 따르도록

행동을 막는 긴급조치라인 것이다. 예컨대 1944년 히틀러를 암살함으로써 전쟁을 끝내려는 기도가 있었다(가톨릭 교리서, 2243)를 참조할 것.

하기 때문에 효력을 갖는다. 이런 사회에서 명령의 타당성은 명령을 내리는 이유에서라기보다 권한을 부여받은 권위자의 공익실현 의지에 달린 문제로 볼 수 있다. 권위가 부재하거나 제대로 작동하지 않을 때 사회는 아노미 현상이나 혼돈상태에 빠져 공동체의 약화 내지 붕괴를 낳을 수 있다. 이미 사회는 곳곳에서 권위상실에 따르는 무수한 역설적 현상에 직면하고 있다. 그것은 정치권에서부터 경제계와 교육계, 심지어 가정의 영역에 이르기까지 삶의 일상적 현상이 되었다. 이런 시대적 상황에서 공익가치에 부합하는 권위구조를 마련하는 것은 공동체 윤리의 정립에 시사하는 바가 클 것이다.

인간존재가 지닌 공동체성을 염두에 둘 때 권위는 공동체적 존재로서 인간의 삶을 규정해주는 가장 중요한 윤리적 근거로 작용할 수밖에 없다. 이런 점에서 권위는 사회윤리의 핵심이며 동시에 공동체적 삶을 가능하게 하는 근거로서 인간 삶과 직결되는 본질적인 문제라 할 수 있다.

4장

자본주의 어떻게 볼 것인가 : 질서윤리의 측면에서

우리는 자본주의 시장경제체제를 배경으로 삶을 영위해가고 있다. 자본주의체제는 사유재산의 자유를 보장하며, 경쟁을 통한 높은 생산성을 보장하는 데 관심을 둔다. 자본주의는 특별히 시장과 경쟁논리에 토대하여 성립한다. 시장논리는 효율성과 경쟁성을 강조하며 최대의 성과를 추구한다. 시장경제체제에서 개별 경제주체들은 가능한 더 많은 이익을 창출하려 하며, 그것을 달성하기 위해 생산물에 대한 비용을 최소화하여 판매수입을 최대화하려 한다. 이런 이윤창출 원리는 경쟁원리에 의해 성취된다. 다른 경쟁자들도 자기생산물의 비용을 최소화하고 수입을 최대화하려 한다. 이런 과정을 통해 경쟁자들은 가능한 많은 생산물을 팔고자 하며 비용과 가격을 억제하려 한다. 시장경제의 핵심은 경쟁이다. 개별시장 세력들의 자유로운 경쟁에 의한 경제활동이 보장되어야 한다. 이 경우 시장 세력들의 자유로운 활동은 각 경제참여자들에 의한 자기결정에 토대해 이루어진다.

그렇지만 경제와 시장은 그 자체로 목적이 될 수 없으며 그것이 인간존재와 그의 필요에 유익할 때 의미를 띨 수 있다. 이런 점에서 경제의 목적은 시장참여자들이 높은 이익을 창출하는 것이라기보다 최선의 방법을 통해 모든 이들의 삶을 윤택하고 풍요롭게 하는 데 둔다. 경제는 도덕성에 의해 보완될 필요가 있으며, 윤리성의 관점에서 경제활동을 바라볼 필요가 있다.[71] 냉혹한 자본주의적 상황에서 경제활동을 공동선[72] 실현과 연동시켜 바라볼 필요가 있기 때문이다. 세상의 재화는 모든 사람들을 위해 존재해야 하며, 또 모든 사람들이 인간존엄성을 갖기 때문에 각자는 원칙적으로 동등한 복지생활의 권리를 갖는다.

경제윤리에 관한 대부분의 논의는 주로 기업윤리, 노동윤리, 직업윤리 등을 둘러싼 미시적, 개인적 차원에서 전개되는 측면이 있다. 이런 개인차원의 윤리는 개인의 윤리의식과 행위에 초점을 둔 개인주의적 시각을 견지하여 개인의 윤리의식과 윤리적 책임성을 강조한다. 하

---

71) 여기서 우리는 칼 맑스와 하에에크의 상반된 결론을 눈여겨 볼 필요가 있다. 맑스는 사회정의와 도덕성을 위해 경제적 경쟁을 완전하게 제거해야 한다고 주장했던 것에 비해, 하이에크는 사회시장경제의 개념을 하나의 모순으로 파악하고 시장의 효율성을 선호하면서 그 사회적 차원을 거부했다. 이 둘에 의하면 도덕성과 경쟁, 시장경제와 사회정의는 상호 배타적으로 나타난다. Stegmann, Franz J., "Wirtschaft, Market und Ethik", 경제윤리세미나자료집(미발행, 2006a). pp.3~5.

72) 공동선은 공동체 구성원들 모두가 누리고자 하는 특별한 복지, 즉 공동체적 삶에 참여함으로써 공동체의 모든 구성원들이 향유하는 복지를 말한다. 예를 들어, 합창단이라면 모든 성원들이 노래 부르는 즐거움을 누릴 수 있어야 한다. 공동체 안에서 개별 구성원들이 누리는 복지는 독자적 능력을 지닌 사적으로 창출된 복지일 뿐만 아니라 공동체적 삶의 결실이기도 하다. 공동체적 삶을 통해 매개된 공동체 구성원의 복지는 공동선이 갖는 개념을 규정하는 데 가장 핵심적인 것이다.

지만 인간의 경제적 행위를 질서윤리 차원에 근거하여 바라볼 때 경제적 삶은 한층 안정적이면서 지속적으로 영위될 수 있다. 구조차원에서의 경제적 질서체계를 수립하지 못할 경우 인간의 경제행위들은 불안한 상태 그 자체에 놓일 수 있으며, 언제든 맹수의 얼굴을 한 채 욕망을 무한정으로 드러내는 탐욕적 정글상황에 빠질 수 있기 때문이다. 경제는 '개인의 올바른 인식과 책임감'으로는 충분하지 않으며, '국가가 규정한 테두리 질서'에 입각해 운영될 때 그만큼 우리의 삶을 안정적으로 보호할 수 있다. 안정적 경제행위가 유지될 수 있기 위해서는 윤리적으로 지지되는 질서구조의 수립이 불가피하다.[73]

　이 장에서는 국가에서 설정한 경제의 테두리 질서구조 수립이 갖는 중요성에 초점을 두면서 의식적, 미시적 개인차원의 경제윤리를 넘어서서 질서구조차원의 경제윤리 수립의 의의에 대해 논의하도록 한다. 시장과 경쟁을 원칙으로 한 자본주의체제에서 공동선에 이룰 수 있는 보다 안정적 근거는 어디에서 어떻게 구체적으로 찾을 수 있는지에 대해 질서구조 차원에서 탐색하려 한다. 먼저 자본주의체제에서 공동선으로 대변되는 경제윤리는 어떻게 가능한지를 검토한다. 이어서 자본주의와 공동선 사이의 관계를 어떤 시각으로 어떻게 바라볼 것인지를 다룬다. 마지막으로 이런 논의에 토대하여 도덕성에 기반한 경제차원의 질서구조는 어떤 형태로 안정적으로 확보할 수 있는지에 대해 살펴본다.

---

73)　Ludwig Erhard & Alfred Müller-Armark. *Soziale Marktwirtschaft-Ordnung der Zukunft*(ein Ullstein Buch, 1972). p.11.

1. 자본주의와 공동선 실현

사적이윤추구와 경제적 책임

자본주의에서 설정한 인간관은 도덕적 토대를 갖는가? 자본주의의 생활은 윤리적으로 정당화될 수 있는가? 자본가는 윤리적인가? 자본주의 경영경제학은 세 가지 생산요소에서부터 출발한다. 이 3가지 생산요소는 토지, 자본, 노동이다. 생산된 제품의 가치는 노동요소에 의해 결정되는 측면이 강하다. 자본주의의 고전적인 상품가치론은 객관적인 가치론을 표방한다. 즉, 한 제품의 가치는 구매자의 주관적인 가치평가에 달린 것이 아니라 그 생산비용요소에 의해 결정된다. 그러나 생산은 노동이라는 비용을 지불해야 한다. 리카르도(Ricardo)는 생산비용을 유일한 가치창조의 원인으로서 인간노동에 일관되게 귀착시킨다.[74] 즉, 고전적 자본주의는 중세에서처럼 '노동가치론'을 표방하였다. 그들은 자본이라기보다 노동이 궁극적으로 생산적이며 나아가 가치창조적이라 보았다.

아담 스미스(Adam Smith)는 시종일관 "노동만이… 모든 상품이 언제 어디서나 그 가치를 매기고 비교될 수 있게 하는 최종적이고 진정한 척도이다. 노동은 상품의 진정한 값이다."라고 하였다.[75] 여기서 노동은 아주 높게 평가된다. 이에 노동은 국가 부(富)의 본래적 원천으로 여겨진다. 그래서 국부론의 첫 문장에서부터 "한 국민의 연간 노동은 근본적으로 연간 소비되는 모든 생필품 및 기호품을 조달하는 원천

---

74) 중세 스콜라 학자들은 자본의 기여가 결국 그 생산이 요구하는 노동에 다시 귀착될 수밖에 없다고 주장하였다. 생산적인 자본이 노동을 통해서도 만들어질 수 있다고 보았기 때문이다.

75) Adam Smith, *An Inquiry into the Nature and Causes of the Wealth of Nations*(Bd1, 1756), p.41.

이 되며, 그리고 이 생필품 및 기호품은 모두 노동의 직접적인 생산물이거나 혹은 다른 국민에게서 이 생산물을 팔면서 구입한 것이다."로 시작된다.[76]

　　그렇지만 노동에 대한 높은 평가에도 노동자는 자신의 노동에 합당한 대가를 받기가 쉽지 않았다. 생산적 및 가치창조적 활동으로서 노동이 비교적 높게 평가·인정되었다고 하더라도 노동자는 자신의 생산적 노동의 열매를 받을 권리를 가진 생산자로 여겨지거나 그렇게 잘 대접받을 수 없었다. 노동자는 다만 상품인 노동을 시장가격에 따라 파는 노동판매자로 여겨졌다. 노동 내지 노동임금은 기업의 입장에서 비용요인으로 여겨졌으며, 임금은 경쟁력이 있고 더 큰 이윤을 얻기 위해서 가능한 억제되어야 하는 것으로 여겨졌다.[77]

　　자본주의는 원칙적으로 자유롭고 사적인 시장경제를 지향한다. 즉, 자본주의는 생산수단의 사유화와 사적이익추구를 보장하는 시장경제에 바탕을 둔다. 이 체제에서 경제활동을 하는 사람들은 각자가 자발적으로 시장에서 일어나는 과정에 참여할 수 있다. 그렇지만 자본주의 체제에서 개인은 자신의 경제활동에 대해 스스로 책임을 져야 한다. 이는 자신의 생계유지와 생활수준에 대해 스스로 책임져야함을 뜻한다. 자본주의는 자기책임원칙에 입각해야 하기 때문이다.

---

76)　ibid., p.1.

77)　노동이라는 상품의 판매자로 간주되는 상황에서 노동자는 기업 내에서의 공동결정권을 가질 수 없었다. 기업에다 노동이란 상품을 파는 사람의 입장에서 그는 기업 내에서 어떤 권리를 갖거나 행사하기가 쉽지 않았다. 상품의 판매자는 상품가격에 대해 공동결정을 할 수 있지만 그것은 이름에 불과하였다. 그는 기업 밖에 있는 사람이지 기업에 속한 사람이 아니기 때문이다. 노동이 상품의 일종으로 파는 대상으로 전락한 이상 노동 그 자체는 구매자, 즉 기업가라는 타인의 결정에 전적으로 종속될 뿐이다.

자기책임은 자유로운 활동을 통해 책임을 떠맡을 수 있는 정도의 여지를 전제한다. 자유가 주어지지 않는다면 자기책임도 따르지 않는다. 자본주의는 자유를 보장하면서 동시에 그에 대한 자기책임을 지도록 한다. 그것의 보장은 인간존엄성의 존중과 깊은 관련이 있다. 인간이 자신에게 스스로 주인으로서 내릴 수 있는 자유로운 의사결정에서 인간의 주체성이 확인될 수 있다. 인간 삶에 있어서 자기결정과 자기책임은 그의 자기실현과 연결된다. 누구의 도움 없이 혼자서 자신의 일을 처리하는 것은 오로지 자기만을 챙기는 이기주의와 구분된다. 물론 여기서 자기책임은 이웃을 위해 필요한 책임을 배제하지 않는다. 자신을 위한 자기책임에의 권리를 요구하는 사람은 동시에 다른 사람을 위한 공동책임에의 의무를 수용할 수 있어야 한다.[78]

사적 이익추구는 자기책임과 분리될 수 없는 연관성을 갖는다. 자기책임을 긍정적 가치로 수긍한다면 사적 이익추구도 역시 인정되어야 한다. 사적 이익추구를 정당한 것으로 보지 않는다면 인간의 자기책임도 부정될 수밖에 없다. 자기책임은 인간존엄성을 의미하며 동시에 그것은 도덕적 의무이기도 하다. 자신부양은 자신이 책임져야 하며, 자신의 생계를 국가든 공동체든 타인에게 맡길 수 없다. 자기책임은 인간존엄성에서 오는 윤리적 귀결인 동시에 인간으로서의 의무이기도 하

---

78) 서구 사회윤리학의 핵심은 인간의 개체성과 공동체성을 상호적으로 인정하는 것에서 찾을 수 있는데, 특히 인간이 갖는 인격성에 핵심적 가치를 부여했다. 교황 비오 11세는 "인간만이 이성과 도덕 법률을 지키는 자유로운 의지를 갖추고 있으며, 사회는 아무리 잘 조직된다해도 그런 능력을 갖출 수 없다"고 했다."(비오 11세, 『하느님이신 구세주』, 교황청회칙, 1937, p.29). 인간은 인간사회의 한 무명의 요소가 아닌 자기행동에 대해 최종책임을 져야 하며, 또 그는 자기 스스로의 책임의식을 갖고 주어진 특정목적 실현을 위해 행동해야 하는 주체성을 갖는다.

다. 자기책임의 제도적 보장은 인간에게 어려운 도전이며 과제이기도 하다. 자기책임을 강조하는 체제에서 무엇을 얻고자 한다면 그에 상응하는 노력을 해야 한다. 이 체제는 원칙적으로 자신의 실적에 의거하는 것이지 다른 사람에 의해 자동적으로 얻어질 수 없다. 이처럼 시장제도로의 편입은 각자의 현명함에 바탕을 둔다. 스스로 책임지는 사람으로서 그는 무엇보다도 자신의 요구를 현명하게 내세워야 한다. 예컨대 생산자로서는 수요에 따라 생산하고 시장에 적절한 가격을 요구해야 하며, 노동자 역시 시장에서 수용가능한 적절한 임금을 요구할 수 있어야 한다. 여기서 인간은 집단이 아닌 자유와 개체성을 통해 자신의 실현을 이룬다. 이런 '보이지 않는 손'을 통해 공동선에 도달할 수 있으며 그에 입각하여 우리의 경제적 욕구도 해소될 수 있다.[79]

'보이지 않는 손'에 의한 공동선 지향

자본주의는 그 자체로 부정적 측면을 띠기도 한다. 그것은 착취와 소외를 가져오며 인간에 대한 지배, 계급투쟁, 아동노동, 빈부격차 등의 부정적 인상을 야기시킬 수 있기 때문이다. 자본주의는 공동선에 장애요인이 될 수 있다. 자본주의는 생산재의 사유와 사적 이윤추구를 인정함으로써 그에 따르는 사적 이익추구를 중요하게 다룬다. 그런 과정에서 타인을 위한 배려를 잘 인정하지 않는다. 따라서 자본주의체제는 타

---

79) 그렇지만 시장경제체제에서 '보이지 않는 손'으로 공동선을 충족시킬 수 없다. 즉, 인간의 이기주의는 '보이지 않는 손'보다 더 강하게 작용할 때가 많다. 이런 점에서 '보이지 않는 손'에 의한 공동선 메커니즘 이론은 노동자 복지를 충족시키는 데 여전히 많은 한계를 갖는다. 특히 노동자 복지문제에 관한 한 사적이익추구와 공동선의 조화는 어려운 난제로 보인다.

인을 위한 책임에 관심을 갖지 않으며, 주로 개인주의적 세계관에 의해 지배된다. 즉, 사람들에 대한 부양은 사람들이 공동으로 그 일을 행하는 것이 아니라 각자가 자신의 생계를 떠맡을 때 가능한 것으로 보았다.

자본주의는 경제의 중요한 동인을 개인의 이익추구행위에서 찾는데 그렇다고 우리는 그것을 이기주의적 체제라 일반화하여 주장할 수 없다. 즉, 그 체제는 '이기주의에 의한 이타주의'에 의해 그런 이익추구 행위를 현실의 사회적 장면으로 실현하고자 한다. 자본주의 체제에서는 타인(소비자)의 욕구를 충족시킴으로써 개인의 이익을 얻을 수 있다고 본다. 이미 아담 스미스도 다음의 견해를 주장하였다. "각 개인은 자신의 이익을 얻기 위해 열심히 경제활동을 하는 사람이 의도적으로 공동선을 이루려는 사람보다 훨씬 더 공동선에 기여할 수 있다." 또 그는 "경쟁을 통해 자본주의 시장경제의 공동선이 더욱 잘 확보될 수 있다. 경쟁은 공급자로 하여금 더 싸고 더 좋은 물건을 시장에 내다놓게 강요하며, 그것은 다시 세상의 공동선으로 이어진다. 그것은 국제경제 상황에도 비슷하게 적용될 수 있다."[80]고 하였다.

자본주의 시장경제에서 사익은 인간이 경제에 동기화되도록 하는 중요한 동력이다. 시장경제에서 사익은 강력한 경제동인으로 작용한다. 그렇지만 다른 측면에서 사익에 대한 추구는 노동자 착취의 원인이 되기도 한다. 맑스에 따르면, 기업가의 이해관심과 노동자의 이해관심은 언제나 대립적 형태로 나타난다. 따라서 사익에 대한 기업가들의 강력한 열망은 언제나 노동자 착취의 원인이 되기도 한다.[81]

---

80) Adam Smith(1756).

81) Engels, F, "Das Kapital von Marx", in: Herbert Pönick. *Die sozialen Theorien im 19.Jahrhundert in Deutschland*(Paderborn.33, 1869; Stegmann, Franz J., From *"Cost Factor"* to *"Co-Entrepreneur"*, 제19차

도덕적 측면에서 볼 때 사익추구를 그 자체로 나쁘다고 할 수 없다. 자본주의체제에서 이윤추구행위 그 자체는 나쁜 것이 아니다. 모든 사람은 살려고 한다면 일정정도에서 이윤추구행위를 할 수밖에 없다. 아무도 그런 열망을 포기할 수 없으며, 또 포기해서도 안 된다. 삶에서 이윤추구행위는 불가피하기 때문이다. 그러나 문제는 사익에 대한 이러한 추구행위가 타인에 대한 착취와 억압, 그리고 인권손상 등을 가져온다면 그것은 정당화될 수 없다. 사익추구행위는 타인의 이해관심과 권리인정의 틀에서 수행될 필요가 있다. 다시 말해, 자본주의체제는 공동선 질서의 틀 안에서 정의유지의 명목으로 각자의 이윤추구가 보장돼야 한다. 만약 누군가가 타인의 특정한 이해관심을 '정당한' 것으로 인정한다면 그것은 그런 이해관심의 영역에서 나와 타인 사이의 대립적 이해관심을 극복할 수 있어야 한다.

그렇지만 독점공급자가 자신의 상품을 더 많이 팔아 더 많은 이윤을 원한다면 시장을 마음대로 조작하려 할 것이다. 이때 국가는 경제생활의 규범을 만들어야 하지만 그것이 여의치 않으며, 이 지점에서 자본주의에서 일반적으로 작동되어왔던 규범에 따라 경제활동이 이루어질 수 있다. 고전적 자본주의는 이런 맥락에서 작용하는 '보이지 않는 손'을 언급하였다. '보이지 않는 손'에 의해 공동선이 가능하도록 사적이익과 경쟁이 유도될 수 있다. 개인이 직접적으로 공동선을 추구하지 않지만 그럼에도 불구하고 그 개인은 의도하지 않은 상태에서 공동선 실현에 이바지할 수 있다. 이 경우 그 개인은 무의식적이지만 '보이지 않는 손'에 의해 조종된다. '보이지 않는 손'에 의해 사유재산제도는 공동

독일경제윤리세미나자료집(미발행, 2006), p.3.

선을 이루는 기능을 발휘하기도 한다.[82]

우리는 생산자가 자신의 이익을 추구하는 과정에서 '보이지 않는 손'의 작용을 보게 되며, 이는 다른 사람이 자신의 생계비를 벌 수 있는 일자리를 창출하는 과정에서도 관찰할 수 있다. 기업가는 자신의 상품을 팔아줄 구매자가 되도록 노동자에게 임금을 충분히 지불해야 한다. 상품을 많이 생산하면 할수록 노동자는 소비자로서 더욱 많은 소비를 할 수 있게 된다. 헨리 포드는 이점에 대해 분명히 알고 있었으며, 또 실제로 그렇게 실행했다. 컨베이어 벨트를 통한 대량생산과 대량소비는 싼 가격의 소비진작에 의한 경제 활성화로 볼 수 있다. 요컨대 올바르게 기능하는 시장은 공동선을 지향하는 구조를 마련할 수 있다. 물론 올바르게 기능하는 시장의 보장은 질서구조 정립을 통한 국가의 과제이기도 하다.

2. 자본주의와 질서구조 윤리

질서윤리로서의 공동선

자본주의 체제에서 '보이지 않는 손'의 작동을 부인할 수 없다. 그러나 공동선은 이것으로 충분할까? 시장원칙에 따를 때 공동선이 충분히 확보될 수 있을까? 대체로 역사는 그렇지 못했음을 보여주었다. 특히 노동자의 복지측면에서 시장기능은 많은 문제를 보였다. 그 이유는 무엇일까?

사용자 입장에서 그(기업가)는 노동자의 임금이 자신의 이윤을 적게 한다는 사실에서 노동에서 발생하는 임금을 가능한 낮추려 시도한다. 그는 좋은 물건을 싸게 공급하고 더 높은 이윤을 얻기 위해 생산

---

82) 허창수, 『자본주의의 도덕성과 비도덕성』(왜관: 분도출판사, 1996), p.35.

비를 가능한 낮추려 하며, 또 임금을 가능한 낮게 책정함으로써 생산비를 줄이려 한다. 공동선을 위해 가격을 억제하는 '보이지 않는 손'을 통해 노동자임금을 억제하려 한다. 그 결과 많은 노동자들은 정당한 생계비를 지급받을 수 없었다. 그리하여 노동자들은 자신을 위해서라기보다 타인을 위해 일했다고 할 수 있다.

자본주의에서 시장과 경쟁이 필수적이라는 것은 제한된 경제자원을 최상의 방법으로 활용하기 때문이며, 이런 점에서 자본주의는 어떤 경제제도보다 우월하다. 자본주의에서 다양한 물질적 재화는 가능한 많은 사람들에게 이용될 수 있다. 시장과 경쟁은 한정된 자원을 최상의 방법으로 활용할 수 있도록 하며, 그것은 생산활동을 더욱 촉진할 수 있다. 여기에 비해 그 밖의 체제는 여러 측면에서 경제적 비효율성과 자원의 낭비를 가져왔다.

삶에 필요한 재화의 양이 늘어나더라도 그와 함께 재화생산에 필요한 자원소비가 줄어들면 미래세대는 생존조건에서 부담을 갖는다. 따라서 경쟁과 시장경제의 도덕적 수준 및 가치는 한정된 경제자원을 이상적으로 활용하는 능력에 달려있기도 하다. 이런 점에서, 지속적인 구조의 변화, 곧 창조적 파괴과정은 슘페터가 주장한 바와 같이 공동선을 위해 치러야 하는 시장의 경제적 가격기능이라 할 수 있다.

시장경제구조 안에서 공공복리에 드는 비용문제를 공동체가 어떻게 처리할 것인가에 대해 살펴볼 필요가 있다. 공동체는 구조변화의 부담을 감당해야 할 개인들을 위해 필요한 보호정책과 구조를 마련해야 한다. 시장과 경쟁은 창조적 파괴과정으로 피해를 입었던 개인들에게 충격을 완화하고 지원하며 돌보아주는 문제를 책임지고 수용할 수 있어야 한다. 경제구조는 모든 존재의 복리요구에 따라 형성될 필요가 있다. 국가와 정치의 과제는 시장과 경쟁의 작동을 가능하게 하고 보호하여야 하며, 이후 사회적으로 나타나는 각종 해악들을 교정할 수 있어야 한다. 이런 경제사회적 상황에서 노동환경의 인간화가 요청된다. 여기서 "시장의 힘만으로 보호될 수 없는 자연과 인간의 환경과 같은 공동재화를 옹호하고 보호하는 것"이 국가의 중요한 과제로 부각되었다.[83]

시장경제는 일정한 질서구조의 확보를 통해 도덕성을 보장할 수 있다. 개별적 윤리행위라기보다 개별주체들의 경제행위를 총괄적으로 규율할 뿐 아니라 경제게임 안에서 그들의 움직임들, 즉 그들의 경제활동들을 규율하도록 규정된 질서구조의 원칙을 설정할 필요가 있다. 경쟁상황에서도 개별 시장참여자들이 일정한 질서구조 안에서 사회적, 생태적, 도덕적 목적을 위한 노력을 기울일 수 있어야 한다. 경쟁자들이 이런 성과들을 활용할 수 없다면 그 노력들은 지출과 비용에 관련되어 자본주의의 각종 해악으로 이어질 수 있다. 따라서 그런 노력들은 더 높은 도덕적 기준으로 설정되어야 한다.

회사는 주식가치도 중요하지만 스스로의 도덕적, 사회적 가치도 잘 설정해야 한다. 경제적 성공과 사회적 책임은 다르지 않으며, 상호협조적으로 구축되어야 한다. 구조의 중요성은 다시 한번 강조될 필요가 있다. 도덕적 호소는 가족이나 친구관계에서처럼 대면관계에서도 잘 작동된다. 그렇지만 시장경제에서 도덕성의 주요 장소로서 질서구조가 설정되어 있을 때 개별 인격의 경제행위에 따른 제도의 파산을 보충할 수 있다. 공동선에 부응하는 질서구조의 수립은 경제적 경쟁과 사회정의, 시장경제와 도덕성을 균형 있게 보완할 수 있기 때문이다.[84]

---

83) Paulus PP. Ⅱ, *Centesimus Annus*(백주년)(교황청회칙, 1991), 40항.

84) Koslowski, P(Ed.), "The Social Market Economy: Social Equilbration of Capitalism and Consideration of the Totality of the Economic Order", in *The Social Market Economy*(Spinger, 1997), pp.77~78.

'욕구정의'에 의한 '실적정의' 보완(공동선 정의)

시장경제에서는 수행실적에 따른 분배를 중요한 원리로 삼는다. 따라서 공동선은 수행실적 정의에 상응하여 구현되는 것이다. 그러나 실제로 이 원칙에 따른다는 것은 무엇인가를 수행할 수 있는 사람들의 공동선 구현에 제한으로 작용할 수 있다. 예컨대 아무 것도 수행할 수 없는 사람들, 곧 아동, 노령자, 병자, 실업자 등의 공동선은 제대로 보장될 수 없다. 역시 저소득자들도 그들과 같은 잊혀진 무리에 속할 수 있다. 이 체제에서는 그들에게 충분한 기회와 가능성을 제공할 수 없다.

아무것도 수행할 수 없는 사람들도 인간존엄에 적합한 삶, 즉 의식주와 같은 기본욕구의 권리를 보장받을 수 있어야 한다. 이런 기본욕구에 대한 권리는 어떤 수행성과를 낼 수 있느냐와는 별개의 문제이다. 이 지점에서 모든 사람에게 완전한 평등이 주어져야 하느냐의 문제가 제기될 수 있다. 따라서 '실적정의'는 '욕구정의'로 보완되어야 한다. 이는 수행능력이 있는 사람을 고려하여 시장에서 생긴 소득분배를 수정함으로써 가능해진다. 국민소득의 한 몫은 아무 것도 수행할 수 없는 사람들에게 나누어질 수 있어야 한다. 이는 사회보장체제를 통해 가능하다. 이 체제의 설립과 보완은 국가의 과제이기도 하다. 그러므로 시장경제체제에서 공동선 실현은 국민의 자기책임을 국가활동으로 보완할 때 가능하다.[85]

사회보장체제가 제대로 갖추어지지 않을 때 경제사회는 아주 불완전하게 보일 수 있다. 본질적 원리의 측면에서 시장은 수행무능력자들에게 아무런 도움을 제공할 수 없다. 시장이 잘 기능하기 위해서는 그들을 염두에 두지 않는 것이 바람직하다. 그렇다고 시장을 단지 실적

---

85) 허창수· 김종민, 『경제활동-사람은 어디 있는가-』(왜관: 분도출판사, 1995), p.51.

원칙에 따라서만 바라볼 수 있을까? 시장은 잊혀진 사람들을 부양함에 있어서도 그 중요한 기능을 수행할 수 있어야 한다. 시장은 그들에게 돌아갈 몫을 만들고 제공하여야 한다. 시장의 수행능력이 크면 클수록 그들을 더 잘 부양할 수 있다.

자본주의에서 재화의 분배는 상품시장을 통해 일어난다. 재화는 중앙행정에 의해서라기보다 시장에서의 자유로운 공급과 수요에 의해 분배되는 과정을 거치며 일어난다. 이 과정에서 '교환정의'가 적용된다. 하지만 교환정의의 관점에서 상품시장의 과정을 바라보는 것은 충분하지 않고, 또 다른 관점을 생각해볼 수 있다. 이 관점을 '공동선 정의'라 부를 수 있다. 분업경제는 하나의 유기체로 형성되는데, 그것은 서로 간의 연대성에 입각한 공동선 유기체가 될 필요가 있다. 즉, 개인은 경제 공동체를 위해 살아야 하며 그 공동체도 각 개인을 먹여 살릴 수 있어야 한다. 개인은 공동체와 그 구성원에 대해 연대성을 기대하고 주장할 수 있다. 그러므로 타인에게 지나친 부담을 주는 시장가격이나 많은 이들의 생존을 어렵게 할 만큼 생필품가격을 높여 부르는 것은 정의롭지 않다. 타인의 존엄성에 대한 인식을 전제한 공동체생활의 연대성은 서로에게 도움이 되어야 한다.[86]

우리가 재화를 같이 생산하지 않았기 때문에 상품시장에서의 '분배정의'를 요구하기에는 무리가 따를 수 있지만 그렇다고 해도 '공동선 정의'는 보장될 필요가 있다. 교환정의를 엄격하게 적용한다면 공동선 정의는 보장되기 어렵다. 순수한 교환정의의 원칙을 일방적으로 강조하는 자본주의체제는 그 구조적 취약점을 드러낼 수 있다. 이른바 교환

---

86) Watrin, C., "The Social Market Economy: The Main Ideas and Their Influence on Economic Policy", in: *The Social Market Economy*(Spinger, 1998).

정의에 입각한다면 공동선 정의는 소홀히 다루어질 수밖에 없다.

자본주의는 가격을 낮춘다는 명목으로 경쟁을 이용하는 '보이지 않는 손'을 근거로 이런 약점을 잘 인정하지 않는다. 즉, 상품시장에서 경쟁하는 공급자들은 상품을 팔 수 있도록 가격을 낮추어야 하며, 경쟁이 있을 때 고객은 더 이상 자기욕구에 상응하는 최대치의 가격을 지불하지 않아도 되며, 그가 어떤 것이 꼭 필요해 실제로 그것을 위해 지불할 준비가 되어 있던 가격보다 시장가격은 더 내려가는 경우도 있다.

자본주의는 도덕성과 함께 비도덕성을 동시에 갖는다. 자본주의체제가 갖는 비도덕성으로 말미암아 자본주의 시장경제는 공동선을 보장하는 구조에 의해 적절히 규제될 필요가 있다. 즉, 국가는 시장을 정리·조정·보완하는 역할을 수행할 수 있어야 한다. 그렇지만 국가의 역할은 다음의 두 가지 원칙을 지켜야 한다.[87] 첫째, 국가기능은 '보조적'이어야 한다. 국가기능은 시민들의 자유스런 자율권과 자기책임을 보장해야 한다. 예컨대 임금이나 투자활동의 결정을 행정관리가 대행할 수 없다. 정부는 시민에 대해서 보호자나 후견인 역할을 해서는 안 되고 시민의 자율권을 확립하는 데 관심을 기울여야 한다. '보조성 원리'에 의하면 정부는 시민이 직접적으로하지 못하는 일들을 책임져야 하는 데 한정되어야 한다. 그 방법은 경제적 측면에서도 더 효율적이라는 사실이 경험적으로 증명되어야 한다. 둘째, 국가기능은 '시장조화적'이어야 한다. 이때 국가기능은 시장경제의 여러 원리와 어긋나지 않는 경우에 한정되어야 한다.

---

87) 허창수(1996), p.93.

3. 질서구조에 토대한 경제윤리 정립

경제적 질서구조의 필요성

개별 경제주체의 행위는 모든 사람에게 최상의 공급, 곧 공동의 이익을 자동적으로 보장할 수 없다. 개별 경제주체들은 충분한 구조, 적절한 질서 안에서만 공공의 이익을 가져올 수 있다. 즉, '행위에 필요한 구조'와 '구조 안에서 벌어지는 행위'에 주목할 필요가 있다. '행위에 필요한 구조'는 헌법, 경제법칙, 경쟁에 관한 법질서, 경제공동체의 정치적 신념 등을 통해 그 형태를 갖춘다. 이 구조는 국가입법자들의 책임영역이며 최근 전 지구적 관심사로 부각된다. '구조 안에서 벌어지는 행위'는 기업가의 투자정책, 구매와 판매전략, 가격정책 등과 같은 것으로 이런 행위들의 영역은 개별시장 참여자들의 사업부문과 일치될 수 있다.

흔히 시장과 경쟁은 윤리와 양립 불가능한 것으로 보이며, 또 윤리적 관점에서 많은 비판에 노출되었다. Karl Homann은 그 이유를 시장과 경쟁의 장점이 풍요라는 보편적 이익증대를 창출해내는 과정에서 흩어지고 광범위하게 확산되며, 그 의미를 제대로 인지할 수 없게 된다는 사실에서 찾았다. 경쟁과 시장은 경제활동을 위한 강력한 자극으로 작용하며 각 경제주체는 이익창출을 위해 노력한다. 시장과 경쟁은 비용과 가격에 압력을 행사하며 생산자는 동료경쟁자에게 밀려나지 않으려 한다. 그 결과 '풍요의 보편적 증대'가 나타난다. 그렇지만 개인들은 이런 경쟁과 시장의 장점을 잘 인지할 수 없다. 대신 그런 풍요의 증대는 전체로서의 경제공동체가 얻을 뿐이다.[88]

이와 대조적으로 시장과 경쟁의 부담은 때로는 개별국민, 단일집

---

88) Stegmann, Franz J.(2006a), pp.7~8.

단, 단일산업 영역에 중요한 영향을 미칠 수 있고 심지어 큰 충격을 안겨줄 수 있다. 그리하여 한정된 경제자원을 이상적으로 활용할 수 있기 위해서는 비경제적 생산활동을 줄일 수밖에 없다. 나아가 더 이상 수요를 창출할 수 없는 상품생산을 중단해야 하는 상황에 직면하게 된다. 이런 경제상황에서 보조금의 형태로 특정산업 분야에 대해 보호정책을 강구하는 것은 경제적으로나 도덕적으로 바람직하다고 할 수 없다. 특정분야에 대한 보조금과 보호정책을 시행하는 것은 공동체에 부담을 줄 수 있으며, 무엇보다 그 공동체는 보조금을 감당하고 그에 따른 비용을 지불해야 할 부담을 져야 한다. 따라서 경제구조의 지속적 구조변화, 곧 '창조적 파괴과정'은 공동선을 위해 시장이 지불해야 할 경제적 몫(가격)이기도 하다.

그러면 공동체는 시장경제의 구조 안에서 공공복리에 드는 비용을 어떻게 해결해야 할까? 그것은 공동체가 구조변화를 부담해야 할 개인들에게 어떤 보호정책과 어떤 구조를 마련해야 할 것인가의 문제로 귀결된다. 시장과 경쟁은 '창조적 파괴과정'에 의해 결과지어질 수밖에 없는 개인들을 지원해주기에 역부족이다. 그럼에도 불구하고 경제구조는 모든 존재의 복리요구(공동선)에도 관심을 가져야 한다. 여기서 국가와 정치의 과제는 시장과 경쟁의 작동을 가능하게 하고 보호하는 것일 뿐만 아니라 그 이후 사회적으로 나타나는 해로운 결과들을 교정하는데 주어져야 한다. 국가와 정치는 그런 전제와 조건들을 제시해야 하며 사회적으로 적합한 경제과정을 기획하고 그것이 공정한 사회적 결과에 이르도록 감시할 필요가 있다. 거기에서는 노동자가 생산과정의 굴레에서 억압받지 않도록 노동환경을 인간화할 수 있어야 하고 이를 가능케 하는 노동자의 경영참여를 보장해야 한다. 무엇보다도 산업의 여러 부분과 일자리 감소가 발생하기 이전부터 기존 경제구조의 변화를 시도함으로써 새롭고 지속적인 일자리창출에 필요한 조건을 제시할 수 있어야 한다. 따라서 국가는 "시장의 힘만으로 보호될 수 없는 자연과 인간환경과 같은 공동재화를 옹호하고 보호할 수 있어야 한다."[89]

국가경제의 생산물을 할당하여 여러 집단의 사람들에게 돌아가게 함으로써 수입과 분배를 적절하게 하고 좀 더 공정하게 할 필요가 있다. 경쟁과 시장은 어떤 경제제도보다도 우월하고 희소하며 한정된 경제적 잠재력을 최상의 방법으로 활용할 수 있다. 그렇지만 그것이 비인간적 노동조건 아래에서 이루어져서는 곤란하다. 그 수입은 공평하게 분배되어야 하며 모든 이가 정당한 몫을 받을 수 있어야 한다. 이런 조건을 충족시키기 위해 일정한 경제구조를 갖출 수 있어야 하며, 시장 참여자들은 이런 질서구조를 지켜야 한다. 이런 질서구조는 모든 이의 복리와 공동선에 바탕하며 그것은 국가정책으로 실행되어야 한다.

경제활동은 적합한 질서구조에 토대가 될 때 효과적일 수 있다. 이런 질서구조는 '사회적 시장경제'에서 비교적 잘 드러났다. 사회적 시장경제는 시장자유의 원칙과 사회정의의 원칙을 결합한 경제체제로서, 이 모델에 의하면 경쟁은 현대사회를 조직하는 데 필수불가결한 수단이지만 그 경쟁은 투명한 구조와 강력한 법적규제에 의해 작동되어야 한다. 사회적 시장경제에서 경쟁은 결과 및 효율성의 참된 성취에 토대해야 한다. '참된 경쟁'은 경제권력들의 자유로운 활동에서 자동적으로 나타나지 않기 때문에 국가정책은 그런 경쟁을 가능하게 하고 확립할 필요가 있으며, 동시에 소비자의 이익으로 이어질 수 있도록 독점과 카르텔을 조절할 수 있어야 한다. 따라서 독과점방지법과 독점을 막을 수 있는 위원회 활동 등이 더욱 적극적으로 요청된다. 결국 사회적 시장경제는 국가와 정치에 의해 확립되며 투명한 구조에 의해 보호되는 '실

---

89) Paulus PP. II (1991), 40항.

적경쟁'을 그 핵심으로 한다. 이렇게 적절히 규제된 경쟁을 통해 경제 효율성을 증진하고 보호할 수 있다.

사회적 시장경제에서 '사회적'이란 말은 시장경제가 모든 사람의 물질적 번영에 이바지하는 동시에 '인간의 인격적 계발'에도 관심을 가져야 함을 의미한다. 여기서 '사회적'임을 드러내는 필수불가결의 요소는 자유, 정의, 평등이다. 사회적 시장경제는 사회정의와 자유를 동시에 실현하려는 경제체제라 할 수 있다. 특히 사회적 시장경제에서 인간은 이원성, 곧 개체이면서 동시에 공동체적(사회적) 존재임에 바탕한다. 이런 점에서 사회적 시장경제는 자유주의적 자본주의와 다르며, 사회주의(공산주의)와도 구분된다. 자유주의적 자본주의는 인간을 공동체에 대해 어떤 특정한 책임을 지지 않은 완전히 자유로운 개체로 보며, 공산주의는 인간에게 그 개인적 존재의 실행을 위한 어떤 여지를 보장하지 않고 인간을 공동체적 존재로 바라본다. 사회적 시장경제의 가장 중요한 특징은 경제의 윤리성에서 찾을 수 있는데, 이때 윤리성의 근거는 '경제는 인간을 위해 있는 것이지 인간이 경제를 위해 존재하지 않는다'이다. 즉, 경제생활의 목적은 인간의 복지 내지 공익에 둔다.[90] 따라서 노동세계의 인간화는 중요한 가치로 부각되며 경제는 윤리와 불가분의 관련을 갖게 된다.

질서윤리를 통한 시장경제의 수정

자본주의의 내재적 공동선구조는 '실적경쟁'의 질서에 토대를 둔다. 국가는 제도적으로 실적경쟁을 보장할 수 있어야 한다. 이런 환경이 보장

---

90) Rüstow, A., *Das Versagen des Wirtschaftliberalismus*(Bund-Verlag, 1950), p.91.

될 때 질 좋고 값싼 물건이 지속적으로 공급될 수 있다. 실적경쟁의 보장은 소비자와 생산자 모두를 보호한다. 따라서 국가는 경제독점을 방지하는 법과 제도를 만들 필요에 직면한다. 국가는 카르텔, 가격 및 경쟁담합 등을 방지할 제도적 장치를 마련해야 하며 동시에 부당경쟁을 방지할 법을 통해 실적경쟁을 보장할 수 있어야 한다.

노동시장에서의 공동선 지향은 국가의 또 다른 과제이다. 자유로운 노동계약은 쉽게 굴종의 계약이 될 수 있는데, 이는 피고용인이 약자위치에 있기 때문이다. 피고용인이 고용주와 대등한 세력을 갖는 동반자가 될 수 있도록 구조를 정비할 수 있어야 한다. 이를 위해 국가는 노동자 보호법을 제정해야 한다. 더욱 중요한 일은 피고용인이 고용주와 함께 협동하는 방식과 조건 등의 결정에 대등한 권리를 갖고 함께 결정할 수 있는 '공동결정권' 제도를 만드는 것이다. 이 공동결정은 노동계약 체계 당시뿐만 아니라 노동관계가 지속되는 한 공동결정권을 실천할 수 있도록 해야 한다.

노동자를 공동생산자로 본다면 노동자는 두 가지 영역에서의 공동결정에 참여할 수 있어야 한다. 즉, 노동조건과 공동으로 벌어들인 이익분배에 관해 결정해야 한다. 또 기업구조에 대한 결정은 자본에 대한 결정일 뿐만 아니라 결과적으로 노동자의 이해에 관한 결정이기 때문에 노동자들이 주식회사에서 기업구조 자체에 대한 공동결정권을 어느 정도 가질 수 있어야 한다. 노동자는 생산의 동반자이자 기업의 동반자로도 인정받아야 한다. 공동결정은 노동자 품위에 대한 존중이며 아울러 노동자의 관심을 증진시키는 것과 연결된다.

자본주의에서는 실적정의 이외에도 '욕구충족 정의'에 대해 생각할 수 있다. 인간은 인간다운 삶을 살기 위해 근본요구를 적정하게 충족시킬 수 있어야 한다. 그렇지 않다면 인간으로서의 최소한의 품격 있는 삶이 보장되지 않을 것이기 때문이다. 자본주의 시장경제에서는 사회정의를 위해 '실적정의'에 덧붙여 '욕구충족 정의'로 보완될 필요가 있다. '욕구충족 정의'는 사회보장제도, 즉 사회적 보험제도와 사회적 보조금 제도 등에 의해 실현될 수 있다. 시장경제제도는 그 자체의 메커니즘에 의해 '욕구충족의 정의'를 실현할 수 없다. 그것은 시장경제의 근본원리인 실적주의 때문에 만인의 욕구충족이 쉽지 않기 때문이다. 따라서 시장경제의 분배결과는 '욕구충족의 정의'에 따라 수정될 필요가 있으며, 사회보장제도를 통해 보완되어야 한다. 사회보장제도에 의해 보완되지 않는 자본주의는 윤리적으로 안전한 제도라 볼 수 없다.

자본주의 시장경제에서 직면하는 공동선 또는 사회적 정의문제에 있어서 국가는 다음의 두 가지 과제에 직면한다. 첫째, 공동선에 이바지하는 경제의 질서구조를 보장하는 것이며(질서정책), 둘째, 보조성 원칙에 따라 시장경제가 사회적 사각지대에 노출될 때 국가의 국민부양을 보완해줄 수 있어야 한다(사회복지정책).

경제를 둘러싼 질서구조(framework)는 현대 시장경제의 도덕성이 위치할 수 있는 핵심적 장소이다. 그것은 경제에서의 윤리성이 개인적 내지 의식적 차원의 영역을 통해서라기보다 제도적 질서구조에 의해 더 잘 확보될 수 있기 때문이다. 인간은 혼자서 혹은 자신만을 위해서 경제활동을 하는 것이 아니라 경제공동체를 구성하여 공동체적으로 경제행위를 영위한다. 인간은 공동체 구성원의 복지를 위하여 재화를 생산하며 또 서비스를 수행한다. 경제활동의 개인목표는 우선 자신에게 유익한가에 직결되는 것으로, 그것은 도덕적으로 중립적일 수 있다. 그러나 그것이 효과적으로 기능하려면 경제공동체는 질서(구조)의 틀에서 이루어질 필요가 있다. 바로 이 지점에서 경제의 윤리적 차원이 성립된다. 윤리적 차원에서 경제란 만인의 복지를 향한 질서를 가져야 하기 때문이다. 그것은 어떤 개인의 사익이 아니라 공동선에 이바지하는 것이어야 한다.

그러한 목표에 토대한 경제구조는 인간존엄성에 맞는 질서이다.[91]

이런 질서차원에서 경제윤리의 실현은 최근 기업경영학의 흐름에서도 찾을 수 있다. 기업경영학은 기업을 사회체계의 입장으로 바라보고 공동체적으로 운영하고자 시도했다. 즉, 기업을 분업과 협동을 통해 함께 일하는 '사회체계의 틀'로 바라보려 했다. 기업은 더 이상 생산요소의 집합체가 아니라 기업가와 노동자로 구성된 공동생산자들의 집합체이기 때문이다.[92]

경제윤리는 특정한 시기에 등장하거나 작동되어야 할 경제의 한 현상이라기보다 언제나 현존하고 주도적 역할과 영향을 미치며 경제적 삶에 중요한 기준으로 작용해야 한다. 경제행위는 '질서철학'으로 경제의 중심에 '인간'을 두고 '국가가 설정한 일정한 테두리 질서'에 바탕해야 한다. 이런 테두리 질서에 근거한 경제사회적 질서구조를 확립할 수 있을 때 '인간의 얼굴을 한 자본주의'는 한층 힘을 받고 탄력성 있게 기능할 수 있다.[93]

4. 질서구조 : 시장경제의 윤리성

지금까지 시장경제를 원칙으로 하는 자본주의체제에서 공동선에 의한 경제윤리가 실현될 수 있을 것인지를 다루었으며, 동시에 질서차원의

---

91) Stegmann(2006a), p.5.

92) Heiz, E. "Menschliche Arbeit aus betriebswirtschafter Sicht", Schubert, V., *Der Mensch und seine Arbeit*(EOS Verlag Erzabtei St. Ottilien, 1986), pp.307~330.

93) Erhard & Müller(1972) & Herbert, Wottawah·정용교(2008) 참조할 것.

경제윤리는 경제적 실천의 장면에서 어떻게 가능할 것인지를 검토했다. 특히 개인의 의식적 차원이 아닌 질서구조적 측면에서의 경제윤리는 어떤 모습을 띠며, 어떻게 그 실천적 모습을 드러낼 수 있을지에 대해 살펴보았다. 자본주의는 '보이지 않는 손'에 의해 세상의 공동선에 도달할 수 있지만 다른 한편에서 그에 따른 수많은 부작용이 수반될 수 있음에 대해 논의였다.

이런 점에서 우리는 자본주의를 윤리적 차원에서 바라보고 접근할 수 있어야 하며, 또 시장경제를 일정한 질서구조에 의한 윤리성의 측면에서 바라볼 수 있어야 한다. 시장경제에 작용하는 윤리성을 인정할 때 '시장의 힘만으로 보호될 수 없는 자연과 인간환경과 같은 세상의 공동재화를 옹호하고 보장받을 수 있는 길'을 열 수 있다. '시장경제에서 도덕성이 있어야 하는 주된 장소는 구조이다'의 명제는 개별적 윤리가 필요 없음을 말하지 않는다. 오히려 개별 경제주체들이 총괄적으로 경제를 규율하며 동시에 경제적 게임 안에서 자신들의 경제활동을 규율하는 질서구조의 원칙을 지킬 때 더 안정되면서도 지속가능한 경제적 삶을 보장받을 수 있음을 뜻한다. 공동선에 부응하는 정치경제적 구조형성 및 개별시장 참여자들의 질서구조의 준수는 경제적 경쟁과 사회정의, 시장경제와 도덕성을 서로 다른 수준에서 효과 있게 하며 서로를 보완할 수 있다.

인간다운 사회를 위해 어떤 제도를 선택하여, 어떻게 운영할 것인지에 대한 문제는 어떤 윤리적 관점에 입각해야 할 것인지에 대한 선택의 문제로 귀결될 수 있다. 이런 윤리적 문제는 인간을 어떻게 바라보고 해석할 것이냐 하는 근본적 가치지향을 둘러싼 성찰이다. 흔히 윤리는 개별 인간의 윤리적 의식과 행위에 의해 가능한 것으로 볼 수 있지만 보다 근본적 차원에서의 윤리성 보장은 인간존엄성과 가치에 적합한 제도 (질서구조)에 의해 더욱 잘 확보될 수 있다. 무엇보다도 이런 제도적, 구조적 차원의 윤리를 확보할 수 있을 때 인간의 삶은 지속적이면서 안정적 상태에서 보다 조화롭게 유지될 수 있다. 다시 한번 '구조'는 시장경제에서 도덕성이 자리할 수 있는 중요한 장소임을 상기할 필요가 있다.

주지하듯이 오늘날 우리의 경제사회적 삶은 신자유주의적 경제흐름 속에서 경쟁과 성과 그리고 효용가치를 중요시하는 실증주의적 경제학으로부터 일방적 영향을 받고 있다. 이런 경제사회적 추세에서는 인간을 바라보는 시각에서도 경제적 차원으로 바라보고 해석할 뿐이지 거기에 경제윤리학적 관심이 게재될 여지는 별로 없다. 그렇지만 지금과 같은 경제적 가치가 일방적으로 독주하며 성과위주의 경제사회적 흐름이 가속화되는 경제(성장)일변도의 상황에서는 '인간은 인간에게 늑대다(Home Homini Lupus)'의 비인간적 삶이 일상화되어 나타날 수밖에 없다.

다시 한번 말하지만 경제는 효율성과 경쟁과 같은 경제논리에 덧붙여 인간다운 면모와 함께 윤리적 차원으로 운영되어야 한다. 인간존엄성에 적합한 질서구조에 입각하여 운영될 필요가 있다. 물론 경제를 바라보는 시각에서도 성장, 발전, 효율성 중심의 경제적 시각에 덧붙여 정의와 공동선으로 보완될 필요가 있다. 경제의 중심에 인간을 설정하고 경제활동에서 인간복지와 자유로운 자기결정을 경제기준으로 설정해야 하며 나아가 기업을 생산하는 사람들의 공동체, 곧 인간공동체로 바라보아야 한다. 경제를 바라보는 인식상의 대전환이 한층 요구된다. 이는 체제의 정비를 통해 자본주의가 한층 안정적으로 운영될 수 있는 질서구조를 확립하는 것과 불가분의 관련을 갖는다.

3부
국가윤리와 국가론

5장

국가윤리와 국가권력

인간학의 일반적인 이해에 의하면 인간은 개인적 존재일 뿐만 아니라
동시에 사회적 존재이기도 하다. 이러한 이원적 속성에 토대를 둔 인간
의 사회생활이 인간의 자연적 본성에 더 부합하는 특성을 띠기 때문이
다. 그러나 인간의 사회생활은 가치판단이 개제되지 않은 사회학의 주
제일 뿐만 아니라 가치판단이 개입되는 윤리의 문제이기도 하다. 가톨
릭의 입장에서 볼 때 윤리는 하느님의 계명에 기초를 둔다. 가톨릭에서
는 인간의 사회적 생활과 형태에 대해 깊은 관심을 갖는다. 신학자들은
교부시대부터 오늘에 이르기까지 국가론을 둘러싼 다양한 가르침을 펴
왔다.[94] 지난 세기부터 교황청에서는 여러 회칙을 통해 가톨릭에서 바

---

94) 가톨릭 국가론에 대한 자세한 논의는 성 아우구스티누스의 『신국론(De civitate
Dei)』과 토마스 아퀴나스의 『통치원리론(De regimine principium)』에서 잘
나타난다.

라보는 국가론에 대한 입장을 드러내기도 했다.[95]

인간은 여러 방식(형태)으로 사회생활을 할 수밖에 없다. 특별히 가톨릭의 사회윤리학에서는 두 가지 공동체, 곧 가족과 국가를 '자연적 공동체'라고 부르며, 이 두 공동체가 갖는 특별성에 주목하여 더욱 각별한 의미를 부여하고 있다. 실제로 인간은 이 두 공동체 안에서 태어나 살아가며 이로부터 벗어날 수 없다. 인간은 국가와 가족으로부터 영향을 받으며 동시에 우리 자신의 완성을 위해 이 공동체를 필요로 한다. 가족과 국가를 통한 공동체 생활은 인간본성에 부합하는 생활이다. 그리하여 인간은 본질적으로 이 두 가지 공동체적 생활에서 벗어날 수 없다.[96] 가톨릭에서는 공동체적 삶을 인간본성에 부합하는 생활로 보며, 그것을 윤리적으로도 바람직하고 인간 존재의 완성에 불가피한 것으로 바라본다.

여기서 가톨릭 사회윤리의 출발점이 자연에 바탕을 두고 성립됨을 알 수 있다. 즉, 가톨릭 사회윤리의 인식근거는 '자연법'에 두며 자연법에서 그 출발점을 찾는다.[97] 따라서 자연법학은 세상과 인간의 본성을 있는 그대로 바라보고 그 본성에 부합하는 이상적(윤리적)인 질서를 확립하려 한다. 이성은 존재를 인식할 뿐만 아니라 그 존재를 자연적인 가치와 가치질서 안에서 인식한다. 즉, 자연법적 질서 자체를 좋고 바람직하며 일정한 존재질서를 띤 것으로 바라보며, 이런 질서를 반드시

---

95) 교황 레오 13세는 '그리스도교적 국가구조'에 대한 회칙, 「*Immortale Dei* (1885)」를 발행하였으며, '그리스도교 시민의 의무'에 대한 회칙, 「*Sapientiae Christianae*(1890)」를 발간하였다. 이런 회칙을 통해 가톨릭에서 바라본 국가론에 대한 입장을 분명히 드러내고자 하였다.

96) 제2차 바티칸 공의회 사목헌장인 「*Gaudium et Spes*(1963)」에서 이 두 가지 공동체는 "깊은 인간 본성에 보다 직접적으로 적당한 것"이라고 언급하고 있다.

지켜야 할 것으로 인식한다. 가톨릭 사회윤리학의 원천은 자연의 인식이며 그 인식하는 기관은 인간이 가진 자연적인 이성이 된다. 물론, 인간이 지닌 자연적 이성은 자연법학의 근본토대이기도 하다. 그러나 그 이성윤리는 자율적인 이성윤리가 아닌 타율적인 이성윤리의 특성을 띤다. 즉, 이성은 자율적으로 결정되는 것이 아니며 그 이성을 정하는 기준이 주어진다. 그것은 바로 주어진 '자연'인 것이다.

자연은 하느님이 주신 것이다. 자연법의 최종 근거는 하느님의 뜻에 두기 때문이다. 자연법은 하느님의 법으로 볼 수 있다. 창조주의 창조계획이 반영된 것이다. 하느님이 자연을 만들었기 때문에 자연적인 가치질서를 결정하였으며, 그것을 준수하기를 바라시고 자연적인 가치질서에 부합하는 행동을 요구하신다. 이런 점에서 자연법의 질서는 창조질서와 통한다. 스콜라학파는 자연법적 인식을 하느님의 영원한 법에의 참여라고 표현하기도 했다. 즉, 인간은 실천이성 또는 양심을 통하여 하느님의 뜻을 인식하였고, 그 양심을 하느님의 법으로 공포하려 하였다. 인간은 양심을 통하여 하느님의 뜻을 알게 되며, 또 알 수 있는 의지를 갖고자 한다.[98]

가톨릭은 인간의 자연적인 본성이 원죄를 통하여 손상을 입고 약해진 것으로 가르치고 있지만 하느님이 만든 인간의 본성은 여전히 남아있고 인식될 수 있는 것으로 바라본다. 이런 이유 때문에 가톨릭의 근본 입장은 자연법에 의한 국가성립을 인정한다. 국가 그 자체와 국가의 옳은 질서는 인간이 인식할 수 있는 자연법에 그 기초를 두는 것이다.

---

97) 이런 점에서 자연법은 사회윤리의 원칙일 뿐만 아니라 모든 윤리의 근거가 된다고 할 수 있다.

98) 좀 더 자세한 내용은 성경, 로마서 2, 14-15 참고할 것.

이 장에서는 가톨릭의 관점에서 바라본 국가윤리와 국가권력의 제반 특징에 관해 검토하여 바람직한 국가공동체의 모습에 대해 타진하려 한다. 먼저 가톨릭에서 바라보는 국가윤리의 근원과 정당화를 둘러싼 여러 논의를 알아봄으로써 국가론의 토대와 전제를 다룬다. 다음으로 국가권력의 원천과 다양한 국가형태, 그리고 올바른 모습에 대해 살펴본다. 마지막으로 국가권력의 한계와 효력범위 및 국민의 저항권, 국가창설을 둘러싼 논의에 대해서도 검토한다. 이런 다양한 논의를 통해 국가권력에 작용하는 자연법적 근거를 밝히고자 하며 아울러 인간 존엄성에 부합하는 국가윤리와 국가권력은 어떠해야 하는지를 타진하려 한다.

1. 국가의 윤리적인 기초와 정당화

국가기원과 본성

가톨릭의 입장에 설 때 국가는 '자연적 공동체'의 모습과 다르지 않다. 다른 모든 공동체와 같이 국가는 인간의 사회적인 본성에 그 기초를 두는데, 곧 인간이 혼자서 자기의 삶의 목적을 설정하고 그것을 추구할 수 없기 때문이다. 즉, 인간은 홀로 자신의 생활을 구성하지 않고 공동체적 조건 안에서 자신의 삶의 목적을 설정하고 살아가야 함을 전제하기 때문이다. 이는 인간의 자연적인 본성의 구현과도 일치한다. 인간은 원래 이와 같은 공동체 생활에의 경향을 가질 뿐만 아니라 또한 공동체적 생활을 통하여 완성될 수 있는 본성을 가지며, 공동체적 삶을 통해 완성될 필요가 있는 자연법적 본성을 띠기 때문이다.

국가는 인간 삶을 규정하는 공동체 중에서 가장 총괄적인 공동체이다. 국가는 일정한 영역에서 같이 살아가는 사람들을 모두 한 정부 아래에 조직·포괄하는 공동체의 속성을 띤다. 뿐만 아니라 국가는 인간 삶의 총체적 국면과 관계를 맺는 공동체이며, 생활의 모든 국면에 있어서 국민을 도와줄 수 있는 수단들을 다양하게 동원할 수 있어야 한다. 서양 중세기 때까지 국가는 완전하고 총괄적인 공동체 구실을 담당하였다. 가족과 여타 다른 작은 생활공동체들도 역시 인간의 육체적·정신적 완성과 행복에 목적을 두지만 그들의 힘과 수단들은 제한되며 부족함을 느낄 때가 많았다. 그런 공동체들은 인간의 필요를 완전히 충족시킬 수 없다. 바로 이런 일을 이루게 하는 것, 즉 다른 공동체들이 하지 못하는 것을 보완하는 일은 전체에 대한 책임과 최고의 권한을 갖는 국가를 통해 가능하였다.

　이런 점에서 국가라는 총괄적 공동체 조직의 필요성이 쉽게 증명될 수 있다. 국가의 총괄적인 질서와 도움이 없이는 인간의 권리가 충분히 보호될 수 없으며 삶의 조건도 잘 성립될 수 없다. 또한 인간을 완성시키고 행복하게 하는 선익과 가치들이 충분히 창출되고 마련될 수 없다. 국가생활은 인간의 자연적인 본질에 부합하는 생활이다. 국가는 인간의 사회적인 본성에서 기원하고 인간의 사회적인 본성을 총괄적으로 실현하는 역할을 담당한다. 국가는 자연법적 근거(윤리적인 측면에서)를 가지는 동시에 윤리적 측면에서도 정당성을 갖는다.

　가톨릭의 입장에서 볼 때 자연법적인 질서는 결국 하느님의 계획(하느님의 법)에 의한 질서를 말한다. 하느님은 인간을 창조할 때 이미 국가의 기초를 염두에 두었다. 따라서 국가를 인정하는 것은 곧 창조주의 뜻을 받아들이는 것이 된다. 국가는 하느님이 제정한 것에 다름 아니기 때문이다. 교황 레오 13세는 국가에 대해 다음과 같이 언급하였다. "원래부터 인간은 시민사회에서 살도록 태어났다. 왜냐하면 인간은 혼자서는 생활에 필요한 부양과 복지를 얻을 수 없고, 또한 그와 마찬가지로 정신과 감성의 도야 역시 불가능하기 때문이다. 따라서 하느님의 안배는 인간으로 하여금 가족적인 공동체뿐만 아니라 시민적이기도 한 공동체 안에서 태어나 살도록 해 놓으셨던 것이다."[99]

이런 의미에서 볼 때 국가를 창설하거나 없애는 것은 몇몇 사람들 (예: 로크, 홉스, 루소 등의 사회계약론자들)이 주장한 바와 같이, 마음대로 할 수 있는 사회계약상의 문제가 아닌 자연법에 입각한다. 또 국가를 인정하는 것과 국가생활에 관심을 갖고 참여하는 것은 자기의 이익 때문에 슬기로운 일인 동시에 사회생활에의 본능적 결과만이 아닌 윤리적인 의무를 띠는 것으로 볼 수 있다. 왜냐하면 그것은 인간이 갖는 사회적 본성의 정당한 실현이 드러난 형태이기 때문이다.

가톨릭에서는 국가의 자연법적 정당화 이외에도 간접적이지만 성경에 의한 국가의 정당화를 인정한다. 또 성경은 몇 번씩이나 국가의 권한(정부의 권력)이 하느님으로부터 부여된 것이라고 말한다.[100] 성경에서는 국가권위자를 위한 기도의 필요성에 대해서도 인정한다.[101] 이 모든 표현은 국가에 대한 직접적인 말이라 할 수 없지만 국가 그 자체에 대한 긍정을 연역할 수 있다. 동시에 국가(정부)는 하느님의 정의를 구현해야 한다. 즉, 국가의 정의로운 질서가 하느님의 질서이며, 정의로운 국가를 실현하는 것이 하느님의 뜻이기도 하다.

성경에 의하면 국가 역시 하느님의 뜻에 기초를 두어야 한다. 그러나 국가 그 자체를 인정해야 한다는 것이 국가체제를 바꾸거나 저항할 권리가 없다는 말이 아니다. "사람에게보다 오히려 하느님께 복종해

---

99) 레오 13세, *Immortale Dei*(1885), Nr.2.

100) 성경, 전도서 8,2; 잠언 8,15; 지혜서 6,1-4; 로마서 13,1-7; 루가 20,20-26; 요한 19,11.

101) 성경, 1디모 2,1-3.

146

야 하지 않겠습니까?"라는 성경구절[102]에서 보듯이, 저항할 양심적 의무가 있음에 유념해야 한다. 제2차 바티칸 공의회에서는 정의로운 국가구조의 조성에 있어서 특히 가톨릭 평신도들의 책임이 크다는 사실을 강조하였다.[103]

이미 말한 바와 같이 국가가 설정한 이상적 본성은 인간들의 완성에 있다. 그것은 두 가지 방법으로 실천된다. 국가는 한편으로 사람들을 보호해야 하고 다른 한편으로 사람들을 도와주어야 한다. 국가는 사람을 보호하기 위하여 평화질서를 제정하고 권한을 행사하며 필요시에 강제적 조치를 취할 수 있다. 이런 역할을 다할 때 국가는 '법치국'이 될 수 있으며, 권한과 강제와 감독조직이 제대로 행사될 수 있다. 또 국가는 사람들을 도와주기 위해 여러 가지 물질적·정신적인 선익과 가치들을 창출하고 그들에게 마련해 주어야 한다. 이런 상태가 조성될 때 국가는 '복지국'과 '문화국'으로서의 역할을 다할 수 있다. 이와 같은 국가의 적극적인 기능과 과제수행은 현대국가에서 해야 할 중요한 과제이기도 하다. 국가가 사람들을 단지 보호하는 역할에 만족한다면 그것은 감독과 강제조직일 뿐이다. 그 밖에도 국가는 여러 차원에서 사람들을 적극적으로 도와줄 수 있어야 한다. 국가의 존재이유는 무엇보다도 적극적으로 도움을 제공하는 데서 찾을 수 있다.

국가는 '법치국', '복지국', '문화국'의 성격을 띤다.[104] 최근 자유

---

102) 성경, 사도행전 5,29; 비교: 4,19.

103) 이에 대한 자세한 내용은 제2차 바티칸공의회 문헌 <문헌 교령 선언문> (1973)의 내용 중 특히 평신도 사도직에 관한 교령을 참조할 것.

104) 자세한 내용에 대해서는 비오 11세 회칙,『40주년』(1931), Nr.25-27을 보라. 또 교황 비오 12세는 여러 라디오 연설에서 국가의 적극적 역할을 통한 시민들의 보호역할의 중요성을 강조했다. 제2차 바티칸 공의회에서도 역시

주의(신자유주의)적 국가관이 강조되면서 인간의 자유로운 자아실현을 중요한 것으로 규정하여 바라본다고 해도 여전히 국가는 인간의 사회적인 본성을 구현하는 데 힘써야 하며, 이를 통해 인간을 적극적으로 완성시키도록 역할을 수행할 수 있어야 한다. 가톨릭에서는 자유주의적 성격을 띤 '야경국가'를 거부한다. 국가는 인간을 보호해야 하는 역할을 가질 뿐만 아니라 적극적으로 도와주어야 한다. 국가는 평화로운 질서를 제정하는 것에 그치지 않고 좀 더 적극적 역할을 수행해야 한다. 국가의 존재이유는 공동선, 즉 인간들의 세속적인 복지(완성)에 둔다. 인간들의 초자연적인 목적(구원 또는 하느님과의 만남)은 국가의 사명이라 할 수 없다. 다만 다음과 같은 여건을 조성하여 활동할 수 있도록 하여야 한다. 국가는 시민들의 종교생활을 인정하고 그런 생활을 잘 할 수 있는 조건을 마련하여야 한다.[105)

가톨릭에서는 국가를 자연적인 공동체, 곧 인간의 본성에 맞는 공동체라는 사실에서 국가의 윤리적 정당성을 찾는다. 국가공동체를 이루며 조화롭게 살아가는 개인은 자신의 본성에 맞게 행동하고 윤리적으로도 정당하다. 국가를 이루는 것은 자기 자신의 완성을 이루는 것일 뿐만 아니라 다른 시민들의 완성을 이루는 것이기도 하다. 특히 국가가 공동선 질서에 입각하여 운영된다면 국가생활 과정에서 모든 사람들은 상호완성을 경험할 수 있다. 이 사실은 윤리적으로 올바른 것이며, 또 마땅히 수행해야 할 바람직한 것이다. 국가생활은 타인의 인간적인 존엄성을 존중하는 방법이 되기도 한다. 이 사실을 다른 시각으로 보면 국

국가의 뜻을 앞에서 보았던 바와 같은 의미로 바라보고 있다.

105) 이에 대한 구체적인 예는 군종사목 허용에서 잘 볼 수 있다. 좀 더 자세한 내용은 Th. Aquinas, *De Regimine Principium* I .14 및 제2차 바티칸 공의회 종교자유에 관한 선언, *Dignitatis Humanae*(1965), 3 참조할 것.

가의 존재를 윤리적으로 정당화하는 근거가 되기도 한다. 또한 이 사실은 가톨릭에서 견지한 전통적인 자연법 윤리로서의 의미를 가질 뿐만 아니라 이타심의 윤리로서 국가존재를 정당화하는 근거이기도 하다.

국가의 윤리적 질서원리

일반적 의미에서 국가는 일종의 공동체이다. 어떤 공동체도 그 자체로 가치를 갖지 않으며 인간에 염두를 두어야 한다. 즉, 인간은 자기 존엄성을 가지며 그것을 항상 최고의 목적가치인 실현하는 데 관심을 두어야 한다. 공동체적 삶의 목적은 인간 그 자체에 둘 필요가 있다. 인간이 공동체를 위해서 있는 것이 아니라 공동체가 인간을 위해서 있어야 하기 때문이다. 모든 공동체처럼 국가는 인간들의 생활을 정신적·육체적으로 완성시키는 데 두어야 한다. 국가는 인간들의 완성을 위한 수단이 되어야 한다. 다시말해 모든 사회생활은 인간의 사회적인 본성을 구현하는 데 있다.

인간은 국가의 질서와 활동의 기준이 되어야 한다. 이 기준을 다른 말로 표현하면, 인간은 국가에 앞서는 권리, 곧 원래부터 부여된 자연적, 천부적 권리를 갖는다. 가톨릭에서는 자연법이란 말보다 '자연권'이란 말을 선호하며, 국가의 올바른 형성을 '자연권'에 입각하여 요구한다. '자연법'과 '자연권'의 관계는 다음과 같다. 넓은 뜻으로 볼 때 자연권과 자연법은 같은 의미를 갖는다. 그러나 좁은 의미로 보면 자연권은 자연법의 일부분을 지시한다. 자연권은 권리와 정의가 지배해야 하는 사회생활의 윤리적인 질서를 가리킨다. 인간이 자기의 본성에 맞게 살려고 하면 사회생활을 해야 한다. 그런데 이 사회생활은 자유롭게 형성될 수 있는 것이 아니고 다음과 같은 기준에 구속된다. 모든 사람이 '자기의 것'을 받아야 한다. 혹은 공동체는 모든 사람에게 '자기의 것'을 주고 허락해야 한다. 그것은 자연권의 원칙이다. '자기의 것'이 무엇인지는 인간본성에 따른다.

인간에게 자기의 것을 주어야 할 의무 또는 자기의 것을 받아야 할 권리는 인간의 존엄성에 입각한다. 이런 조건이 조성되고 실행된다면 국가는 시민들을 자연권에 따라서 완성시킬 수 있다. 뿐만 아니라 모든 인간들이 똑같은 존엄성을 갖기 때문에 자연권을 고려하는 국가는 다른 공동체와 같이 공동선을 실현하는 것이 된다. 국가는 정의의 원리에 따라 모든 사람들의 완성을 추구해야 한다.[106] 모든 사람들은 똑같은 존엄성을 가지기 때문에 완성에의 권리도 동시에 갖는다. 몇 사람 또는 많은 사람들의 복지가 아닌 모든 사람들의 복지를 실현하는 것이 국가의 목적이 되어야 한다.[107]

여기서 사회 행복주의의 이론을 수용할 수는 없다. 이 이론은 '최대 다수의 최대 행복'을 목적에 둔다. 모든 사람은 누구나 최대행복을 추구하지만 필요시에 소수를 위해 다수가 일정부분의 이익 감소를 받아들일 수 있어야 한다. 이렇게 할 때 국가는 공익기관(공익조직)이 된다. 따라서 국가가 자신의 역할을 제대로 수행하려면 자연권, 즉 인간들의 천부적인 권리를 기준으로 고려해야 한다. 인간의 천부적인 권리 중에서 가장 중요한 근본적인 것은 자유와 자유로운 자아실현에의 권리이다. 국가가 인간을 도와줄 때 국가는 바로 이 자유의 권리와 함께 자아실현에의 권리를 인정해야 한다. 물론 인간의 자아책임(또는 자아실현)과 국가의 책임(또는 간섭) 간의 균형을 갖추는 것이 중요하다. 국가는 인간을 도와주고 보호해야 하지만 그렇게 할 때에도 인간에게 주

---

106) 이 원칙에 입각하여 플라톤과 아리스토텔레스는 정의로운 국가와 불의한 국가를 구분하였다.

107) 레오 13세, 「Reum Novarum(1891)」, Nr.26 참조할 것.

어진 천부적 권리인 자유를 파괴해서는 안 된다.

시민에게 자유를 허락할 때에는 보조성의 원리에 입각해야 한다.[108] 보조성의 원리에 따르면 국가는 개인과 같은 작은 생활공동체에게 그 자신의 과제를 박탈할 수 없다. 개인과 작은 공동체가 갖는 결여 부분에 대해 책임을 져야 하고 경우에 따라서는 도와주거나 직접적으로 어떤 일을 분담할 수 있어야 한다. 이 때문에 국가는 어떤 일을 완전히 수행해야 하는 경우도 있지만 주로 작은 공동체들과 개인들이 자기의 일을 잘 실행할 수 있도록 기회를 주고 그런 기회를 펼칠 수 있도록 기꺼이 도와줄 수 있어야 한다. 그러나 공동선에 책임을 지는 국가는 자유로운 자아실현을 허락해야 하지만 필요시에는 일정한 제한을 가할 수 있어야 한다. 이런 보조성의 원리에 따르는 경우에도 국가는 마음대로 타인을 탄압하며 착취해서는 안 된다.

가톨릭의 입장은 자유주의적인 국가론과 맑스주의적 국가론 사이의 중간쯤에 위치한다. 자유주의는 국가의 적극적인 역할을 부인하고 시민의 자유를 너무 강조하는 데 비해, 맑스주의는 인간의 자유를 염두에 두지 않고 국가를 통한 인간의 규격화와 조작을 요구한다. 여기에 견줄 때 가톨릭은 자유를 고려하며 타인에게 도움을 제공하는 것을 옹호하는 입장을 취한다. 국가의 존재이유와 목적이 공동선이라면 국가의 법체제가 이 목적을 달성할 수단이 되어야 하기 때문이다. 실정법 체계를 통해 국가는 자신의 윤리적인 목적에 도달할 수 있어야 한다. 국가의 법체계는 윤리적인 의무에서 자유로울 수 없다. 국가의 질서는 자연권에 맞아야 하기 때문에 국가의 실정법 체계는 '적용된 자연권'의

---

108) 가톨릭 공동체 윤리에서는 보조성과 더불어 공동선과 연대성을 중요시한다. 바로 공동선, 연대성, 보조성은 가톨릭 사회윤리의 핵심이다.

성격을 띤다. 국가 실정법의 윤리적인 구속력은 자연권에 그 기초를 두어 행사되어야 하며 그런 범위를 벗어날 수 없다.

2. 국가권력의 원천과 국가형태

국가권력의 원천과 본성

맑스주의에 의하면 공산주의 제도가 완전히 이루어질 때 지배적인 구조를 갖는 국가는 쓸모없어지고 불필요해지기 때문에 '소멸'될 것이라 보았다. 국가의 지배구조는 계급사회에 기초를 둔다. 즉, 계급사회가 없어지면 한 사람의 다른 사람에 대한 지배가 없어진다. 대신에 모든 사람들이 사회생활을 위해 필요한 것을 인식할 것이고 서로 상의하면서 모든 것을 올바른 사회의식에 입각하여 공동으로 결정하고 좋은 마음으로 실현할 것이다. 지배는 사라지고 재화와 생산과정들에 대한 관리만 남게 될 것이다. 그러나 현실적으로 사회주의 국가들이야말로 가장 강력한 지배구조를 갖는다.

권한과 지배적인 구조가 필요 없는 국가는 유토피아이다. 큰 국가에서 모든 사람들은 여러 문제에 대해서 항상 공동으로 결정하기가 어렵고 불가능하며, 또 모든 사람들이 동의하기도 쉽지 않다. 사회생활을 위해서 필요한 것을 항상 올바른 의식으로 인식하기도 어렵고 특히 좋은 마음으로 한결 같이 실천하기는 더욱 어려울 것이다. 인간들이 가진 불완전성으로 말미암아 지배적인 권력구조가 작동하는 국가를 항상 필요하게끔 만든다. 그러나 모든 사람들이 윤리적으로 완전하다고 가정한다고 해도 하나의 공동목적으로, 즉 공동선의 목적방향으로 사람들을 조정해야 하는 필요성 때문에 국가와 국가권한을 일정부분까지 요구할 수밖에 없다. 이런 이유 때문에 토마스 아퀴나스와 성 아우구스티누스는 국가와 국가권한이 원죄 이후의 자연법이 아닌 본래의 자연법에 입각해야 한다고 생각했다. 그들에 의하면 만약 인간이 원죄를 통하여 타락하지 않았다고 해도 국가는 필요할 수밖에 없다.[109)]

국가는 사람들을 상대방으로부터 보호하고 문화와 복지질서를 건설하기 위해 그들을 다스리는 지시를 내릴 수 있어야 한다. 이런 점에서 국가의 권한과 지배구조를 없애는 것은 불가능하고, 또 바람직하지도 않다. 뿐만 아니라 국가는 필요시에 일정한 강제조치까지 취할 수 있어야 한다. 국가를 공익조직으로 보는 것, 즉 국가의 윤리적인 존재이유를 깨닫는 것이 중요하다. 왜냐하면 공익은 국가 권력구조의 윤리적인 존재이유가 되기 때문이다. 권한을 갖는 국가만이 공익을 구현할 수 있다. 공익질서를 제정하고 관철하는 권위기관들이 있어야 한다. 국가와 국가권한의 윤리적인 존재이유를 깨닫지 못하는 사람은 그 권한을 인정할 윤리적인 의무를 느끼지 않는다. 특히 자기에게 유익하지 않은 법을 지킬 의무를 느끼지 못한다. 이런 측면에서 공동선 실천의 필요성으로 말미암아 국가에게 권한, 곧 명령권과 강제권까지 부여하는 것이 정당화된다.

신학적으로 보면 국가권한은 하느님에 그 기초를 둔다. 자연법적 근거에 의하면 국가는 공익조직이다. 공익의 실천은 권위적인 국가구조를 요구한다. 하느님은 공익국가를 원하기 때문에 필요한 국가권한도 원한다. 따라서 국가권한의 마지막 근거는 하느님의 뜻에 둔다. 사도 바오로는 다음과 같이 말하였다. "누구나 국가의 권위에 복종해야 합니다. 하느님께로부터 오지 않은 권위는 하나도 없고 세상의 모든 권위는

---

109) 인간에게 원죄가 없었다면 국가의 강제권도 필요없을 것이다. 이미 모든 사람들이 스스로 항상 지혜로운 국가지도자를 따른 것이기 때문이다. 그것이 곧 낙원질서일 것이다.

하느님께서 세워 주신 것이기 때문입니다. 그러므로 권위를 거역하면 하느님께서 세워 주신 것을 거스르는 자가 되고 거스르는 사람들은 심판을 받게 됩니다. 그러므로 다만 하느님의 벌이 무서워서 뿐만 아니라 자기 양심을 위해서도 권위에 복종해야 합니다."[110]

이런 견해는 우리의 일반적인 국가이념과는 모순될 수 있다. 모든 국가권한이 국민에게 있다는 이념이 바로 그것이다. 특히 민주주의의 국가론에서 이 원칙이 강조된다. 그러나 여기에 반드시 어떤 모순이 있는 것은 아니다. 왜냐하면 국가권한은 하느님이 정부에게 부여한 것이지만 직접적으로 부여한 것이 아니기 때문이다. 물론 종종 이와 같은 직접적인 권력부여가 중세기부터 주장되어 오기도 했다. 군주는 직접적으로 하느님의 은총에 의해 그 권한을 받았다는 생각이 그것이다. 그것은 종종 절대주의 국가 이론의 근거가 되기도 했다. 그러나 중세기부터 벌써 또 다른 이론이 인정되었다. 국가권한은 원래 국민에게 주어진 것이라는 이론이 그것이다.[111] 국가권한은 원래 국민의 것이지만 국민이 이 권한을 군주 또는 정부에 위임하였다는 것이다. 따라서 국가권한이 국민의 것이라는 원칙은 모든 정통성을 가진 정부가 국민에게서 권한을 부여 받았다는 것을 뜻하지만 반드시 민주주의를 실천해야 한다는 것을 뜻하지는 않는다. 이런 이유로 가톨릭은 종종 특정한 국가형태를 옹호하지 않았다는 오해를 받기도 하였다.[112]

국가권한이 하느님으로부터 국민에게 주어진 것이라고 말할 수 있는 자연법적인 근거는 다음과 같다. 인간에게 사회적인 본성이 있는

---

110) 성경, 로마서 13,1-2,5.

111) Augustinus, Th. Aquinas, Suarez, Molina, Fr. de Vitoria 등이 국민주권을 주창하였다.

112) 좀 더 자세한 내용은 레오 13세 회칙, 「*Immortale Dei*(1885)」를 참조할 것.

데도 불구하고 인간은 자기 자신에 대해서 결정할 수 있는 권리를 받았다. 따라서 자기의 사회적인 생활에 대해서도 결정할 수 있다. 인간은 사회보다 더 이전부터 존재한다. 만약 사회생활에 대한 결정권이 없다면 인간은 최고의 가치로 여겨지지 않으며 공동체가 인간을 위해서 있다는 옳은 질서도 무시될 수 있다. 공동체는 인간을 위해서 존재하며 인간 자율의 존엄성을 존중해야 한다. 따라서 정부의 권한은 하느님으로부터 주어진 것이지만 직접적으로 주어진 것이 아니고 간접적으로 국민을 통하여 주어진 것이다. 이 이론은 '위임론'으로 불린다.[113]

국가형태

법치국: 국가권력의 행사방법

국가에 의해 행사되는 통치와 지배는 순수히 사람에 의한 지배가 아니고 법에 의한 지배이기도 하다. 국가는 어떤 제정된 헌법과 법체계에 의해 통치된다. 이 때문에 '법치국'이란 말을 사용한다. 먼 옛날 법이 없는 원시적 국가형태들이 있었지만 현재는 법 없는 국가형태를 찾을 수 없다. 모든 국가들은 명문화된 법체계에 의해서 통치된다. 그래서 국가의 정부기관들은 자유롭지 않으며 법에 구속될 수밖에 없다. 모든 국가의 통치행위는 법의 범위 안에서만 가능하다. 법은 정부보다 더 높은 권위를 갖는다.

법치국에 대한 반대는 절대주의 군주들의 통치로 나타났다. 절대

---

113) 레오 13세, *Dinturnum*(1891) 및 성청사목서간, *Acta Sanctae Sedis* 24 참조할 것.

주의 군주시대에는 전능한 군주들의 의사가 곧 법이었다.[114] 법치국이 갖는 가장 중요한 의미는 법에 의한 시민의 안전이었다. 시민은 법치국에서 정부의 행동을 어느 정도까지 예지할 수 있다. 시민은 국가가 자기를 어떻게 보호하고 도와주는지를 예지하고 그에 따라서 행동할 수 있다. 법에 의한 통치방법은 시민을 정부의 임의적인 지배로부터 보호할 수 있었고, 그런 점에서 시민은 법에 의해 확보된 질서 안에서 살 수 있었다. 절대주의 시대에는 군주들이 국가의 통치에 있어서 어떤 법에 의해서도 구속되지 않았다. 군주는 법 위에 군림하며 권위를 요구하였고, 그의 의지는 곧 법이었다. 따라서 시민들은 그(군주)의 임의적인 결정에 종속될 수밖에 없었다. 법치국의 목적을 달성하기 위해서는 법이 공포되어야 한다. 공포되지 않은 법은 준수될 수 없으며, 또 시민의 인권 보장에 도움을 줄 수 없기 때문이다.

법치국을 설정하기 위해 중요한 또 다른 관점은 다음과 같다. 인간은 원래 자유롭고 자결의 권리를 가진다는 사실이다. 즉, 자유와 자결은 인권에 토대해야 한다는 점이다. 따라서 다른 인간에 대한 인간의 지배(예: 정부의 시민에 대한 지배)는 언제든 문제의 소지를 안고 있다. 이 문제는 법치국의 설정을 통하여 일정부분까지는 해결될 수 있다. 왜냐하면 법치국에서 인간에 의한 지배는 결국 법에 의한 지배여야 하기 때문이다. 뿐만 아니라 이와 같은 법에 의한 지배를 통할 때 어떤 특정인의 임의적인 지배 대신에 정의에 의한 지배가 실천될 수 있다.

그런데 여기서 다루어야 할 더욱 시급한 현안은 '정의로운' 국가 권력의 행사에 관한 것이다.

---

114) 이 제도에서는 군주 이외의 입법자, 곧 권력의 분배라 할 수 있는 삼권의 분립이란 존재할 수 없었다.

법치국이란 국가가 권력자의 임의가 아닌 법에 의해서 통치됨을 뜻한다. 그러나 법체계는 다시 국가 권력자들이 만든 것이 아닌가! 법률제도는 결국 권위자들의 임의일 뿐이며 권위자들이 임의적으로 국가를 다스려야 함이 함의되어 있다. 그래서 사람들의 임의에 의해서가 아닌 법, 즉 인간에 달려 있지 않은 법에 의거해 다스릴 때 진정한 의미의 법치국가가 성립될 수 있다. 이처럼 사람들에 달려 있지 않은 법은 실정법이 아닌 자연법에 의해 가능하다. 국가의 권위를 초월하는 자연권 또는 인권이 인정되지 않으면 진정한 법치국은 성립될 수 없다. 자연법(인권)을 무시하는 국가는 형식적으로는 법치국일 수 있지만, 내용적(실질적)으로는 법치국이라 할 수 없다. 형식적으로 본다면 악법에 의해 통치되는 국가도 법치국이 될 수 있다. 이런 의미에서 본다면 세상에 법치국이 아닌 나라는 성립되지 않는다.

자연법을 무시하는 국가는 법률제도를 세우고, 또 그런 법률제도에 따라 다스린다 해도 이미 법치국이라 할 수 없다. 이 때문에 법치국이란 말이 성립되기 어렵다. 그러나 이 독일어의 '법치국(Rechtsstaat)'은 법이 국가에 의하여 지켜진다는 뜻이며, 동시에 윤리적으로도 옳은 법이 지켜진다는 뜻이다. 진정한 법치국은 정의에 의해서 통치되는 법치국을 말한다. '의치국'만이 옳은 법치국이라 할 수 있다. 이런 이유 때문에 입법자라 해도 자율적이라 할 수 없으며, 자연법에 의해 다시 구속될 수밖에 없다. 따라서 국가권한은 결국 윤리(자연법)에 의해 구속되어야 한다.

홉스(Hobbes, 1588-1679)에 의하면, "국가는 하나의 세상에서 사는 신이며, 무엇이 정당한지를 결정한다. 국가가 허용하는 것은 정당한 것이고 금지하는 것은 부당한 것이기에 국가는 도덕적인 선악의 내용까지도 결정한다."[115] 국가의 권능은 절대적이며 시민들은 절대적으로 종속된 자들이 된다. 그래서 국가를 창설하는 사회계약(민약)은 절대적인 '복종계약'이다. 이 사실은 종종 절대주의의 군주시대 국가론이 되기도 했다. 그렇다 하더라도 절대주의는 반드시 군주의 임의적인 통치를 뜻하는 것이라 할 수 없다. 왜냐하면 일반적으로 그들은 신과 이성을 기준으로 국가를 인정해야 하는 것으로 보았고, 또 국가의 목적(민약의 목적)이 사람들의 인권과 복지에 있다고 생각했기 때문이다. 통치자들은 그것을 달성하기 위해 사람들이 무조건 복종해야 한다고 보았지만 그러기 위해서 이성적인, 즉 합목적적인 질서를 세울 필요가 있었다.

인간은 원래 이기적 존재이기 때문에 자연법적 질서의 성립이 쉽지 않다. 모든 사람이 수용할 수 있는 합리적인 질서의 수립이 필요하다. 합리적 질서수립의 필요성 때문에 전체주의적인 통치자가 나타나기도 하였다. 그런데 이런 합리적인 질서는 인간들의 권리(예: 자결의 권리)라기보다 군주의 합리적인 질서(일종의 의사 합리적 질서임)를 위한다는 목적에 이용되기도 했다.

인간생활의 안전과 복지를 목적으로 하는 국가론은 비판의 대상이 될 수 없다. 예컨대 홉스가 말한 국가목적은 좋은 목적을 가진 것으로 볼 수 있다. 그러나 그는 이런 목적과 인간들이 행사하는 자연적인 권리들 간의 상호관계를 간과했다. 그가 말한 안전과 복지는 국가가 제공한 은총이라기보다 인간으로서 가진 자연법적 권리로 가능할 수 있기 때문이다. 인간이 사회계약을 맺기 전부터 혹은 국가가 인간 복지를 보증하기 이전부터 인간이 이미 그런 권리를 갖고 창설된 국가에게 요

---

115) 홉스, *Leviathan(the Matter, Forme and Power of a Common Wealth Eccesiatical and Civile)*(1651).

구할 수 있는 자연권을 부여받았기 때문이다.[116) 사람들이 갖는 권리가 무시된다면 인간의 행복은 실천될 수 없다. 이 지점에서 인간은 무조건적으로 자신의 행복을 통치자에게 맡길, 곧 위임할 필요성이 없게 된다. 왜냐하면 절대적인 '복종계약'이란 성립될 수 없기 때문이다.

　19세기의 법리실증주의 역시 자연법을 입법의 기준과 유효성의 기초로서 인정하지 않았다. 이 법리실증주의에 의하면 법들이 갖는 유효성의 유일한 이유는 국가가 법들을 실증한 것에서 찾았다. 국가법들이 어떤 행동을 허락하면 그것은 좋은 것이고, 그런 행동을 금지하면 그것은 나쁜 것이라 보았다. 이렇게 된다면 인간에게는 국가로부터 받은 권리 이외에는 그 어떤 권리도 보장될 수 없게 된다. 즉, 실정법에 입각하지 않은 권리는 성립될 수 없다. 이 이론의 결과는 독재주의 국가도 의로운 법치국가가 될 수 있으며, 사람은 무조건 그런 법을 따라야 하는 것이 된다. 이렇게 되면 상위기준이 없어지게 되며, 그런 점에서 국가가 세운 법들은 모두 정당한 것이 될 수 있다.

　법리실증주의와 같이 법리사회학주의 역시 자연법을 인정하지 않는다. 법리사회학주의에 의하면 권리(권리이념)는 어떤 특정의 문화권에 의하여 전제되는 것이다. 법리사회학주의에 따르면 권리는 절대적이지 않으며 상대적이라는 것이다. 그러나 어떤 문화권에 사는 사람들은 그런 권리에 익숙해져 있을 따름이며, 그것을 상대적이라 생각하지 않는다. 그런 권리가 자연적으로 주어진 것이라 본다. 또 이런 이유로 그 권리를 자연권이라고 부르기도 했다. 실정법은 이와 같은 상대적인 자연권에서 어긋나면 안 되는 것이기도 했다. 그러나 상대적인 자연법에 위배되는 행동이 절대적으로 안 된다는 논리는 성립되지 않는다.

---

116)　국가가 권리를 부여하기 전에 인간은 이미 그 권리를 부여받고 있었다.

올바른 법치국, 즉 '의치국'의 이념을 다시 한번 요약하면 다음과 같다. 국가는 두 가지 관점에서 절대적인 주권을 가질 수 없다. 그 첫째는 국가와 국가권력이란 인간을 위해서 존재해야 하고 인간에게 봉사해야 한다는 사실이다. 즉, 국가는 인간의 주인이 아니고 오히려 인간이 국가의 주인이어야 한다는 점이다. 이런 사실 때문에 국가는 인간을 통하여 규정되어야 한다. 국가의 목적은 인간완성에 있으며 이런 인간완성에 합당한 행동을 취하도록 하는 데 있다. 국가는 인간완성의 구현에 종속되어야 한다. 인간의 존엄성 때문에 국가는 이와 같은 의무를 갖게 된다. 물론 국가는 강권을 행사할 수도 있다. 봉사하지 않고 주인이 되고자 할 수 있다. 그렇지만 이런 경우에도 주인역할은 공익에 근거하여 수행되어야 한다. 국가는 일반적인 사람들의 복지를 위해 국가에 지워진 의무를 수행해야 한다. 국가는 인간에게 종속되어야 한다. 그 둘째는 신앙의 측면에서 보면 하느님만이 절대적인 주인이고 국가는 하느님의 계명에 구속되어야 한다는 사실이다. 자연법적 질서 그 자체인 하느님이 국가의 주인이고 국가는 하느님(자연법적 질서)에 따라 통치되어야 한다.

국가권한은 공동선에의 수단이 되고 윤리적인 근거에 바탕하여 행사되어야 한다. 국가권한은 윤리적인 목적에 종속되어야 한다. 바로 이 사실 때문에 국가권한의 집행도 윤리에 따라야 한다. 국가권한의 집행은 세상의 공동선을 목적으로 해야 하며, 그런 틀에서 인간 존엄성을 보장하는 범위를 벗어나서는 안 된다. 인간존엄성을 존중하지 않는 공동선의 구현은 그 자체가 모순적이며, 그런 국가권한의 행사는 인정될 수 없다. 국가와 정부의 권한행사는 윤리에 구속되어야 하며 윤리의 틀에서 벗어날 수 없다.

3. 국가권력의 한계와 저항권 및 국가창설

국가권력의 한계

국가권력은 본래 국민의 것이지만 사람들은 자신이 가진 권한을 정부에 위임한다. 공익이라는 이유 때문에 이와 같은 윤리적인 의무를 지게되는 것이다. 그렇지만 그것이 자기 책임으로 살아야 할 권리를 완전히 포기한 것이라고 할 수 없다. 이미 보았듯이 자유와 자결이라는 근본권리를 갖는 인간조건을 염두에 둘 때 국가는 '보조성'의 원리를 지키며 권한을 행사할 수 있어야 한다. 국가는 사람들에게 스스로의 자기책임 아래에서 살 수 있는 권한을 박탈할 수 없으며, 사람이 자기책임을 행사할 수 없는 영역을 보완해 주는 역할을 다할 수 있어야 한다. 국가는 '전체주의적'으로 인간의 생활을 조직해서는 안 되며 대신 인간의 자결권과 자유에의 권리를 보장해줄 수 있어야 한다. 그러한 자결권과 자유권리는 국가권력 효력범위의 한계로 볼 수 있는데, 국가권력은 자결권 행사의 범위를 넘어서서 간섭하면 안 된다.

국가는 다원주의를 허락하고 사상적인 관용을 실행해야 한다. 그렇지만 자신의 관심과 사상대로 사는 것에는 윤리적인 한계가 따른다. 그것은 공동선에 의해서이다. 바로 개인과 집단들의 고유이익은 공동선의 원리에 위배되지 않아야 한다. 이런 점에서 개인과 집단의 이기주의는 규제될 필요가 있다. 여기서 국가는 공동선을 보호하고 일정부분 간섭할 필요가 있다. 국가(권위자)는 대개의 경우 사상적인 중립성을 지켜야 한다. 그러나 특별히 공동선에 대한 근본가치들을 보호할 수 있어야 한다. 이와 같은 근본적인 가치에 대한 일반적인 동의 없이는 어떠한 국가도 오래 지탱될 수 없다. 또 국가는 종종 일정한 질서를 정해야만 한다. 국가의 근본적인 가치질서는 대개 헌법에서 명문화된다.

자기책임 있게 살 권리는 개인생활에 있어서 뿐만 아니라 사회생활에 있어서도 보장되어야 한다. 즉, 모두는 국가의 문화와 경제와 정치 생활의 형성에 참여할 수 있어야 한다. 우리는 다원주의의 원칙에 따라 민주주의적으로 살아야 하며, 동시에 다수는 소수에 대해 관용을 베풀 수 있어야 한다. 우리가 사상의 자유와 공동선 질서를 동시에 강조하기 때문에 모든 사람을 존중할 수 있는 타협질서의 설정이 아주 중요하다.

우리는 다원주의제도를 옹호하고 전체주의(집단주의)를 수용할 수 없다(예: 일당독재제도). 마찬가지로 공동선 원리를 강조하면서 이기적인 다원주의(개인주의)도 인정하기 어렵다.

가톨릭에서는 지난 세기부터 자주 이 문제에 대해 여러가지 의견을 표명하였으며, 사상적인 다원주의와 관용을 인정하고 옹호했다. 예컨대 가톨릭에서는 관용의 정신에 입각하여 종교의 자유를 인정해야 한다고 주장하였고, 심지어 국가가 이혼을 허락하는 것까지도 받아들였다. 그것은 악과 거짓을 인정하는 것이 아니라 인간에 대한 존중을 수용하는 입장이 반영된 것이었다. 교황 레오 13세는 진리를 강조하면서도 공동선 때문에 잘못된 사상과 행동이 허용될 수 있다고까지 했다.[117] 교황 비오 12세는 이 사실에 대해 몇 번이나 확인하였다. 공동선은 윤리적인 악을 억제할 의무보다 더 높은 기준이 되어야 한다(더 작은 해악을 선택해야 하기 때문이다!). 교황은 성경에 나오는 밀과 가라지의 비유를 인용하였다.[118] 즉, 하느님은 밀 때문에 가라지를 자라도록 내버려둔다. 교황 요한 23세는 모든 인간들의 존엄성과 평등성을 강조하면서

---

117) 교황은 성 아우구스누스(De libero arbitrio, 1,6)와 아퀴나스 (Sententiarum I , 19,9, ad3)의 가르침을 인용한다. 좀 더 자세한 내용은 레오 13세 회칙, '인간자유의 기원'을 다룬 Libertas Paestantissimum(1888)를 참조할 것.

118) 성경, 마태오 13,24-30을 참조할 것.

이 가르침을 확인하였다.[119] 제2차 바티칸 공의회에서도 역시 의견과 행동을 달리하는 사람이라도 그들의 인간적인 존엄성과 평등성 때문에 존중받아야 함을 인정하였다.[120]

국가권력에의 저항권

국가권한이 하느님에게서 온다면 그것은 절대적인 순종의 의무만 있고 저항할 권리는 없는 것처럼 들린다. 그러나 반드시 그렇지 않다. 왜냐하면 정부(국가)는 하느님의 법(자연법)을 따르며 자연법적 정의를 구현하기 위해서 권한을 부여받았기 때문이다. 국가는 자연법에 위배되면서까지 권한을 행사할 수 없다. 사도 바오로에 의하면, 통치자는 하느님의 '심부름꾼'이라고 하였다.[121] 즉, 정의구현이 없다면 어떤 권위도 성립되지 않는다는 사실이다. 성 아우구스티누스에 의하면, 정의를 인정하지 않는 정부는 '큰 깡패 집단'일 뿐이라고 했다.[122]

저항권은 성경에도 직접적으로 나타난다. 성경에 의하면 인간은 인간보다 하느님께 순명해야 한다.[123] 이 사실에서 우리는 저항권이 있을 뿐만 아니라 저항할 의무가 있음을 보게 된다. 국가는 시민에 대해서 절대적인 주권을 갖지 않으며 또 그런 권한을 행사해서도 안 된다.

국민은 원래 갖고 있는 권리를 정부에게 위임하지 않았던가? 이

---

119) 요한23세, *Pacem in terris*(1963), No. 9,14,157,158 및 요한 23세, *Mater et Magistra*(1961), 239.

120) 제2차 바티칸공의회, *Gaudium et Spes*(1963), 28,29.

121) 성경, 로마 13, 4.

122) 아우구스티누스, De civitate dei Ⅳ.4.

123) 성경, 사도행전 5,29.

말은 옳은 뜻이지만, 위임론에 의하면 저항권이 좀 더 쉽게 증명되고 설명될 수 있다. 즉, 국민이 권한을 위임한다면 그 권한을 다시 취소할 권리도 갖는다는 뜻이다. 바로 그것은 민주주의의 기본원칙인 것이다. 국민이 새로운 선거로 과거의 정부를 없애고 새로운 정부에게 국가권력을 위임할 수 있다. 국민이 권한을 정부에 위임한다고 해도 그 권한은 근본적으로 상실되지 않는다. 민약론을 주장하는 사람들(예: 홉스)은 자주 이것을 주장했다. 그러나 자세히 보면 국민은 권한 그 자체를 정부에게 넘기지 않고 그 권한의 집행만을 넘긴 것이 된다. 이 때문에 시민은 권한을 정부에 위임한 후에도 국가에 대한 관심과 책임감을 가져야 한다. 시민들의 무관심과 정치생활에 대한 불참여, 즉 저항하지 않는다면 그것이 종종 독재정권의 발생원인이 되기도 했다.

법리실증주의자들은 저항권을 인정하지 않았으며 대신 다음과 같은 이유로 그것을 정당화하였다. 사람들이 실정법들을 경우에 따라서 자기의 판단대로 생각하여 지키지 않으면 법적 안정성이 보장되지 않는다. 법적 안정성이 없으면 공익도 보장되지 않는다. 물론 법적 안정성이 공익을 위해서 중요하지만 인권을 실천할 수 없는 법적 안정성은 윤리적인 존재이유가 될 수 없으며, 결국 그것은 공익에도 모순된다. 공익을 보증해야 하는 법적 안정성이 인권을 유린한다면 사람들의 복지를 담보할 수 없다. 이와 같은 법적 안정성은 공익을 위한 수단으로 사용될 수 없는 한계를 갖는다. 그런 한계로 말미암아 법적인 불안정성의 위험이 도사릴 수 있고 따라서 인권에 위배되는 법률의 관철이란 정당화될 수 없다. 실정법주의자들이 주장하는 절대적인 법적 안정성은 한편으로 공익을 위한 위험을 막을 수 있지만, 다른 한편으로 인권에 저해되는 더 큰 해악을 초래할 수 있다.

국가창설

국가권한의 주체에 관한 이론은 국가창립론에 결정적인 역할을 한다. 국민에게 국가권한이 있다고 한다면 당연히 국가창설의 주역은 국민이다. 홉스와 루소가 주장한 자주적이고 자유로운 민약론을 국가의 궁극적 근거라 인정할 수 없다해도 구체적인 국가창설에 있어서 시민들의 이성과 국가를 구성할 뜻은 결정적 역할을 한다고 주장할 수 있다. 인간은 사회적 본성뿐만 아니라 자기자신의 사회적 삶에 대해서 스스로 결정할 가능성(권리와 의무)을 갖기 때문에 국가는 국가를 이루고자 하는 사람들의 뜻을 통하여 세워져야 한다. 개별 구체적 국가들은 국민의 찬성으로 창설되어야 하기 때문이다. 이런 찬성은 대개 직접적인 의지의 표현으로 나타나지 않지만 간접적으로, 곧 국가생활에의 참여를 통해 나타난다. 또 국가를 이루는 국민의 의지는 국가를 성립시키는 원인일 뿐만 아니라 국가를 지속적으로 구성하는 요인이 된다. 따라서 국가는 인간의 사회적 본성에 그 기초를 두지만 국가를 발생하도록 하는 구체적인 인간의 행동을 전제로 성립된다. 즉, 인간은 이성의 안내와 의지의 결정으로 자신의 사회적 본성을 실현해야 한다. 이 때문에 성 아우구스티누스은 국가의 창설을 '사회계약(pactum societatis)'에서 담아내고 있다.[124]

국가의 창설에 있어서 국민의 뜻이 결정적이기 때문에 결국 국가형태에 있어서도 국민의 뜻은 결정적이다. 군주국가, 민주국가 등의 국가형태를 선택하는 것은 국민의 과제이다.[125] 국가를 이루는 것은 국민

---

124) 아우구스티누스, *confessionum*. Ⅲ.8.

125) 이러한 견해는 소위 말하는 앞에서 살폈던 위임론에도 포함되어 나타난다. 자세한 내용은 레오 13세, '국가권력의 기원'에 대해 다룬 *Diuturnum*(1881)을 참조할 것.

의 권리이지 어떤 권력자가 장악할 수 있는 권리라 할 수 없다. 다시 말해 어떤 권력자든 마음대로 자기 자신의 지배하에 사람들을 모을 수 없다. 예를 들면, 로마 황제와 일본 천황이 했던 것처럼 마음대로 국가를 창설할 수 없다(식민지 국가). 이와 같은 형태의 국가가 역사 속에서 또 실제로 나타나기도 했지만 그것은 윤리적 차원에서 정당화될 수 없다.

시민들은 스스로 연합하여 국가를 만들었다. 국가는 지배자의 뜻으로 이뤄진 것이 아니고, 사람들의 연합에의 뜻이 모여서 시민들이 단일국가를 만든 것이다. 한 통치기관 밑에서 하나가 된 것은 시민들이 한 국가를 이루고 싶다는 뜻과 의지의 그 결과이다. 한 나라 국민이 되려는 마음이 있는 시민들은 한 통치기관을 정당한 것으로 인정한 것과 맥락이 닿는다. 이런 국민의 일치원인은 본래 사람들의 뜻과 의지였다. 그리고 한 통치기관 밑에 있다는 것은 조직적 일치의 실현으로 볼 수 있다.

소수 민족들로 구성된 국가는 큰 어려움을 겪을 수 있다. 즉, 종종 소수민족들은 다른 민족의 한 부분으로 살 마음이 없으며 독립적 국가를 구성하여 살아가려 한다.[126] 국가의 창설에 있어서 종종 혈통적인 연결이 큰 역할을 하지만 그것은 국가를 구성할 주요 원인이라 할 수 없으며, 오히려 국민의 의지가 결정적인 역할을 한다. 시민들의 의지가 결정적이라는 사실로 미루어볼 때 국가와 민족은 구별되어야 한다. 한민족에 속한 사람들도 여러 국가를 구성할 수 있다. 국가가 필요하다고 할 때 한 민족이 항상 하나의 국가를 이루어야 하는 것으로 볼 수는 없다.

---

126) 예를 들어, 티벳, 러시아 소수민족, 유고연방 등의 독립운동을 생각해 보라. 지금까지도 계속되는 세계사적 현상으로 끊임없는 분리 독립 운동이 이어지고 있음을 상기할 필요가 있다.

4. 국가성립 : 인간완성

이상에서 국가윤리와 국가권력의 문제를 가톨릭의 입장에서 바라보고 다루어왔다. 주지하듯이 가톨릭은 서구사회의 정치경제, 사회문화 등 여러 영역들이 형성·성장·발전하는 데 중요한 구실을 하였다. 아울러 오늘날 우리가 토대해 삶을 살아가는 민주 정치체계도 바로 서구적 제도를 도입·적용한 것이라는 사실에서 가톨릭의 영향을 간과할 수 없다. 서구 근대국가론을 둘러싼 제반 논의는 가톨릭의 입장과 밀접한 연관을 갖는다.

국가기원과 본성, 국가목적, 국가권력의 원천과 본질, 국가권력을 행사하는 방식 등을 다루었으며, 덧붙여 국가권력의 한계와 효력범위, 국가권력에의 저항권과 국가창설 등을 포괄적으로 검토하였다. 이런 논의를 통해 국가론의 근저에 깔려 작용하는 국가윤리를 밝히려 하였다. 그것은 왜 국가가 존재해야 하는지, 국가가 수행해야 할 임무와 과제 대한 정치윤리적 시각을 형성하며, 나아가 국가와 시민들 간의 적절한 관계를 모색하는 데 있어서도 중요한 시사점을 제공한다.

가톨릭은 자연법의 입장에서 국가론을 바라본다. 이 사실은 필연적으로 하느님의 모상으로 창조된 인간본성을 반영한다. 가톨릭에 토대한 국가론은 자연법의 원리에 그 바탕을 두고 성립되었으며, 그것은 동시에 인간적인 자아실현의 보장으로 연결될 수 있다. 가톨릭에서 전제하는 국가는 자연법 원리와 가치를 반영한 것으로서 인간의 자유로운 행복실현과 사회적 공동선의 구현에 둔다.

국가성립은 인간의 완성에 그 중요한 목표를 둔다. 국가는 모든 시민들의 완성, 곧 공동선의 실현을 중요시한다. 공동선을 실현하기 위해 국가는 여러 가지 물질적·정신적인 선익과 가치들을 창출·보호하는 제도를 정비해야 한다. 국가가 수행해야 할 가장 중요한 가치는 인간의 자유로운 자아실현이다. 이 자유로운 자아실현은 인간을 행복하게 하고 윤리적으로 인간을 완성시킨다. 자유로운 자아실현으로 말미암아 인간은 행복해질 수 있고 윤리적으로 완성에 도달할 수 있다. 국가야말로 인간의 자유로운 자아실현과 이를 통한 공익질서를 구현할 수 있는 가장 적극적 방식이라 보기 때문이다.

가톨릭은 몇 가지 국가형태 중에서 인간의 자유로운 자아실현에의 권리를 가장 존중하는 제도를 민주주의에서 찾았다. 왜냐하면 민주주의는 사생활과 어떤 사회생활의 자유(예: 경제적인 생활의 자유)를 허락할 뿐 아니라 정치생활의 자유를 허락하기 때문이다. 물론 독재제도도 사생활과 그 밖의 몇몇 사회생활의 자유를 허락할 수 있다. 그렇지만 정치적인 자유를 부여하지 않으며, 무엇보다도 자유를 빙자한 독재를 일상화할 수 있다. 이런 점에서 민주주의는 그 자체로 정치적인 자아실현을 뜻하고, 이에 의한 인간성의 완성을 추구한다. 자유로운 자아실현을 고려하고 보증하는 문제에서는 일정부분 차이가 있을 수 있다. 바로 이 점이 우리에게 있어서 중요하며 결정적이라 할 수 있다. 인간이 갖는 자아실현의 차이를 인정하는 것은 민주주의 핵심전제이기 때문이다. 아울러, 인간존엄을 존중하고 보장하기 위해서는 물질적 복지보다 인간의 자유로운 자아실천에 더 높은 가치를 두어야 한다.

6장

자연법과 국가론

가톨릭에서는 인간의 자연적 본성이 원죄에 의해 손상을 입고 약해졌다고 하면서도 하느님에 의해 창조된 인간의 본성은 여전히 남아 있으며, 또 그렇게 인식될 수 있음을 인정한다. 이런 이유에서 가톨릭의 근본입장은 국가존재를 자연법에 입각해 바라보고, 또 긍정적으로 인정한다. 가톨릭에서는 국가 그 자체와 국가의 올바른 질서를 인간이 인식할 수 있는 자연법에 근거하여 바라본다. 국가에 대한 자연법적 견해는 성경의 여러 곳에서 확인된다. 그렇지만 성경에서는 국가에 의한 완전한 사회제도의 설정에 대해 충분히 제시해주지 않는다. 창조질서와 계시된 질서는 하느님의 뜻에 그 기초를 두기 때문에 성경은 자연에 의하여 인식된 창조질서를 반영한다.

가톨릭의 입장에서 볼 때 자연법적인 질서는 하느님의 계획, 곧 하느님의 법에 의한 질서를 말하다. 하느님은 인간을 창조하면서 국가(사회)설립을 그 토대로 삼았다. 국가를 인정하는 것은 창조주의 뜻에 적합한 것이다. 국가는 하느님의 뜻에 맞게 제정되었다. 교황 레오 13세는 국가에 대해 다음과 같이 말하였다. "원래부터 인간은 시민사회에서 살도록 태어났다. 왜냐하면 인간은 혼자서는 생활에 필요한 부양과 복지를 얻을 수 없고, 또한 그와 마찬가지로 정신과 감성의 도야 역시 불가능하기 때문이다. 따라서 하느님의 안배는 인간으로 하여금 가족적 공동체뿐만 아니라 시민적이기도 한 공동체 안에서 태어나 살도록 해놓으셨다."[127]

가톨릭에서는 국가를 자연적인 공동체, 곧 인간본성에 맞는 공동체라는 점에서 그 윤리적 정당성을 찾는다. 즉, 국가공동체를 이루며 조화롭게 살아가는 개인은 자신의 본성에 맞게 행동하고 윤리적으로 올바르다고 본다. 국가의 근거는 자기자신의 완성뿐만 아니라 다른 시민들의 완성에 둔다. 공동선 질서에 입각해 국가를 운영한다면 국가생활의 과정에서 모든 사람들은 상호적으로 완성될 수 있다. 이 사실은 윤리적으로 올바르며, 또 마땅히 수행되어야 할 바람직한 것이다. 이 사실은 국가존재를 윤리적으로 정당화하는 근거가 되기도 한다. 또 이 사실은 가톨릭에서 견지한 전통적인 자연법 윤리로서의 의미일 뿐만 아니라 이타심의 윤리로서 국가존재를 정당화할 수 있다.

이 장에서는 가톨릭 국가윤리의 근거를 가톨릭에서 거부되는 국가론과 옹호되는 국가론으로 나누어 살펴보고 그렇게 바라보는 근거를 살펴본다. 이런 논의를 통해 가톨릭 국가론의 핵심이 자연법적 가치질서와 밀접히 맞닿아 있음을 밝히고, 아울러 그런 자연법적 질서는 실정법에 입각한 국가론 성립의 토대(혹은 근거)임을 다룬다. 그것은 바로 인간존엄을 보장할 수있는 국가윤리의 근거가 될 수 있기 때문이다.

---

127) Leo 13(1885), *Immortale Dei*(그리스도인의 국가건설에 관해), Nr.2 참조할 것.

이 장의 구성은 크게 네 부분으로 이루어진다. 첫째, 국가형태를 둘러싼 몇 가지 가능성을 살피며, 이어 가톨릭에서 거부되는 국가론과 옹호되는 국가론의 근거를 살펴서 국가에 의한 인권과 공동선 실현의 가능성을 타진한다. 마지막으로 자연법적 가치실현에 적합한 가톨릭의 국가론이란 어떤 모습을 하는지에 대해 논의한다. 이런 시도를 통해 가톨릭 국가론을 둘러싼 우리 인식의 지평을 넓히고자 하며, 아울러 오늘날 우리 삶의 근거인 국가론에 대한 우리 이해 폭을 확장하고자 한다.

1. 국가형태

국가의 윤리적인 목적과 존재이유는 공익실현이다. 이런 공익실현과 함께 국가는 인간의 자유를 존중해야 한다. 국가의 본질적 목적은 같을 수 있지만 국가형태는 다양할 수 있는데, 그것은 같은 목적이 여러 가지 형태로 추구되고 실천될 수 있기 때문이다. 어떤 국가형태가 가능하며 어느 형태가 가장 적합할 것인지를 논의하기에 앞서 국가형태에 대해 좀 더 살펴볼 필요가 있다. 국가형태는 국가권한 행사와 밀접한 관련을 맺기 때문이다. 국가권한의 문제는 다음 두 가지로 구별된다. 첫째, 누가 국가권한을 행사하는가? 둘째, 그 권한은 어떻게 행사되는가?[128]

---

128) 주권 소재여부에 따른 국체라기보다 주권행사방식에 따른 정체에 의한 분류에 한정하여 국가형태를 논의하고자 한다.

민주주의

민주주의는 democracy의 번역어로 국민이 주인으로서 직접 통치함을 말한다. 이런 점에서 민주주의는 국가권한을 원래 가지는 자, 곧 국민이 국가권한을 행사함을 뜻한다. 국민이 권한행사를 한다는 것은 근본적으로 두 가지 방법으로 가능하다. 즉, 국민은 권한을 직접적 혹은 간접적으로 행사할 수 있다. 국민이 직접 어떤 문제에 대해 투표로 결정한다면 민주주의가 실천된다고 할 수 있다. 이 때문에 직접민주주의는 국민투표에 의한 민주주의라 할 수 있다. 그러나 그것은 아주 제한된 의미로 가능하며, 또 바람직한 것이라 할 수 없다. 대개의 경우 국민은 권한을 간접적으로 행사한다. 즉, 자신의 권한행사를 선출된 대표자들에게 위임하여 간접적으로 통치한다. 여기서 국민은 대표자를 통하여 권한을 행사하기 때문에 그것을 대의민주주의라 할 수 있다. 그러나 대의민주주의에서는 국민의 이름으로 통치자를 임명할 뿐만 아니라 그렇게 선출된 통치자를 감독할 수 있다. 이런 이유에서 민주주의에서는 정기적으로 선거를 실시하며 효과적으로 정부를 감독할 수 있어야 한다.[129]

민주주의에서 정부는 자립적으로 존재하지 않으며 국민의 뜻에 영향을 받는다. 민주주의에서 국민은 투표(다수결)로 통치한다. 즉, 투표를 통해 국민이 후보자 중에서 대표자가 될 사람을 확인하거나 거부하고 제안된 어떤 정책을 확인하거나 거부한다. 반면에 국민은 후보자를 임명할 수 없으며 정책을 기획할 수도 없다(국민 그 자체로서 이것을 할 수 없다!). 국민의 통치활동은 아주 작은 영역에 불과하다. 물론 그 작은 역할이 결정적인 영향을 행사할 수 있다. 우리는 민주주의의 두 측면, 곧 직접 민주주의와 간접 민주주의를 구분할 수 있다. 이 두 가지 민주주의

---

129) 정부의 직접적인 임명과 감독은 민주주의의 중요한 특징이라 할 수 있다.

형태들은 하나의 특정 민주주의 국가에서 가능할 수 있기 때문이다.

민주주의 국가에서는 삼권분립이 실천된다. 즉, 세 가지 종류의 국가권한을 구별할 수 있는데, 그것은 입법권, 사법권, 행정권이다. 삼권분립제도에서는 각기 다른 사람들이 이 세 가지 권한을 행사한다. 삼권분립이 민주주의에서 실재하지만 그것은 민주주의의 특징이 될 수 없다. 그 이유는 다른 국가형태에서도 삼권분립이 가능할 수 있기 때문이다.

군주국가

군주국가는 특정의 한사람이 모든 국가권한을 행사하는 제도로서, 삼권분립이 인정되지 않는다. 보통 군주는 국민에 의해 선출되지 않으며 자기의 권한을 군주가문의 소속자로 상속한다. 다른 한편에서 군주는 선출될 수 있다. 현대의 군주국가에 있어서 군주가 모든 국가권한을 가지는 경우는 거의 없다. 즉, 원래의 군주이념이 제대로 실천되지 않는다. 따라서 군주의 권한이 어느 정도 충실한가에 따라 군주국가 형태는 세 가지로 구별될 수 있다.

절대주의적 군주국가

군주는 국가의 모든 권한, 곧 입법권과 행정권과 사법권을 갖는다. 뿐만 아니라 군주는 법 없이 모든 것을 결정하였고 절대적인 순종을 요구하였다: "짐은 곧 국가다." 군주의 의지는 법이었다. 군주는 법체계(실정법)에 종속되지 않았으며 그 위에 있었다. 이런 제도는 요즘 아주 드문 것이 되었지만 17, 18세기 유럽의 몇몇 절대군주들은 종종 하느님으로부터 권한을 직접 받았다고 주장했다.

입헌 군주국가

입헌 군주국가에 있어서 국가권한의 행사시 군주는 헌법에 구속된다. 헌법에서 군주와 시민들의 권리와 의무를 정하고 무엇보다도 시민들에게 국가권한의 행사에 참여할 권리도 주었다. 행정권과 입법권 행사에 있어서 특히 계급 대표자들(장인, 귀족 등등)이 공동결정권을 행사했다. 이는 권리장전(Bill of Rights, 1689)으로 불리는 것으로 17세기 영국에서 처음으로 생겼다.

민주주의적 군주국가

이 군주국가 형태는 표면상의 군주체제라 할 수 있다. 그것은 군주가 국가권한을 행사하지 않고 국민이 민주주의 체제를 통하여 권한을 행사하기 때문이다. 군주는 상징적으로 국민을 대표하는 자일뿐으로, 상징적이고 형식적으로 국가원수의 기능을 발휘한다. 그러나 군주는 새로운 정부와 법률을 확인할 권리와 거부할 권리를 가진다(예: 영국). 군주는 의원내각제에서 대통령이 하는 기능을 발휘한다. 여기서 두 가지 민주주의가 구별될 수 있다. 선출된 대통령이 국가의 원수인 민주주의(보통 공화국으로 불림)와 왕이 국가의 원수가 되는 민주주의가 그것이다.

독재국가

독재주의는 국민을 탄압하는, 곧 인권을 무시하는 강압 통치형태이다. 독재주의는 절대주의적 군주제처럼 모든 국가권한이 한 사람에 의해 행사된다. 다만 다음과 같은 차이가 있다. 즉, 절대주의적 군주제는 헌법으로 제정된 제도가 아닌 국민이 일반적으로 인정하는 지속적인 통치제도이며, 이에 반해 독재주의 체제는 국민을 인정하지 않고 국민을

과도하게 강요하는 지배체제로서 정통성이 보장되지 않는다. 따라서 국민에 의해 지지받지 않고 독재자의 의지에 의해 발생되고 유지되는 통치체제이다. 독재주의는 제도라고 하기 어려운 점이 있다. 독재자가 물러나면 그 독재주의는 곧이어 끝날 수 있기 때문이다. 독재주의적 통치는 본래 법에 구속되지 않은 자의적인 성격을 띤다. 그러나 대부분의 독재주의자들은 먼저 법체계를 조직하고 자기 자신에게 독재적 권한을 주는 헌법을 만들어 통치하고자 하였다. 특히 조작된 선거를 실시하여 정권을 장악하고, 그런 과정을 거쳐 독재주의를 제도화하려 했다. 그 뒤 독재자가 물러나면 또 다른 새로운 독재주의자가 합법적으로 집권할 기회를 갖게 된다. 그래서 독재주의는 일정기간 동안 지속되는 제도가 될 수 있다. 즉, 입헌 독재체제가 발생할 수 있다. 과거 독재체제는 종종 혁명으로 생겼지만 현대의 독재자들은 합법적인 행동을 내세우면서 집권한다. 독재자가 기존의 법들을 남용하고 조작하면서 권한을 장악할 수 있다. 또 현대의 독재주의 국가에서는 삼권분립을 내세우지만 사실은 위장된 분립일 수 있다.

독재개념에 의하면 독재주의는 정통성이 없는 집권으로 생긴 통치행사이다. 그러나 본래 정통성이 있는 정부의 부당한 권한행사도 독재주의로 불린다. 민주주의적으로 선출된 정부에 있어서도 법과 인권이 무시되면 독재주의로 불릴 수 있다.

2. 가톨릭에서 거부된 국가론

개인주의적 국가론

가톨릭교회는 국가에 대한 자연법적 근거를 주장하고 국가생활을 인간의 자연적인 완성으로 본다. 국가론의 역사에 의하면 국가의 뜻이 항상 적극적으로 평가되지 않았고 무엇보다도 국가의 자연법적인 근거가 잘 인정되지 않았다. 계몽주의 시대부터 국가는 자유로운 계약의 문제로 여겨졌으며, 그 계약의 목적은 개인들의 자기보존으로 생각되었다.

홉스(1588-1679)는 인간의 사회적인 본성을 부인했고 인간을 개인주의적이며 이기주의적 존재로 여겼으며, 국가는 개인들을 다른 사람으로부터 보호해야 하는 조직으로 보았다. 또 인간을 구속하는 자연법의 존재를 부인했고, 원래부터 완전한 자유가 보장되야 하는 것으로 보았다. 즉, 자유라는 자연법 이외에는 아무런 법도 성립되지 않는 것으로 보았다. 그러나 이와 같은 자연법은 사실상 법이 없는 상태였다. 그 결과 개인들은 서로 싸우고 서로가 서로를 누르는 현상이 나타났다. 그렇지만 사람들은 좋지 못한 자연 상태를 고치기 위해서 스스로 자유로운 사회계약 또는 민약을 체결하고자 했다. 여기서 국가의 목적은 인간의 사회적 본성을 구현하고 완성하는 것이 아니라 개인을 다른 사람으로부터 보호하는 것에 두었다. 국가는 다름 아닌 평화와 안전을 보장할 사명을 가져야 했다. 또 국가창설도 인간의 자율적인 일에 속하는 것으로서 윤리적 의무를 지울 수 없는 것으로 생각했다.[130]

로크(1632-1704)는 홉스와 비슷하게 국가에 대해 소극적으로 생각했다. 자유로운 민약으로 창설된 국가는 서로의 자유를 속박하고 서로 착취하는 상태를 극복하는 기관이어야 한다고 보았다. 다만 그에 의하면 타락한 사회 상태는 인간의 자연 상태가 아니고 인간은 원래 이기적이지 않다. 따라서 타인의 자연법적 권리를 지키며 자유롭게 살아야 하는 것으로 보았다. 이런 점에서 인간은 자연법적 특성을 띤다. 그러나 인간들의 잘못된 행동으로 사회생활이 타락되었으며, 그에 따라 국

---

130) T. Hobbes(1651), *The Matter, Forme, and Power of Common wealth Ecclesiastical and Civile*, 최진원 역(2009), 『리바이어던』, 동서문화사.

가의 창설이 필요하게 되었다. 국가의 근거와 존재이유는 인간 본래의 사회적 본성의 구현이 아니고 타락에 빠질 인간의 사회생활을 구하는 데 있다.[131] 국가는 개인주의적으로 이해된 인간들을 보호하는 데 한정되어야 한다. 이 때문에 국가는 자의적이고 자율적인 인간의 과제이며, 무엇보다도 개인을 보호하는 권한과 강권조직으로 여겨졌다. 즉, 국가는 인간본성의 완성에 대해 적극적이고 건설적인 역할을 할 필요가 없는 것으로 인식되었다.[132]

　　루소(1712-1788)가 바라본 국가론의 출발점은 로크의 출발점과 비슷하다. 그러나 그에 의하면 국가는 적극적인 목적을 수행할 필요가 있다고 보았다. 즉, 국가생활의 협동을 통해 인간에게 큰 이익이 생길 수 있다는 것이다. 국가설립의 근거를 국가의 유용가치가 갖는 의의 때문에 민약에서 찾았다. 인류의 본래 상태에서는 국가가 없었고 또 필요하지도 않았다(개인주의적 사회상태). 계몽주의 시대는 사회보다 개인의 가치를 강조하였고(개인주의), 그리하여 자유주의의 국가론이 옹호되었다.

　　자유주의의 국가론은 인간본성을 개인주의적으로 보고 인간보호를 국가의 유일한 목적으로 여겼다. 국가의 과제는 필요불가결한 몇몇 공공시설(예: 학교, 도로)을 제외하고 소극적으로 인간의 자유를 보호하는 것에 두었다. 국가가 적극적으로 사람의 생활에 개입하고 도와줄 필요를 느끼지 않았다. 사람은 모든 것을 자기책임으로 수행해야 하며, 따라서 야경국가론이 옹호되었다. 국가가 개입할수록 하느님으로부터 예정된 자연적 조화는 파괴되었다. 따라서 국가는 감독국일 뿐이고 문

---

131)　로크에 의하면 이런 이유 때문에 원래 국가의 존재는 없어야 하며, 또 마땅히 필요하지 않은 것으로 보았다.

132)　J. Lock(1690), *Two Treatises of Government*, 강정인 역(2007),『통치론』, 까치글방 11장 참조할 것.

화국과 복지국 역할로 나아갈 수 없었다.

절대적 국가주권의 국가론

국가창설은 인간의 자유로운 선택사항이었다. 즉, 국가는 인간의 자연적 본성에 의해서 요구된 것으로, 하느님으로부터 제정된 것이 아니라 순수한 인간의 일로 생각되었다. 따라서 사람은 국가권한을 행사하는 주체일 뿐만 아니라 그 권한의 마지막 원천이었다. 이런 입장에서 사람은 자주적, 자율적으로 국가를 창건할 수 있으며, 하느님 앞에서 어떤 책임을 지지 않았다. 그 권한은 하느님으로부터 받은 것이 아니었기 때문이다. 이런 자유로운 민약론의 결과로 결국 국가가 하느님과 같은 최고의 윤리적 심판자가 되었고 선과 악에 대해서도 역시 결정자가 될 수 있었다(홉스). 루소가 말한 일반의지(투표로 결정된 국민의 의지가)는 항상 틀림없이 좋은 것(예컨대, 공동선)을 원하고 그 의지가 진리를 보증하는 것으로 여겨졌다. 국가는 절대적이고 최고의 기준이 되는 자율적인 기관으로 다른 기준에 더 이상 구속될 필요가 없었다.[133]

그것은 프랑스혁명의 국가론이 되었다. 프랑스혁명 때 지도집단인 쟈코뱅 당은 절대적인 국민주권을 주장했다(그것은 유럽 여러 나라에도 깊은 영향을 미쳤다). 그들에 의하면 국민이 또는 선출된 국민의 정부가 절대적 입법권을 가진다고 보았다. 국민주권에 개인인권을 대립시키자는 학파들도 있었지만 대개는 그렇게 받아들이지 않았다. 국가가 절대적이면 국민은 절대적으로 복종해야 하는 것으로, 곧 국민은 윤리적인 이유에서 반대할 수가 없었다. 그러나 이와 같은 절대적 국가권한을 주장한다고 해도 그들이 반드시 하느님을 부인한다고까지 할

---

133) J, J. Rousseau(1762), *Du Contract social, ou principes du drotit politique*, 김중현 역(2010),『사회계약론』, 팽귄클래스코리아.

수는 없었다. 계몽주의 시대에서는 하느님이 여전히 인정되었지만 하느님이 세상에 더 이상 간섭해서는 안 되는 것으로 보았다(이신론). 인간은 이성을 발휘하여 자율적으로 세상을 정리할 수 있는 사명과 권리를 갖게 되었다. 절대주의 군주국가론에서는 군주권력을 하느님의 은총으로 받은 것이라 보고 군주는 하느님 계명에 구속된다고 가르쳤지만, 국민주권을 강조하는 계몽주의 시대의 사상가들은 권력이 국민에게서 나온다고 생각하고 이 같은 구속을 인정하지 않았다.

자유로운 민약 이론과 절대적인 국민 주권론은 법실증주의에서 서로 상반되는 해석에 직면한다. 즉, 국가주권이 절대적이면 국가가 인정해야 할 인권이란 있을 수 없다는 사실이다. 국민 또는 국민의 대표들(정부, 국회 등)이 최고의 입법권을 가지며 더 높은 권위에 구속되지 않는다는 것이었다. 이런 상황에서는 국가에서 더 강한 사람들이 자신들의 이익대로 법을 만들고, 그렇게 제정된 그들 세력의 권리가 타당성을 갖게 되었다. 그것은 공동선을 추구할 절대적인 뜻과 진리란 존재하지 않으며 윤리는 제멋대로의 기분에 따라 좌우될 수 있는 상황에 처하게 되었다. 호르크하이머는 노년에 이르러 다음과 같이 말했다. "실증주의 입장에서 보면 윤리적인 정치는 있을 수 없다. 더 높은 기준이 없으면 미움이 사랑보다 더 나쁘지 않다. 불리한 일이 나에게 생기지 않으면 미워해야 할 어떤 이유도 생기지 않는다. 또 하느님의 의지가 없으면 절대적인 뜻과 진리가 있을 수 없으며 윤리는 제멋대로의 기분에 따라 좌우될 수 있을 뿐이다. 강한 사람들이 제멋대로 가치체계를 제정할 수 있을 따름이다(예: 나치즘). 국가가 인정해야 할 기본 가치들도 더 이상 주어질 수 없다."[134]

---

134) M. Horkheimer(1947), *Zur Kritik der instrumentellen Vernunft*, 박구용

가톨릭교회는 국가권한이 궁극적으로 국민에게서 나온다는 이론을 심각한 것으로 받아들였으며 무엇보다 이러한 권한이 최종적으로 하느님에게서 나온다는 말에 견주어서 바라보았다. 민주주의에 대한 비판은 항상 다음의 주장에도 귀기울일 필요가 있다. 주권을 가진 국민은 하느님과 윤리를 인정해야 하고, 아울러 국민에게 절대적인 주권이 주어질 수는 없다.[135)]

사상에 의한 집단주의적 국가론

공산주의에서는 계급이 소멸되면 국가도 자동으로 사라지는 것으로 보았다. 그러나 이 단계에 도달하기에 앞서 무산계급의 독재주의가 등장할 수 있다(사회주의 국가). 무산자계급의 독재주의는 가장 심한 형태의 집단주의에 해당된다. 왜 그런가? 맑스주의에 의하면 인간본성에 부합하는 생활은 개체적 생활이 아닌 사회적 생활이다. 이런 상황에 개체적 생활의 가치는 쉽게 무시될 수 있다. 사회주의는 국가를 인간의 사회적 본성이 강제를 통해서 드러나야 할 것으로 바라보았다.

사회주의 국가관에 입각한 집단주의 제도는 바로 세계관의 결과에 따른다. 이런 국가관에서는 다양한 사상과 그런 사상에 따라서 살고 활동하는 것을 허용하지 않는다. 세계관적으로 볼 때 중립적이지 않은 국가는 특별한 공식적 세계관을 강요하며, 생활을 규격화시키고 또 사람을 전체목적에 종속시키는 경향이 있다. 국가가 세계관적으로 중립적이지 않으며 공식적 사상을 요구할수록 그 국가는 집단주의 경향을

역(2006),『도구적 이성비판』, 문예출판사, pp. 200-204.

135) Leo 13(1891), *Diuturnum*(국가권력의 기원에 관해), Nr.11 참조할 것.

띤다.[136] 즉, 집단주의적인 세계관 국가 상황에서는 정치적 다양성뿐만 아니라 문화적, 경제적 다양성과 자유를 보장하지 않는다. 예술까지도 세계관적 목적에 구속되어 예술을 위한 예술이 거의 불가능하다. 국수주의 국가는 세계관 국가와 불가분의 관계를 맺는다.

일정한 민족의 영광과 세력, 국가의 문화 등이 국가의 존재이유로 여겨지고, 시민들을 국가의 권리와 목적에 희생시키며 이런 국가목적에 복종하도록 강요한다. 국수주의는 잘못된 국가공리주의를 초래할 수 있는데, 곧 국가의 목적만이 유익한 것이고 올바른 것으로 간주될 뿐이다. 그래서 국가에 유익한 것이 윤리적 차원에서 정당한 것으로 수용된다. 그렇지만 국가공리주의는 인간존엄성을 무시하기 때문에 인정될 수 없다. 공익과 인간의 사회적 본성을 무시하는 자유주의 국가론이 거부될 뿐만 아니라 인간의 자유와 개체성을 무시하는 집단주의 국가론도 마찬가지로 거부된다. 이에 비해 인간의 사회적 본성과 개체성을 동시에 인정하는 국가론이 정당한 것으로 수용될 수 있다.[137]

비윤리적 강권정치 국가론

국가는 윤리적 이념에 토대해야 한다. 국가는 인간을 위해 있으면서 공동선 실현에 노력할 필요가 있다. 정치와 윤리는 일정한 관계를 맺는다. 아리스토텔레스에 의하면 정치는 인간의 존엄성을 존중하고 정의의 원

---

136) 사회주의 국가뿐만 아니라 그 밖의 특정이념을 공식적인 국가사상으로 강요하는 국가도 세계관 국가에 해당되며, 어느 정도의 집단주의적 성격을 지니는 것으로 볼 수 있다.

137) 인간의 사회적 본성과 개체성을 동시에 충족시킬 수 있는 국가론은 공익과 보조성의 원리에 충실할 때 가능함에 유의할 필요가 있다.

리를 실천해야 한다. 그렇지만 역사에서 정치와 윤리는 종종 분리되었다. 윤리적 정치는 강압정책으로 대신되기도 했다. 그것은 역사적인 사실이 되었을 뿐만 아니라 이론적으로도 정당화되기도 하였다. 마키아벨리(1469-1527)는 세상 사람들이 악하기 때문에 착하게 살고 싶은 사람이 성공할 수 없다고 주장하였고, 효과적으로 통치하고 싶은 군주가 필요할 때 강한 힘으로 지배해야 한다고 주장했다. 기만, 배신, 책략, 계약위반, 공갈, 매수, 특히 폭력 등과 같은 통치수단을 동원할 필요가 있었다. 그에 의하면 권력에의 의욕이 정치가의 가장 큰 덕행이라 할 정도였다. 국가는 선악과 관계없는 권력기제에 불과하다고 보았다(기계론적인 국가론). 그렇지만 정치와 윤리가 분리될 때 국가주권은 절대적이다. 이런 그의 생각은 이후 마키아벨리즘으로 불리 된다.[138]

그가 추구한 국가를 둘러싼 근본생각은 '국가에 의한 정당화'에서 잘 나타났다. 특히 19세기 민족국가론을 주장했던 사람들은 종종 마키아벨리의 권력정책을 주장하기도 하였다. 권력정책은 선악의 기준에 더 이상 구속되지 않으며, 곧 공동선을 실천하는 수단이 아닌 자기목적과 그 자체의 가치로 변화되었다. 권력은 권력 때문에 권력을 위하여 집행될 뿐이고, 정치는 권력에의 의욕을 실현할 뿐이었다. 즉, 권력은 즐기는 대상이 되었다. 국가의 필요성을 시민보호를 위한 권력사용에서 그 정당성을 찾을 수 있지만 그 권력사용은 악을 막는 마지막 수단으로 인식되었다.

여기서 부정의 악순환이 발생할 수 있다. 심지어 이런 국가론은 독재주의의 합리화로 이어질 수 있다. 공산주의 이데올로기에 의하면 국가의 역사는 비윤리적 세력행위의 역사일 뿐이다. 국가는 역사에서

---

138) Machiavelli, Niccolo(1532), *Il Principe*, 변용란 역(2009),『군주론』, 아름다운날.

항상 다른 사람들을 누르는 한 계급의 세력수단이었다. 예를 들면, 지난 세기부터 국가는 시민계급(혹은 유산계급)이 무산계급을 누르는 수단으로 작용하기도 했다. 국가의 근거는 일정한 계급들의 이기심과 권력 욕심에 둔다. 그러나 이런 요인이 국가구성에 어떤 영향을 끼쳤다고 말해도 가장 중요한 요인이었다고 할 수 없다. 계급을 넘어서서 권한을 행사하는 법치국가가 생겨날 수 있었고 또 법학의 역사에서 보듯이, 법체계를 만드는 이유는 누구를 억압하려는 것이 아닌 약한 사람을 보호하는 것에서 찾았다.[139]

신정국가론

국가의 최종근거를 신의 뜻에서 찾을 때 신정국가론이 인정될 수 있다. 이 이론에서는 국가의 대표자로서의 왕을, 육체를 지니고 지상에 나타난 신이라 가르친다. 또 왕을 '구세주'라고 보았으며 심지어 숭배하기도 하였다(예컨대 몇몇 로마황제, 잉카황제, 또 중국과 일본의 황제는 이와 같은 신적 숭배를 받았다). 또 다른 신정국가론에서는 자립적인 정치적 국가권력을 인정하지 않았으며, 사제들이 국가권력을 행사할 권리가 있다고 가르치기도 했다.[140]

중세기 몇몇 신학자들은 교황에 대해서도 비슷한 이론을 주장하기도 했다. 즉, 교황은 교회에 대한 최고의 영적권한을 가질 뿐만 아니

---

139) 맑스주의와 그의 신봉자들은 종종 이와 같은 소극적인 법학사를 가르치고 주장하는 경향이 있다.

140) 한때 그리스도교 역사에서 나타났듯이, 예루살렘의 신전사제들만이 정치적 지배를 행사할 권리를 가졌다고 보았으며, 이 때문에 로마황제에게 세금을 내는 것까지도 거부하였다.

라 하느님으로부터 세속적 질서에 대한 최고의 권한을 부여받았다고 가르쳤다. 이 상황에서 정부는 교황의 심부름꾼에 불과할 따름이었다. 그렇지만 이런 신정국가론은 성경과도 모순된다: "카이사르의 것은 카이사르에게 돌리고 하느님의 것은 하느님께 돌리라고 말씀하셨다."[141] 무엇보다도 교황을 지상에 나타난 신으로 말한 주장에 대해서는 어떤 논리적인 근거를 찾을 수 없다.

3. 가톨릭에서 옹호된 국가론

시민의 자유와 자기책임을 인정한 국가

그렇다면 바람직한 국가형태는 어떤 것인가? 그에 대한 답은 국가를 평가하는 기준에 영향을 받는다. 그 기준은 다음의 두 가지가 고려되어야 한다. 국가의 이상적 목적(존재이유)은 무엇인가? 어떤 국가형태가 이 목적을 가장 잘 달성할 수 있는가? 예컨대 국가권력을 최상의 가치로 여긴다면 독재제도는 아주 좋은 제도로 보일 수 있다. 독재체제는 그런 목적을 가장 잘 달성할 수 있기 때문이다. 그렇지만 국가목적을 인간의 완성에 둔다면, 다시 말해 국가목적을 모든 시민들의 완성, 곧 사회의 공동선 실현에 둔다면 상황은 달라진다. 공동선 실현을 위해 국가는 여러 가지 물질적, 정신적 선익과 가치들을 창출하고 보호하는 제도를 제정해야 한다. 다시 한번 강조되어야 할 것은 국가가 보호해야 할 핵심적 가치는 인간의 자유로운 자아실현이다. 이런 자유로운 자아실현은 인간을 행복하게 하고 윤리적으로 완성시킨다. 자유로운 자아실현이 없

---

141) 성경, 마르 12,17; 1디모 2,3; 2디모 1,10.

는 공익질서는 어떤 경우에도 성립될 수 없다.[142]

그러면 공익을 잘 실현하는 국가형태는 어떤 모습일까? 어떤 국가도 공익을 완전히 잘 실현할 수는 없다. 원칙적으로 보면 언급된 어떤 형태의 국가에서도 국민의 물질적, 정신적 선익과 가치들을 창출하고 보호하고자 한다. 예를 들면, 독재체제와 민주체제는 모두 사람들의 물질적 복지를 보증하려 한다. 물론 독재체제는 통치자가 복지 대신 집단주의적, 국수주의적 목적을 설정할 위험이 더 클 수 있다. 그러나 그것은 필연적이라 할 수 없다. 모든 국가형태들은 적어도 어느 일정 정도의 공동선을 실천하는 데 관심을 둔다. 다만 자유로운 자아실현을 고려하고 보증하는 문제에 있어서 큰 차이가 대두될 수 있는데, 바로 이 점이 중요하며 결정적이다. 그것은 인간존엄성을 존중하기 위해서(결국 인간의 행복한 삶을 위해서) 물질적 복지보다 자유로운 자아실현에 더 중요한 가치를 부여해야 하기 때문이다.

국가형태 중에서 민주주의는 인간의 자유로운 자아실현에의 권리에 중요한 가치를 부여한다. 민주주의는 사생활과 어떤 사회생활의 자유(예: 경제적인 생활의 자유)를 허락할 뿐만 아니라 무엇보다도 정치생활 그 자체의 자유를 허락하기 때문이다. 사생활과 사회생활의 자유는 다른 제도들에서도 허락될 수 있다. 예컨대 독재제도에서도 몇 가지에서 자유가 주어진다. 그러나 정치적 자유는 잘 주어지지 않는다. 이런 점에서 민주주의 그 자체는 정치적인 자아실현을 뜻한다.

정치적 자유는 하나의 인권에 속한다. 즉, 자결의 권리를 갖는 자유로운 인간은 시민으로서 정치생활 그 자체를 자유롭고 자기책임 있

---

142) W. Klein, & H. Ludwig & K. J. Rivinius(1976), *Texte zur katholischen Soziallehre II*, Bundesverband der Katholischen Arbeitnehmer-Bewegung Deutschlands. pp. 44-45.

게 결정할 권리를 가진다. 이 때문에 국가생활도 자기책임 있게 할 권리가 있으며 그러한 정치권한은 국민에게 속해야 한다. 민주국가는 국가권한이 원래 국민에게 속한다는 원칙이 가장 잘 고려된다. 이런 점에서 국민은 사생활뿐만 아니라 사회생활도 자유롭게 할 수 있는 권리가 있고, 이 권리를 지키는 것이 중요하다. 인권의 관점에서 보면(윤리적인 측면) 민주제도는 가장 바람직한 제도이기에 실천으로 이어질 수 있어야 한다.

역사에서 국가권한의 행사에 시민이 참여하는 것은 그렇게 중시되지 않았다. 즉, 그런 시민참여가 가장 좋은 국가형태의 기준으로 인정되지 않았다(예: 플라톤, 아리스토텔레스). 민주주의보다 더 중요한 기준은 정의, 복지, 공동선, 질서, 물질적 성장 등이었다. 그렇지만 정치적 자아실현이 갖는 의미는 무엇보다 중요한 가치이며, 이런 이유 때문에 보조성의 원리가 정치영역에서도 실천될 필요가 있다. 예컨대 중앙정부 차원의 민주적 선거뿐만 아니라 지방에서도 국민의 대표자를 민주적으로 선출할 수 있어야 한다. 전체국가의 민주화는 물론 지방에서의 민주화도 요구된다. 보조성의 원리에 의하면 개인과 작은 생활 공동체는 가능한 자유로운 자아실현의 기회를 요구할 수 있으며, 그것은 윤리적으로도 정당한 것이다.[143]

시민들의 정치적 자아실현은 무엇보다도 지도자들(정부)의 선거를 통하여 실천된다. 그러나 정부를 계속해서 효과적으로 감독하는 것

---

143) 지방자치제는 지방지도자를 선출할 수 있는 가능성을 뜻할 뿐만 아니라 지방이 중앙정부의 간섭 없이 많은 문제를 자립적으로 해결할 수 있음을 의미한다(예: 경제정책, 문화정책, 자율성). 그렇지 않으면 지방지도자들의 선거가 별의미가 없어지게 된다. 보조성의 원리에 설 때 연방국은 중앙집권 국가보다 바람직하다고 할 수 있다.

도 중요하다. 그것은 민주주의가 허락하는 시민의 정치적인 자아실현이기도 하다. 정치적 시민의 자아실현이 선거를 통해 이루어질 수 있다. 그런 감독의 필요성 때문에 민주제도는 좋은 제도이고 선택할만한 제도라고 할 수 있다. 이런 감독은 아주 중요한 목적을 갖는다. 국가권력자들은 공익을 실천해야 하는데, 권력자들이 권력남용과 능력의 부족 때문에 이런 목적을 잘 실천할 수 없다(예컨대, 독재자들은 국가권력을 개인적이고 국수주의적이며 집단주의적 목적을 위해 쉽게 남용한다). 국가의 윤리적 목적을 실천하기 위해 국가의 권력자들을 선거해야 할 뿐만 아니라 그들을 감독할 수 있어야 하며, 또 필요한 경우에 따라서는 교체할 수 있어야 한다. 따라서 민주주의제도 하에서 정부는 국민 앞에서 자신의 행동을 정당화할 수 있어야 하며, 또 국민에 대해 책임질 수 있어야 한다.

권력이 분산된 국가

권력행사를 감독하고 그 남용을 막기 위해 삼권분립이 요청된다. 권한이 여러 사람에게 분산되면 권력은 자동으로 제한될 수 있다. 즉, 권한이 나누어지면 한사람의 수중에 집중된 권력이 더 이상 큰 영향을 미치지 못하며, 권력은 더욱 전문적으로 행사될 수 있다. 삼권분립은 이런 이유에서 요구된다. 권력분립은 권력자들이 서로를 감독하는 효과를 나타내기도 한다. 예를 들면, 헌법재판소는 입법권 행사를 감독한다.

특히 시민생활을 직접적으로 규정하는 행정권 남용을 막기 위해 정부도 감독될 필요가 있다. 이 때문에 시민은 정부의 행정조치에 대해서 중립적 법원에 소송을 제기할 수 있어야 한다. 입법권을 갖는 독립적인 기관(국회)이 정부를 감독할 권리와 의무를 갖는다. 예컨대, 의회민주제도에서 국회가 정부의 행정을 감독할 뿐만 아니라 필요시 해산할

수 있다. 많은 나라에서 아주 중요한 행정조치에 있어서는 국회가 행정
권 행사에 직접적으로 참여하기도 한다(예컨대 국회는 정부가 내린 긴
급조치에 대한 결정권을 갖는다). 무엇보다도 정부는 직접적이든 간접
적이든 입법권과 사법권을 동시에 행사할 수 없다. 삼권분립은 권력행
사의 감독과 권력의 균형 있는 분산에 그 목적을 둔다.

전문적으로 행사된 국가권력

민주주의는 국민에 의한 통치라 할 수 있지만 정부가 국민을 통치하는
경우가 대부분으로서, 곧 권력기관 없는 국가는 존재할 수 없다. 국가번
영을 위해 가장 좋은 사람이 선택되고 그들이 통치를 담당하는 것은 바
람직하다. 여기서 좋은 통치자를 선택하는 최고의 방법은 정치적 경쟁
을 통해서 가능하다. 그것은 민주주의가 갖는 장점이다. 즉, 민주주의에
서 개인정치가와 정당은 국민의 찬성과 위임을 받기 위해 경쟁한다. 이
런 정치경쟁은 능률경쟁이다. 당선자는 능률경쟁의 승리자이다. 국민은
후보들의 능률을 평가하고 권력을 위임한다. 민주주의의 정치경쟁은 서
로를 파괴하는 것이 아니라 서로를 자극하여 정치가들의 노력과 실행능
력을 향상시킬 수 있다. 그러므로 정치경쟁을 없애려는 것은 정치를 좀
더 평화롭게 할 수 있지만 바람직한 것이라 할 수 없다. 정치경쟁이 가능
한 민주주의에서는 독선적 정책이 실행되는 것을 막을 수 있으며 상호
간의 의견을 정치에 반영할 수 있다. 이런 방식으로 옳은 정책이 추진될
때 일정 부분 실수가 방지될 수 있다. 더 많은 사람들의 관심을 고려하는
타협정책이 실현 가능하게 된다.

국가번영을 위해 가장 좋은 사람들이 통치하는 것을 바람직한 것
으로 본다면, 직접적 민주주의(국민투표 민주주의)보다 간접적 민주주
의(대의제 민주주의)가 대체로 더 나을 수 있다. 즉, 모든 문제에 대해

서 국민이 직접 투표하는 것은 항상 가능하지 않으며, 또 바람직하다고 할 수 없다. 각 사람이 모든 문제에 있어서 충분한 전문지식을 갖고 있지 않으면 옳은 결정을 할 수 없기 때문이다. 전문가에게 결정을 위임하는 것이 좋을 수 있다. 또 다른 측면에서 개인욕심이 개제될 수 있어 모든 사람들이 항상 올바른 양심적 공익에 입각한 결정을 내릴 수 없다. 이런 점에서도 결정은 공익에 대해 책임을 지는 사람에게 맡기는 것이 낫다고 할 수 있다. 야스퍼스는 대중이 아닌 정치적 엘리트에 의한 통치의 필요성을 주장했다. 플라톤은 철학자들이 통치하는 국가가 가장 좋은 국가라 말했고, 아리스토텔레스와 토마스 아퀴나스도 가장 좋은 사람이 통치할 것을 요구하면서 군중정치를 비판하였다. 그들은 대중이 직접 통치하는 것을 위험한 것으로 보았다.

국민이 전문가에게 결정을 위임하는 것이 좋으면 그들은 '자유로운 위임'을 할 수 있어야 한다. 위임받은 대의원들은 자유롭게 자신의 전문지식과 양심에 입각해 제대로 결정해야 한다. 진리는 다수에 의해 결정될 문제가 아니기 때문이다. 또 대의원들이 자기의 양심을 버릴 수 없기 때문에 대의원들은 다수사람들이 원하는 것을 알고 결정하기보다 자신의 전문지식과 양심대로 결정해야 한다. 즉, 윤리적으로 옳은 결정을 하도록 노력해야 한다.[144] 국가권력자들은 대중의 꼭두각시로 행동할 필요가 없다. 또 정부와 대의원들은 어떤 정당의 인형이 되어서도 곤란하다. 정당의 지시에 의해 결정해서는 올바른 권력위임자라 할 수 없다. 이런 점에서 국회에서 의원은 어떤 정당의 방침에 따라 무조건 투표할 의무는 성립되지 않는다. 즉, 의원이 투표할 때 그는 특정정당의

---

144) 이런 윤리적 결정의 기준은 다수의 뜻이라기보다 공익에 입각한 기준에 토대해 결정을 내려야 한다.

대표자가 아닌 국민의 대표자여야 한다. 정당이라기보다 국민이 정부와 의원을 임명했고 또 그런 사명을 부여했다. 정당은 다만 후보자들을 임명할 권리를 갖는다.

국민이 대표자를 선출한 이후 정당은 그를 강제할 권리가 없다. 정부는 전체국민의 정부이고 어떤 정당의 지시를 받을 수 없는 것과 같이 의원도 전체국민의 대표자여야 한다. 그러나 국민의 대표자들은 보통 정당의 노선대로 행동하는 경향이 있다. 그것은 특정정당의 노선을 옹호하지 않는다면 그는 처음부터 그 정당의 후보가 될 수 없기 때문이다. 또 정당은 당원들에게 압력을 가하기도 한다. 정당이 계급이해 단체가 될수록 집단이익은 공동선을 앞설 위험이 높다. 물론 그런 집단이기주의는 공동선의 미명으로 옹호되기도 한다. 국민의 대표자들은 대중이 원하는 것을 넘어서서 국민의 복지 또는 공동선에 입각하여 생각하고 결정해야 한다. 왜냐하면 그것은 대중의 자의적 이해관계 위에 있는 기준이고, 공동선 또는 윤리의 법(하느님의 법)에 입각한 기준이기 때문다. 결국 국민의 이름을 넘어선 공동선의 이름으로서 통치되고 입법될 필요성이 있다. 이런 점을 염두에 둘 때 정부와 대의원들이 자기의 양심대로 공동선을 실천할 수 있도록 노력해야 하기 때문에 때때로 인기 없는 조치를 취할 용기가 필요하다. 이 지점에서 공동선에 대한 관심은 선거승리에 대한 관심보다 앞서야 한다.[145]

전문성과 상식을 연결하는 민주주의

민주주의에서는 국민신뢰에 입각한 전문가(정치가)들이 중요한 결정

---

145) W. Klein, & H. Ludwig & K. J. Rivinius(1976), pp. 67-69.

을 내린다. 국민은 다음과 같은 결정을 주로 한다. 국민이 선거할 때 일정한 정치적 목적과 정책을 실천하기로 약속한 후보들을 선출함으로써 정치의 일반적인 방향을 선택한다. 그러나 선거 뒤 약속이 지켜지지 않고 새로운 목적들이 설정되고 정책이 바뀔 수 있기 때문에 국민이 원래 원했던 방향은 바뀔 수 있다. 물론 다음 선거가 치러질 때까지 국민은 현재 정부의 정치적인 성과에 대해서 판단하고 자신의 뜻대로 정치방향을 다시 바꿀 기회를 갖기도 한다. 이 모두를 염두에 둘 때 지배의 주체와 대상이 동일하다는 민주주의 원칙은 지나친 것으로 볼 수 있다.[146]

그러나 국민이 통치에 참여할 수 없다고 말할 수는 없다. 국민은 통치하는 사람들을 임명하고 감독하고 필요시에는 바꾸기도 한다. 그렇게 함으로써 어느 정도 간접적으로 정치의 방향을 정하기도 한다. 그렇지만 민주주의에서 정부는 국민의 관리자일 뿐만 아니라 국민의 통치자이기도 하다. 즉, 민주주의에서는 행정권, 입법권, 사법권을 행사하는 기관이 있으며, 국민은 그런 기관의 명령에 따라야 한다. 민주주의는 시민에게 일반적인 자유를 주는 제도가 아니고 자유보다 특별한 정치적인 권리들을 허락하는 제도이다. 물론 정치적인 자유는 그런 권리를 실행할 수 있는 전제조건에서 가능하다. 민주주의는 전문가결정과 국민결정의 혼합제도이다. 국민은 전문적인 정책(예: 경제정책)을 기획할 능력이 없지만 전문가가 제시한 일반적인 정책의 방향에 대해서는 상식적으로 판단할 수 있다. 그들은 투표를 통해 다수결로 전문가의 제안을 확인하거나 거부할 수 있다.

특히 국민은 정책의 결과를 보고 그 정책과 정치가들의 능력에 대

---

146) 이런 이유 때문에 무솔리니는 민주주의를, 즉 국민주권을 종이로 만든 왕관(장난감)에 불과하다고 말했다. 국민은 실제로 세력을 갖지 못한다는 것이다.

해 판단할 수 있다. 그러면 민주제도에서는 전문가와 대중이 서로 보충하며 양쪽 모두가 정치에 참여한다고 볼 수 있다. 민주주의라는 말은 국민이 통치함을 뜻하지만 사실상 국민이 직접 통치하는 것보다는 여러 가지방법으로 통치에 참여한다는 말이 더 적합하다. 전문가들이 독단적으로 결정하면 국민의 소원이 종종 무시되고, 국민이 혼자서 결정하면 전문적인 결정을 제대로 내릴 수 없다. 이런 이유 때문에 양쪽이 함께 조화롭게 결정할 수 있어야 한다.

우리는 지금까지 대의제 민주주의를 옹호하였고 가장 바람직한 정치형태로 제시하였다. 그러나 우리는 국민투표에 의한 직접 민주주의를 완전히 배제하지 않는다. 중요한 근본문제에 대해서(예: 국가형태에 대해서) 온 국민이 직접적으로 결정하는 것이 바람직하다. 이와 같은 결정들이 흔치 않기 때문에 국민투표가 가능하며 그것은 특별한 전문가의 결정이라 할 수 없다. 어느 정도의 대의제 민주주의와 국민투표에 의한 민주주의의 혼합제도가 바람직하다. 그렇지만 직접적인 민주주의에서도 국민은 전문가들의 제안을 확인하거나 거부할 수 있다. 국민통치는 다수결로 제시된 후보자 또는 정책을 확인하거나 거부할 수 있기 때문이다.

4. 가톨릭과 국가론

사회계약론에서는 국가권능을 절대적이며 그런 권능에 시민들이 절대적으로 복종해야 하는 것으로 본다. 인간은 원래 이기적인 존재이기 때문에 국가목적을 달성하기 위한 자연법적 질서란 존재하지 않는 것이다. 이런 상황에서 군주는 합리적 질서를 정해야 한다고 보며, 바로 여기서 전체주의적 통치가 요청되기도 하였다. 홉스에 의하면, "국가는 하나

의 세상에서 사는 신이며 무엇이 정당한지를 결정한다. 이를테면 국가
가 허용하는 것은 정당한 것이고 금지하는 것은 부당한 것이며, 따라서
국가는 도덕적 선악의 내용까지도 결정한다."[147]

　　가톨릭교회는 국가형태에 있어서 근본적으로 중립적이다. 윤리
(혹은 종교)가 존중된다면 가톨릭은 어떤 국가형태에 대해서도 거부하
지 않는다. 가톨릭의 입장에서는 정부형태보다 공동선의 실천을 더 중
요한 기준으로 바라보기 때문이다(정의기준).[148] 특히 국가권한은 공
동선에의 수단이 되고, 또 윤리적 근거에 입각한 윤리적 목적에 종속되
어야 한다. 이런 점에서 가톨릭의 국가론은 '법치국'을 넘어 '의치국'이
더 타당하다고 본다. 그것은 국가와 국가권력이 인간을 위해 존재하고
인간을 위해 봉사할 수 있어야 하기 때문이다. 이 사실은 인간이 국가의
주인이어야 함과 맥락이 닿는다. 또 신앙의 측면에서도 하느님은 절대
적 주인이고 국가는 하느님 계명에 구속되어야 한다. 하느님이 국가의
주인이고 국가는 하느님(자연법적 질서)에 따라 통치되어야 하기 때문
이다.[149]

---

147)　홉스(1651)는 국가를 '인조인간', 즉 인간이 만들어낸 거대한 인간적인 존재로
　　　기술한다. 리바이어던은 단순한 인민의 집합체와 구분되는 독자적 성질을
　　　갖고 있으며, 왕과 검으로 상징되는 공권력과 머리로 상징되는 정치적 지도에
　　　인민은 따라야 하는 것으로 보았다.

148)　레오 13(1891), *Renm Novarum*(새로운 사태), Nr.26 및 *Leo 13*(1890),
　　　Sapientiae Chreistianae(시민인 그리스도인에 관해) 참조할 것,

149)　국가권력이 하느님으로부터 온다고 해서 절대적 순종의 의무만 있고, 저항할
　　　권리가 부정되는 것은 아니다. 국가는 자연법에 위배되는 것까지 권한을
　　　행사할 수 없으며 무엇보다 자연법적 정의구현을 위해 권한을 부여받았기
　　　때문이다. 이런 점에서 국가권력에의 저항권도 동시에 인정된다. 이는
　　　성경(사도행전 5,29)에서도 분명히 나타난다: "인간은 인간보다 하느님께
　　　순종해야 한다." 이 사실에서 저항권이 있을 뿐만 아니라 저항할 의무가

그렇지만 가톨릭은 모든 국가형태를 같은 가치로 평가하지 않는다. 가톨릭은 지난 세기 동안의 잘못 이해된 국민주권이론으로 말미암아 민주주의를 특별하게 지지하지 않았지만, 오늘날에 이르러 민주주의를 가장 적합한 국가형태로 인정한다. 비오 12세는 자기책임 있게 정치에 참여하고 정부를 감독할 시민의 권리에 대해 특별히 강조하였고, 이 지점에서 민주적 국가형태를 '이성이 요구한 자연적인 것'이라 불렀다.[150] 요한 23세와 제2차 바티칸공의회 문헌에서도 역시 시민들의 참정권을 강조하였으며,[151] 민주주의를 재차 강조하였다. 요한 23세는 국가권한의 분산을 강조하였다. 그러나 가톨릭은 민주주의의 상세한 구현에 대해서는 별다른 가르침을 내놓지 않고 있다. 대체로 가톨릭에 의하면 민주주의를 근본적으로 바람직한 국가형태로 바라본다는 입장을 견지한다.[152]

정치에 대한 시민참여

민주주의는 국민이 직접 통치하지 않고 국민이 임명한 정부가 직접적으로 통치한다. 그러나 나라의 통치는 공식적으로 정부의 것으로서, 국

있음을 분명히 하였다. 정용교·Herbert, Wottawah(2009), "가톨릭의 입장에서 바라본 국가윤리와 국가권력",『윤리연구』제74호, 244~245.

150) 비오12세의 국가론를 둘러싼 자세한 논의는 김춘호(1998), 258쪽 참조할 것.

151) Joannes 23(1961), *Mater et Magister*(어머니와 교사) 및 Joannes 23(1963), *Pacem in Terris*(지상의 평화) 그리고 제2차 바티칸 공의회(1963), *Gaudium et Spes*(기쁨과 희망) 참조할 것.

152) 가톨릭교회는 역사적인 사정으로 인하여 다른 정부형태를 인정할 수 있는 개연성을 갖고 있음도 부인할 수 없다.

민이 직접적으로 영향을 행사할 수 없고, 국민은 비공식적으로 정부에 참여할 수 있다. 그것은 민주주의의 비공식적인 집행으로, 바람직하다고 할 수 있다.[153] 언론의 자유를 갖는 시민은 정치적인 의견(대안, 비판, 찬성)을 언론매체를 통해 표명하면서 영향을 끼칠 수 있다. 언론매체를 통하여 형성된 여론은 민주주의에서 큰 세력이다. 언론을 통해 여론이 형성되고 그것은 다시 선거에 지대한 영향을 미친다. 유권자에 달려 있는 정치가는 여론을 무시할 수 없다. 또 여론의 압력을 받을 때 정치가들의 책임감이 제고되기도 한다. 직접 정치적인 영향을 가하는 또 다른 방법은 권익단체들을 구성하는 것이다.

권익단체는 정부와 정당에게 요구하며 연구를 토대로 전문적 견해를 제안한다(때로는 로비를 하기도 한다). 권익단체는 압력단체이기도 하다. 권익단체를 구성하는 것은 좋지만 권익단체의 영향력이 너무 강하면 좋지 않다. 권익단체 역시 공동선 원리에 구속되어야 한다. 예컨대 평화적인 정치운동은 하나의 세력을 가하는 방법일 수 있다. 운동하는 사람들이 여러 방법으로(예: 데모, 서명운동 등) 정치적인 영향을 끼치고 자신의 목적을 달성하려 한다. 이 때 목적은 어떤 집단이익이 될 수 있으며, 또 공동선이 될 수도 있다. 시민들은 정치운동에 공식적으로 참여할 수 있고 자유롭게 실천할 수 있어야 한다. 일정한 수의 시민들이 서면으로 무엇을 요구하면 국회는 그 문제에 대해 결정할 수 있어야 한다. 시민들은 특정 시민단체 활동을 통해 정치적 영향력을 행사할 수 있다. 특히 정당은 그러한 정치적 엘리트를 양성해야 할 의무를 갖는다. 또 정당이 그런 정치프로그램을 만들고 정치에 대한 관심을 유도할 수 있다. 물론 정당의 결성은 시민의 일에서 비롯된다.

---

153) 이런 점에서 민주주의는 국민이 통치에 참여하는 형태를 취한다.

민주주의의 장점은 국민과 전문정치가에 의한 합동통치(협치)에서 나타난다. 정부가 전문적으로 결정할 수 있다 해도 국민의 이해와 관심을 고려해야 한다. 아울러 국민도 전문적인 자문이 나올 수 있도록 비판적 역할을 수행할 수 있어야 한다. 이런 점에서 가톨릭에서는 정치에 참여할 수 있는 가능성을 그리스도 정신 실현의 좋은 기회를 제공하는 것인 동시에 세상질서에의 깨어있는 관심이 필요한 것으로 바라본다.

다수결 통치의 올바른 행사

먼저 민주주의가 가장 좋은 국가형태라 할 수 있지만 그렇다고 완전한 이상이라고 할 수는 없다. 거기에는 몇 가지의 문제점이 도사리고 있다. 민주주의는 국민의 통치를 뜻하지만 대개 국민의 지배는 대표자들의 임명에 국한된다. 뿐만 아니라 전체국민이 그것을 결정하지 않는다. 다만 선거 때 다수가 결정에 참여해야 하며 소수의견이 잘 반영되지 않는다. 물론 여론이 변할 수 있고 다수와 소수가 바뀔 수 있다. 즉, 오늘 소수에 속한 사람이 내일 다수에 속한 사람이 될 수 있고 결정하는 위치에 설 수 있다. 언제나 같은 사람들이 결정하고 다른 사람이 항상 양보하지는 않는다. 어떤 사람들이 항상 양보해야 하는 것은 좋지 않으며, 모든 사람이 항상 자기의 의지를 관철할 수 있는 제도도 존재하지 않는다.[154]

다음으로 민주주의는 다수를 위한 제도일 수 있지만 반드시 그런 것은 아니다. 또 잘못 운영되면 다수에 의한 독재가 될 수 있다. 이런 점

---

154) 이 때문에 다수가 아니라 대다수가 중요한 문제에 있어 동의하고 찬성하는 것이 바람직하다. 즉, 중요한 결정을 실현에 옮기기 위해서는 온 국민의 협조가 중요하다. 예컨대 헌법 제정 등이 좋은 예이다. 찬성하는 숫자가 너무 적으면 결정을 실행에 옮길 수 있는 기초가 미약할 수 있다.

에서 민주주의는 다수를 위한 제도라 하기에 어려운 점이 많다. 다수는 정부구성을 결정하고 공동선을 위해 꼭 필요한 질서(가치질서)를 다수결로 결정해야 한다. 예를 들어, 경제에 있어서 다수는 중앙통제제도나 시장제도의 제정에 대해서 다수결로 결정해야 한다. 그러나 공동선이 어떤 문제의 통일된 규정을 요구하지 않을 때 소수는 자유롭게 행동할 수 있는 기회를 누릴 수 있어야 하며 소수도 유익한 타협질서에 참여할 수 있어야 한다. 민주주의의 정신은 타협정신으로 타협을 할 수 있을 때 다수가 아닌(소수를 포함한) 전체국민이 결정한다고 할 수 있다. 즉, 이러한 경우가 가능할 때 온 국민이 지배한다고 말할 수 있으며, 그것은 타협에 의해 가능하다. 일인 내지 일당 독재주의는 거부되는 동시에 민주주의의 남용, 곧 다수에 의한 독재주의도 거부된다. 다시 말해, 정부를 구성하고 국회의석의 다수를 차지하는 정당이 다수 유권자들로부터 위임을 받았더라도 소수 유권자들의 위임을 받은 정당에 대해서도 고려할 수 있어야 한다. 따라서 다수는 소수의 고유관심을 무시하고 필요 없이 다수결로 모든 사람을 규격화시키는 법들을 만들거나 또는 사람들의 인권을 무시하는 법을 만들어서는 안 되며, 소수의 이익을 무시하고 자기 이익대로 타협 없는 법들을 만들어내서도 곤란하다.

다수결로 소수의 인권이 유린되지 않도록 특별히 염두에 두어야 한다. 이런 이유에서 모든 공동체 생활과 협동생활의 형태는 완전히 민주화될 수 없다(가족, 학교, 회사, 언론매체 등).[155] 따라서 다수결 원리보다 더 높은 가치기준이 요청되는데, 그것은 인권(인간 존엄성)에서 찾을 수 있다. 더 높은 기준이 인정되지 않으면 민주주의는 독재주의가

---

155) 부모는 부모로서 특정한 권리가 있고 기업가와 교사는 그 자체로서 특정한 권리가 원래부터 주어질 수 있음을 염두에 두어야 한다.

될 수 있다. 그것은 다수가 더 높은 기준을 인정하지 않으면 다수가 인정해야 할 개인과 소수의 권리는 결국 있을 수 없게 되기 때문이다. 여기서 다수의 결정을 무조건 좋은 것으로 인정할 수 없다. 민주주의와 독재주의는 서로 배치되지 않기 때문이다.[156)]

마지막으로 입헌민주주의에 대해서 생각할 수 있다. 즉, 민주주의에서 헌법은 다수로부터 소수를 보호해야 한다. 헌법 없는 민주주의는 다수의 자의에 따르는 제도가 된다. 독재주의가 아닌 모든 진정한 민주주의는 어느 정도 자유주의적 특성을 띤다. 즉, 일정한 근본가치들은 일반적으로 강요될 수 있고, 그 이외의 세계관에서는 자유가 보장되어야 한다. 그래서 모든 사람의 뜻을 고려할 수 있어야 한다. 이 때문에 민중에 의한 민주주의는 수용되기 어렵다. 민중(노동자, 농민, 도시빈민)이 국민의 대다수를 차지하기 때문에 민주주의는 그들의 의사에 따라 결정해야 한다는 주장은 배제될 가능성이 크다. 그러나 민주주의에서 다수는 특별한 사회적 신분으로 미리 결정된 것이 아니고 항상 투표할 때 새롭게 생기는 다수이다. 민중에 의한 민주주의는 처음부터 어떤 사람(소수)을 결정과정에서 배제시킬 가능성이 크기 때문이다.

국민의식의 성숙

국민의 대표자들은 공동선에 토대해 생각하고 행동해야 한다. 그러나 그것은 대표자들뿐만 아니라 국민들 역시 그래야 한다. 국민은 국가권력을 대표자에게 위임할 때 공익에 염두를 두어야 한다. 즉, 개인들은 이기적인 관점에서 대표자를 자신만을 위해 선택하지 않아야 한다. 지

---

156) 레오 13세(1881), *Dinturnum Illud*(국가권력의 기원에 관해), Nr.3 참조할 것.

식과 윤리의 측면에서 수준 높은 국민이 있을 때 민주주의는 좋은 제도로 정착될 수 있다. 물론 국민은 올바른 판단과 결정을 할 수 있기 위해 충분한 정보를 제공받아야 한다. 이 때문에 언론의 자유가 중요하다. 언론의 자유가 인정되지 않으면 국민은 옳게 결정하기 어렵고 민주주의는 좋은 제도가 될 수 없다. 언론도 사회적 공동선을 위한 공익추구의 책임을 다해야 한다. 만약 언론이 정부 입장에서 위정자들을 일방적으로 옹호하며 국민 입장을 대변하지 않는다면, 그런 언론은 공동선을 위한 공익추구의 책임을 다하는 것으로 볼 수 없고, 국민들로부터 외면받을 것이다. 대체로 집권자들은 대중을 속이고 그들을 쉽게 이용하여 사익을 추구하려는 경향이 강했다. 따라서 언론의 비판적 역할이 한층 중요하다. 이 지점에서 국민의 교육수준이 높아질수록 민주주의는 더 잘 실천될 수 있다.

역사에서 민주주의는 국민교육과 깊은 관련을 가졌다. 이런 발전에 따라 특정국가에서 민주주의는 단계적으로 실천되는 것이 정당화될 수 있다. 공동선에 관심을 갖지 않고 자신의 집단이익을 우선적으로 생각하는 정치가들은 대중을 이용하여 자기 집단이익을 추구할 수 있다. 따라서 시민들의 정치교육은 민주주의 실현에서 중요시된다.[157]

민주주의는 약점을 가지고 있고 실패할 수 있으며 문제들을 해결할 수 있는 능력이 결여될 수 있다. 이런 경우 민주주의보다 과도적 독재주의에 가깝다. 보통 독재주의 체제가 생기는 원인은 권력을 향한 이기주의적 욕망과 명예욕에서였다. 그 중에서도 국가주의적 목적은 독재체제의 원인이 될 수 있었다. 뿐만 아니라 형식적으로 보면 공익을

---

157) 비오 12세는 성탄담화문(1944)에서 특별히 정치적 영역에서의 '도덕적 감시'에 토대한 정치교육의 필요성을 강조하기도 하였다.

위한다는 목적이 독재주의 체제의 원인으로 작용하기도 했다. 물론 이 사실이 의미하는 바는 국민이 택한 공익이 아니라 독재주의에 의해 채택된 공익을 말한다.

독재주의자들도 공익목적을 추구할 수 있다. 일반적으로 독재주의 제도는 나쁜 체제로 여겨지지만 특정한 비상시에는 독재주의 체제가 공익을 보장하는 방법으로 보이기도 했다. 경우에 따라 독재주의는 일시적으로 정당화되기도 하였다.[158] 예를 들면, 내란 시 일시적 군부독재 체제가 정당화될 수 있기도 했다. 그러나 독재주의를 정당화하였던 비상사태가 없어질 때 독재체제는 다시 민주체제로 대체되어야 한다. 그렇지만 독재주의자들은 권력을 잘 포기하지 않는다. 제2차 바티칸 공의회에서는 민주주의를 실천할 수 있는 역사적인 조건들이 갖추어지지 않을 때(예: 국가위기, 국민의 정치적 교육수준이 너무 낮은 경우) 국가생활이 비민주적인 방법으로 정리될 수 있음을 일시적으로 인정하기도 하였다. 그러나 그것은 어디까지 비정상적 상황을 타파하기 위한 일시적 수단으로 인정되었다는 사실에 유념할 필요가 있다.

5. 국가: 이성이 요구한 자연법

지금까지 국가형태와 국가론에 대한 논의를 가톨릭의 입장에서 살펴

---

158) 레오 13세는 진리를 강조하면서 공동선 때문에 잘못된 사상과 행동이 허용될 수 있다고 했다. 비오 12세도 공동선은 윤리적 악을 억제할 의무보다 더 높은 선의 기준이 될 수 있다고 보았다(더 작은 해악의 선택 때문에). 이런 점에서 하느님은 밀 때문에 가라지를 자르도록 내버려 두도록 했다. 자세한 내용은 레오 13세(1888), *Libertas Paestantissimum*(인간자유의 기원에 관해서) 참조할 것.

보았다. 가톨릭은 자연법의 입장에서 국가론을 대변한다. 가톨릭에서는 자연을 하느님이 주신 것으로 보았고, 자연법의 마지막 근거를 하느님의 뜻에서 찾았다. 자연법은 하느님의 법으로, 곧 그것은 창조주의 창조계획이었다. "하느님은 자연을 만들었고 또 자연적인 가치질서를 결정했으며, 따라서 그것을 지키시길 바라시고 자연적 가치질서에 부합한 행동을 요구하신다." 자연법에 대한 이러한 인식은 "하느님의 영원한 법에의 참여"라 할 수 있다.

역사 이래로 국가는 자연법적 근거를 잘 지키지 않았고 자연법적 이치가 제대로 인정되지 않았다. 특히 계몽주의 이래로 국가를 자유로운 계약의 문제로 바라보았으며, 이때 계약의 목적은 개인들의 자기보존으로 생각되었다. 국가는 인간의 자연적 본성에 의해 요구된 것, 곧 하느님의 뜻이 아닌 인간의 일로 받아들여졌다. 결국 사람은 국가권한의 행사자이면서 동시에 그 권한의 마지막 원천으로 여겨지게 되었다. 국가는 절대적이고 최고의 기준이 되는 자율적 기관이고 다른 기준에 더 이상 구속되지 않게 되었다. 따라서 가톨릭에서는 개인주의에 입각한 국가론, 절대주의적 형태를 띤 국가주권의 국가론, 특정 사상체계에 입각한 집단주의적 국가론, 비윤리성에 근거한 강권정치 형태의 국가론, 왕을 구세주로 숭배하는 신정국가론 등에 대해 거부하는 입장을 취하였다.

대신 가톨릭에서는 자연법적 가치질서를 구현할 수 있기 위해 국가목적을 모든 시민들의 완성, 곧 사회의 공동선 실현에서 찾았다. 공동선 실현을 위해 국가는 여러 가지 물질적, 정신적 선익과 가치들을 창출하고 보호하는 제도를 제정해야 하며, 이를 통해 인간의 자유로운 자아를 실현하고자 하였다. 이런 자유로운 자아실현은 인간을 행복하게 하고 그를 윤리적으로 완성시키며, 특히 그의 자유로운 자아실현이 보장되는 공익질서는 자연법에 모순되지 않는 것이다.

가톨릭에서는 시민의 자유와 자기책임을 인정하는 국가, 권력이 적절하게 분산된 형태의 국가, 전문가에 의해 전문적 권한이 행사되는 국가권력, 전문성과 상식이 조화롭게 연결된 민주주의 국가론을 옹호하였으며, 그런 국가론을 바람직한 것으로 인정하였다. 결국 가톨릭에서는 지난 세기 동안의 잘못 이해된 국민주권 이론의 모순으로 말미암아 민주주의를 특별하게 지지하지는 않았지만, 오늘날은 민주주의를 '이성이 요구한 자연법적인 질서'에 적합한 국가형태로 인정하였다. 이를 통해 인권과 공동선을 보장하려 하고, 나아가 지상에서의 하느님 뜻을 구현하는 데 특별히 힘쓰고 있다. 가톨릭에서는 정치에 대한 시민참여를 보장하고 다수결 통치에 의한 올바른 행사를 보장하며, 나아가 성숙된 국민의식을 전제로 하는 민주주의에 입각한 국가론을 자연법적 질서를 반영하는 국가론으로 주장하며 받아들인다.

4부

사회적 시장경제와 경제윤리학

7장

사회적 시장경제는 자본주의의 대안인가 :
독일식 사회적 시장경제를 중심으로

우리가 살아가는 경제사회는 전형적으로 다음의 현상에 직면한다. 한 편에서는 자유시장를 대변하는 자본주의체제와 경제의 세계화를 당연한 것으로 여기고 시장이 만사를 해결해줄 것으로 믿으며, 규제철폐, 개방화, 민영화, 무한경쟁 등으로 대변되는 시장주의의 확대를 주장한다. 다른 한편에서는 현행의 자본에 의한 세계화현상이 빈부격차와 지역격차를 불러일으키고 그것은 나아가 경제사회적 양극화를 심화시켜 시장권력남용의 결과로 생기는 자연적, 사회적, 윤리적 침식에 대한 대응이 필요한 것으로 본다.

경제사회를 둘러싼 이러한 시각은 다음의 두 학자의 생각에서도 잘 드러난다. 먼저 하이에크는 시장에서 이루어지는 자생적 질서는 어떤 의도적 계획보다도 지식과 정보를 효과적으로 전달할 수 있는 자생적 질서론을 가진 것으로 본다. 그는 시장을 통해 사람들의 경제적 자유를 확대하고 경제적 자유공간에 의해 정치적 자유를 신장시킬 수 있다고 생각했다. 여기에 비해 폴라니는 자유시장 경제를 유토피아로 보는 관점에 비판을 제기한다. 사회를 시장논리에 종속시키는 자기조정으로서 시장이 경제를 사회에 종속시킨다고 보고 탈사회화된 경제의 재사회화를 주장한다.[159] 폴라니는 서유럽 봉건제가 끝나는 시기까지 모든 경제체제가 상호성 원리, 재분배 원리, 가정경제 원리 혹은 이 세 가지 원리의 조합에 의해 조직된 것으로 보았다. 그는 시장을 사회에 착근시킬 수 있는 호혜경제 시스템, 즉 시장경제를 다시 사회 속에 되묻는 작업을 시도하였다. 이에 의거하여 사회가 본래부터 갖고 있는 인간과 자연, 인관과 인간사이에 맺어지는 보편적 측면(비시장경제 영역)을 재조명하려 했다. 그는 지역과 문화에 맞는 다양한 성격의 경제체제를 가능케 하는 탄력적 정치경제 환경을 구축하고자 하였으며, 이를 통해 시장자본주의에서 나타나는 계약과 상품거래에 의한 비인격성을 극복하고 인격적 관계로서의 공동체를 회복시키고자 시도하였다.[160]

최근 급격하게 전개되는 세계화 과정에서 무한경쟁을 부추기는 자본의 비인격성과 앞으로의 전진을 거듭하며 자본의 맹목성을 잘 드러내는 시장주의 경향이 우리의 일상적 삶에 압도적 영향을 미치고 있다. 점점 세계화되는 지구촌 환경을 배경으로 시장주의가 지배적 영향을 행사함을 염두에 둘 때 경제적 차원의 시민사회에 대해 생각해볼 필요가 있다. 어떤 형태의 경제체제도 인간 삶의 향상에 기여할 때 의미를 띠며 무엇보다도 경제를 통한 인간화 실현이 그 대전제여야 하기 때문이다.

---

159) 오미일, "글로벌 경제의 대항비전으로서 사회적 경제", <로컬리티인문학> 4, 2010. p.93.

160) 칼 폴라니, 홍기빈 옮김, <거대한 전환>, 길, 2009. p. 187.

이 지점에서 생활세계의 실천적 이성을 복원함으로써 경제적 측면에서의 이성전환을 시도한 피터 울리히(P. Ulrich)의 주장에 귀 기울일 필요가 있다. 그는 생활세계에서 독립하여 목적으로 전도된 경제적 합리성을 상대화하여 이를 생활세계에서 실천할 수 있도록 경제적 이성을 되찾을 필요성에 주목하였다. 이런 경제적 차원의 이성전환은 시장에서의 자유와 사회적 불평등과 약자보호를 위한 국가개입을 추구하는 경제적 차원의 시민사회를 형성시킬 수 있는 토대로 작용할 수 있다.[161] 경제적 측면의 이성전환에 의해 시민능력을 신장시킬 수 있을 때 시장체제의 지속가능성을 담보할 수 있기 때문이다. 지속가능성 개념은 1980년대에서 1990년대 전반에 걸쳐 환경영역에서 제기되었고, 90년대 중반부터 빈곤, 실업, 인권 등 경제사회적 영역으로 확대되어 왔다. 이런 점에서 경제활동은 기존의 이윤창출을 넘어선 총체적 의미에서의 더 나은 삶의 가치를 지향한 것이다. 경제사회적 체제(시스템)를 마련할 수 있을 때 지속가능사회를 위한 경제적 조건을 갖출 수 있기 때문이다.

독일사회를 배경으로 형성된 경제사회적 시스템인 '사회적 시장경제'는 경제사회적 지속가능 발전을 통해 경제적 차원에서의 인간화를 실현하는 데 경제발전의 목표를 설정한 것으로 볼 수 있다. 무엇보다 독일식 사회적 시장경제는 영미식의 자유시장경제가 갖는 자본의 냉혹성에서 벗어날 수 있었다. 또 사회주의 경제체제에서 흔히 나타날 수 있는 계획과 통제의 따른 인간의 수동성에서도 상당부분 자유로운 것으로 볼 수 있다. 제3의 경제사회적 체제로서 사회적 시장경제는 자유경쟁과 기업자유를 인정하는 시장경제의 원칙을 견지하면서 동시에

---

161) 민병욱, "재인식되는 독일기업의 사회적 특징", **한독사회과학논총** 23, 2013, p. 169.

형평성 있는 부의 분배를 통해 사회정의를 실현하고자 한다. 사회적 시장경제는 자유보장의 측면에서 자유주의적 요소가 강하며 사회정의와 형평추구의 측면에서 사회주의적 요소를 함께 포함한다. 시장기능에 의한 효율성과 분배정의에 의한 사회정의 실현을 통해 만인을 위한 복지국가를 건설하는 데 사회적 시장경제의 목표를 둔다.

이 장에서는 점점 경쟁이 첨예화되고 자본논리가 한층 강화되는 세계경제 상황을 염두에 두면서 '지속가능발전에 기여할 수 있는 자본주의'의 가능성을 사회적 시장경제에서 찾는 데 그 중요한 목적을 둔다. 이를 위해 먼저 지속가능사회 실현으로서 질서경제 철학의 등장과 의미를 밝히며 그런 지속가능사회의 경제사회적 조건을 독일식 사회적 시장경제에서 찾는다. 다음으로 지속가능체제로서의 사회적 시장경제가 갖는 특성과 그 핵심내용을 다각도로 드러내 구체화하고자 한다. 마지막으로 사회적 시장경제의 이념에 비추어볼 때 사회적 기업은 어떤 경제사회적 의의와 전망을 갖는지에 대해 타진한다.

1. 지속가능사회 실현으로서 질서경제 철학의 등장(질서자유주의)

오늘날 시장은 인간을 포함한 사회생활의 전반에 커다란 영향을 행사하고 자연에까지도 압도적 영향을 가한다. 세계화 시대에 시장논리에 의한 경쟁력 강화는 경제사회적 정당성 확보의 핵심적 관건으로 등장했다. 경쟁력을 갖추지 못할 때 그런 경제사회적 시스템은 국민으로부터 정당성을 인정받을 수 없고 심지어 국민적 저항에 부딪칠 수 있다. 오늘날 시장원리는 경제영역에 머물지 않고 정치사회적, 문화예술적 영역으로 확대되며 나아가 학교교육과 가족영역 등의 사적영역에까지도 깊숙이 스며들고 있다. 세계사적으로 유래를 찾을 수 없을 정도로 빠른 성장을 경험했던 우리 사회의 경우 성장신화가 한국인의 사고에 결정적 영향을 미치고 있다. 성장주의 사고의 확대는 경제영역을 넘어 사회 곳곳에서 일등주의, 최고주의로 대변되는 강자중심의 사고관을 형성시켰고, 그에 따른 경제사회적 양극화를 낳고 있다. 대기업과 중소기업, 서울과 지방, 부자와 빈자, 일류대와 이삼류대 등등의 영역에서 양극화 추세는 그 간극이 더욱 커지고 있으며 그에 따른 경제사회적 위화감은 오늘 한국사회의 핵심적 갈등요인으로 부각되고 있다.

주지하듯이 대부분의 사람들은 수요공급 원리에 따른 시장메카니즘에 큰 신뢰를 갖는다. 즉, 자원이 부족하면 가격이 오르고 또 그런 가격 오름은 자원절약을 가져와 적정자원을 유지할 수 있다고 믿는다. 가격이 오르면 새로운 대체자원을 찾으며 거꾸로 자원이 부족하면 대체물을 발견하거나 혹은 새로운 자원개발을 촉진할 수 있다는 식이다. 이처럼 시장으로부터의 압력은 사람들의 학습을 자극함으로써 자원을 둘러싼 수요공급을 자동적으로 조절할 수 있다고 본다. 그렇지만 이런 시장대세주의는 미래를 예측할 능력까지 갖추지 않는다. 즉, 미래세대는 무엇을 필요로 하며 어떤 새로운 필요성에 직면할 것인지에 대해 예측하기란 쉽지 않다.[162] 시장은 가격을 낮추는 데 일정부분 성공한 것으로 볼 수 있지만 자원고갈과 한정된 매장량을 제대로 반영할 수 없으며, 또 인간 삶의 미래를 위한 계획수립에는 여전히 한계를 보인다.

오늘날 시장경제는 자본논리를 한층 강화하며 자기준거성을 갖고 성장논리를 확대재생산한다. 효율성과 생산성으로 대변되는 성장논리는 진보, 권력, 가장 큰(거대한), 승리, 우월성 등으로 대표되는 지배중

---

162) Milbrath, Lester(1989). *Envisioning a Sustainable Society: Learning Our Way Out*, 이태건·노병철·박지운 옮김, **지속가능한 사회**, 인간사랑, 1992. p. 66.

심의 가치와 밀접한 관련을 갖는다. 성장, 권력, 경쟁, 확장 등의 지배중심의 가치는 일상적 삶의 곳곳에 깊숙이 내재되어 우리의 생각과 행위에 결정적 영향을 미치고 있다. 확장성향을 갖는 시장경제에서 사람들은 성장하지 않으면 그것은 곧 파멸과 절망이 따른다는 인식을 갖는다. 이 체계에서 생산성 향상은 불가피한 것으로 간주되며 그렇지 않을 때 실업에 따른 위기현상에 노출될 수 있는 것으로 본다. 즉, 새로운 일자리 창출을 위해 지속적 성장이 필수적이라는 압박을 지속적으로 가한다. 이런 성장은 성숙 그 자체에 도달할 수 있는 유기적 성장이라기보다 단기적 효과를 위한 기술적 성장으로 볼 수 있다.[163] 현행의 성장지향 시장경제는 지속가능성을 보장하는 공동체의 속성을 살리는 데 많은 어려움이 따른다. 아울러 시장원리는 사회정의의 실현에도 커다란 한계에 부딪힌다.[164] 시장원리에 따를 때 가격이 오르면 시장으로 이득을 볼 수 있는 몇몇 사람들이 있을 수 있지만, 다른 한편에서 시장에서 탈락될 수 있는 다수의 사람들도 발생할 수 있다. 이런 낙오와 탈락이 발생할 때 공정한 대우는 불가능하다. 이는 오늘 우리 사회의 곳곳에서 벌어지는 시장한계 현상과 밀접히 관련된다.

시장이 갖는 이런 위험현상에 직면하여 지금까지 우리가 당연시해 왔던 시장경제를 성찰적으로 바라볼 필요가 있다. 맹목적 성격을 띠고 질주를 거듭하는 시장경제를 둘러싼 성찰은 '질서자유주의'에서 찾을 수 있다. 질서자유주의는 경제행위를 둘러싼 구조적 차원의 테두리 질서수립의 필요성에 주목하였다. 이런 테두리 질서정립은 경제활동을 하는 사

---

163) Milbrath, 위의 책, 1992. p. 71.

164) 이때 정의는 법원이 사건을 판결하는 과정이라기보다 공정하게 대우받 을 권리를 행사할 수 있는 과정이나 조건을 의미하는 것이다(Milbrath, 위의 책, 1992: 67).

람의 개인적 신념이나 행동을 둘러싼 개인적 차원의 질서를 넘어선 질서 구조를 정립할 필요성으로 나타났다. 즉, 개인의 경제적 이해관심과 그에 따른 개인의 올바른 인식과 책임감을 넘어선 국가차원의 테두리 질서 수립의 필요성으로 등장했다.[165] 경제질서는 "경제질서에 내적인 정당성을 부여하는 윤리적 이상을 통해 보다 심원한 근거"를 갖출 필요가 있고, 이를 통해 개인의 자유와 공동체의 사회정의를 동시에 추구할 필요가 있다."(Müller-Armack, 1972: 11). 이런 경제질서의 수립은 "인간을 자유로운 개인이면서 동시에 연대의무를 진 사회적 존재"로 바라봄에 그 전제를 둔다. 이 지점에서 경제행위는 인간을 중심에 두는 질서철학의 관점에서 바라볼 수 있다(Köppinger, 1984: 15). 이때 경제정책은 사회정책의 일부로서 인간을 기능적 생산자이거나 소비자로 보지 않으며 대신 그를 인격적 실존차원의 인간 지향적 관점으로 바라본다.

개인차원을 넘어선 구조차원에서 경제질서 수립을 보장하는 경제시스템은 사회적 시장경제에서 잘 드러났다. 사회적 시장경제에서 '사회적'의 의미는 시장경제가 모든 사람의 물질적 번영에 이바지해야 함을 의미할 뿐만 아니라 동시에 인간의 인격적 계발에도 기여할 수 있어야 함을 일컫는다(Müller-Armack, 1972: 61). 이때 '사회적'의 개념은 시장에서의 경쟁을 최대한 허용하면서 효율성을 추구하는 것 이상의 것을 의미한다. 동시에 '사회적'의 뜻은 권력에의 비예속됨 및 사적·공적권력 차원에서 독점이 없는 자유사회를 의미한다.[166] 이 경우 자유

---

165) Müller-Armack, A.,(1972). *Still und Ordung der Soziale Marktwirtschaft*, Veröffentlichung des Institut für Wirtschaftspolitik an der Universität Köln:Untersuchung; Köppinger, Peter, H,. *Die Zukunft der Soziale Marktwirtschaft*. Königswinter. 1984. p.16.

166) 오이켄(Eucken)은 'sozial'과 'gesellschaftlich'을 구분하고, 'sozial'은

는 경제적 자유와 정치적, 사회적 의미의 자유를 말한다. 아울러 자유, 정의, 평등은 사회적임을 드러내는 데 본질적이고 필수불가결의 요소이다(Köppinger, 1984: 72). 이런 점에서 볼 때 사회적 시장경제는 사회정의와 자유를 동시에 실현하려는 경제체계를 말하며, 또 이를 통해 사회적 차원에서 윤리적 선을 실현하고자 한다. 즉, 사회적 시장경제의 근본적 지향점은 개인의 자유를 최대한 보장하면서 사회정의, 사회보장 및 사회적 진보를 실현하는 데 중요한 목적을 둔다(Thieme, 1994: 21; 성태규 2002: 219).

질서자유주의는 사회적 시장경제의 핵심적 단서를 제공한다. 질서자유주의는 두 가지 형태의 질서, 곧 '자생적 질서'(gewachsene Ordnung)와 '제정된 질서'(gesetzte Ordnung)에 근거한다. 자생적 질서는 일상적 경제과정을 그때그때의 상황에 적합하게 실천될 수 있도록 준거틀을 제공하는 질서형태의 총체를 말한다. 제정된 질서는 인간과 자연의 본성에 합치되며, 또 다양한 것들을 조화와 균형이 가능하도록 하나의 전체로 통합하는 질서를 말한다. 오이켄은 제정된 질서를 '질서자유주의'(Ordo-liberalismus)의 근본토대가 되는 것으로 보았다(Eucken, 1996: 47; 성태규, 2002: 222). 오이켄이 말하는 제정된 질서는 자생적 질서인 시장질서가 잘 작동될 수 있도록 인위적으로 형성하는 질서, 곧 시장질서를 보조하는 질서를 일컫는다. 이런 점에서 제정된 질서는 자생적 질서와 모순되지 않는다.

이제 경제활동은 그에 적합한 구조, 곧 적절한 질서 안에서 규제될

'사회공익적', '사회정의에 합당한', '사회보장적'의 가치적 의미를 지니며, 'gesellschaftlich'는 개인, 사회, 국가라는 범주를 구분하는 가치중립적 의미를 지닌다고 본다. 성태규. "독일 질서자유주의에서의 정치적 질서정책", **국제정치논총** 42(2). 2002. p. 220.

필요가 있다. 사회적 시장경제는 인간경제 행위를 둘러싼 테두리질서의 필요성을 인정하고 이런 질서구조에 의해 시장자유의 원칙과 사회정의의 원칙을 적절히 보완하려 하였다. 여기서 경쟁은 현대대중 사회를 조직하는 데 필수적 수단이지만, 그 경쟁은 투명한 구조와 강력한 법적규제에 의해서 보완될 필요가 있다. 사회적 시장경제의 핵심은 결과와 효율성의 참된 성취에 토대한 경쟁이다. 경쟁은 경제적 효율성과 생산성을 증진하고 보호할 수 있어야 한다. 참된 경쟁은 경제세력들의 자유로운 활동에서 자동적으로 만들어지는 것으로 볼 수 없다. 따라서 국가정책은 경쟁이 가능하도록 질서체제를 확립하여 증진할 뿐만 아니라 소비자의 이익에 가장 효과적으로 작동하도록 독점과 카르텔을 조절해야 한다. 이런 점에서 사회적 시장경제는 국가와 정치에 의해 확립되고 투명한 구조에 의해 보호되는 '실적경쟁'을 중요시한다. 이렇게 규제되고 절제된 경쟁이 경제효율성을 증진하고 보호할 수 있다고 보기 때문이다.

사회적 시장경제는 질서구조를 통해 시장경제의 도덕성을 확보하는 데 특별한 관심을 부여한다. 이는 개별적 행위를 불필요한 것으로 만들지 않는다. 오히려 개별 경제주체들은 경제활동을 규율하도록 규정된 일정한 구조원칙을 준수해야 한다. 경쟁상황에서도 개별시장 참여자들의 구조 안에서 사회적, 행태적, 도덕적 목적을 위한 추가적 노력을 할 필요가 있다. 경제적 성공과 사회적 책임은 서로 다르지 않고 양자는 상호 의존적이다. 다시 한번 경제행위에서 구조의 중요성을 상기할 필요가 있다. 도덕적 호소는 가족이나 친구관계와 같이 대면관계에서 가장 잘 작동될 수 있지만, 이해관계가 첨예하게 부딪히는 전체경제 상황에서는 적절한 질서구조에 의해 경제적 경쟁과 사회정의, 시장경제와 도덕성을 보장할 수 있어야 한다. 사회적 시장경제는 질서구조에 의해 경쟁과 사회정의를 동시에 보장하는 데 그 핵심적 목적을 둔다.

2. 지속가능체제로서 사회적 시장경제의 특징

질서구조의 필요성

지속가능체제로서 경제질서를 바라볼 때 개인차원이 아닌 제도와 구조 차원에서 접근할 필요가 있음을 검토하였다. 질서구조는 현대 시장경제의 도덕성이 확보될 수 있는 핵심적 장소이기 때문이다. 즉 질서구조 (framework)는 경쟁과 도덕성 사이에서 오는 갈등과 충돌을 방지할 수 있는 중요한 기제가 될 수 있다. 이 장에서는 질서구조차원에서 경제행위는 어떤 의미를 갖는지에 대해 살펴본다.

시장경제구조 안에서 공공복리에 드는 비용문제를 공동체가 어떻게 처리할 것인가의 문제를 제기해볼 수 있다. 공동체는 구조변화의 부담을 감당해야 할 개인들을 위해 필요한 보호정책과 구조를 마련할 필요가 있다. 시장과 경쟁은 창조적 파괴과정으로 피해를 입었던 개인들에게 충격을 완화하고 지원하며 돌봐주는 문제를 책임지고 수용하는 데도 책임을 져야 한다. 이 지점에서 경제구조는 모든 사람의 복리, 곧 모든 존재의 복리요구에 따라 형성될 필요가 있다. 국가와 정치의 과제는 시장과 경쟁의 작동을 가능하게 하고 보호해야 하며, 이후 사회적으로 나타나는 각종 해악들을 교정할 수 있어야 하기 때문이다. 이런 경제사회적 상황을 염두에 둘 때 노동환경의 인간화는 무엇보다 중요한 과제로 부각된다. 여기서 "시장의 힘만으로 보호될 수 없는 자연과 인간의 환경과 같은 공동재화를 옹호하고 보호하는 것"은 국가의 중요한 과제로 부각된다.[167]

시장경제는 일정한 질서구조에 의해 운영될 때 도덕성이 좀 더 잘

---

167) Paulus PP. Ⅱ. *Centesimus Annus*(백주년), 1991: 40항.

보장될 수 있다. 개별적 윤리행위라기보다 개별주체들의 경제행위를 총괄적으로 규율할 뿐만 아니라 경제게임 안에서 그들의 움직임들, 즉 그들의 경제활동을 규율하도록 규정된 질서구조의 원칙을 마련할 필요성이 있다. 경쟁상황에서도 개별 시장참여자들이 일정한 질서구조 안에서 사회적, 생태적, 도덕적 목적을 위한 추가적 노력을 기울일 수 있어야 한다. 경쟁자들이 이런 성과들을 활용할 수 없다면 그 노력들은 지출과 비용에 관련되어 자본주의의 각종 해악으로 이어질 수 있다. 따라서 그런 노력들은 좀 더 높은 도덕적 기준의 필요성으로 이어진다. 이 지점에서 회사들은 주식가치도 중요하지만 도덕적이며 사회적 가치를 잘 설정할 수 있어야 한다. 경제적 성공과 사회적 책임은 서로가 다르지 않으며, 상호 협조적으로 구축될 수 있기 때문이다. 여기서 질서구조의 중요성이 다시 한번 강조될 필요가 있다. 시장경제에서 도덕성의 주요 장소로서 질서구조가 설정될 때 개별 인격의 경제행위에 따른 제도의 파산을 더욱 잘 보충할 수 있다. 공동선에 부응하는 질서구조는 경제적 경쟁과 사회정의, 시장경제와 도덕성을 균형 있게 보완할 수 있는 중요한 구조적 장치일 수 있기 때문이다.[168]

경쟁과 도덕성은 어떻게 양립가능한, 즉 상호배타성에서 벗어날 수 있을까? 맑스는 사회정의와 도덕성을 위해 가능한 완전하게 경제적 경쟁을 제거하고자 하였고, 하이에크는 사회시장 경제의 개념을 모순적 현상으로 바라보고 시장의 효율성을 선호하였으며, 시장의 사회적 차원을 거부하였다. 그렇지만 이 지점에서 질서구조에 의한 접근경쟁

---

168) Koslowski, P(Ed.), 1997. "The Social Market Economy: Social Equilbration of Capitalism and Consideration of the Totality of the Economic Order", in *The Social Market Economy*. Spinger. 1997. pp. 77-78.

과 도덕성 사이의 충돌을 해결할 수 있는 가능성을 찾을 수 있다. 질서구조의 측면에서 경쟁과 도덕성은 상호 배타적이지 않기에 그런 충돌과 갈등의 타협책을 찾을 수 있다. 여기서 현대 대중사회에서 소규모의 친밀한 집단과는 다른 방식, 곧 대면관계 없이 작동하는 통제기제에 주목할 필요가 있다. 이런 대면관계를 넘어설 때 다음의 기본명제에 이를 수 있다. 즉, "구조(framework)는 시장경제에서 도덕성이 자리 잡고 있는 유일한 장소가 아니라 주요한 장소이다."[169]

경제에서 도덕성이 중요하다고 보는 입장에 대해 간략히 소개한다. 이 입장에서는 경제와 시장은 그 자체로 어떤 목적이 될 수 없으며, 대신 인간존재와 그의 필요성에 봉사해야 한다고 본다. 즉, 경제의 목적은 시장참여자들이 가능한 높은 이윤을 창출하는 것에서 찾기보다 최선의 방법을 동원하여 모든 이들의 경제사회적 삶을 풍요롭게 하는 데 있다고 본다. 이런 점에서 이윤추구에 높은 우선성을 부여할 수 없고 대신 경제를 전체 사회적 필요를 충족시키고 의미 있는 사회적 가치를 제공해야 하는 것에서 찾는다. 여기에서 경제는 도덕성에 앞설 수 없고 이윤추구보다 윤리에 우선성을 부여할 수 있는 근거를 찾을 수 있다.

그렇다면 현대 시장경제에서 질서구조는 어떻게, 어떤 측면에서 도덕성의 주요한 장소가 되는지에 대해 간략히 검토한다.[170]

첫째, 행위의 국가경제적 결과와 행위를 위한 개인적 동기에 대해 구분할 필요가 있다. 큰 틀에서 경제활동은 개인의 경제적 이익에 따라 고무되고 동기가 부여된다. 즉, 개인이익은 이기적이지 않으며 오히려

---

169) Stegman, Franz Josef. "From 'Cost Factor' to 'Co-Entrepreneur': The Changing Role of the Worker in Modern Economy", **경제윤리세미나 발표자료**. 2006. pp. 3-4.

170) Stegmann, 위의 논문, 2006.

경제활동의 추진력이며 자극제이다. 시장참여자가 오랜 기간 이익을 창출할 수 없고 손실을 보게 되어 적자상태에 이른다면 시장은 그런 기업을 도태시킬 것이다. 국가경제와 관련할 때 상황은 달라진다. 국가경제의 과제는 최선을 다해 모든 사람들에게 물량공급을 보장하는 데 있다. 사회적 차원에서 시장과 경쟁은 공동선, 곧 만인의 복지, 공공복리에 있다. 따라서 개인적 동기수준과 국가경제 체계에서 수준의 차이가 있을 수 있음에 대해 충분히 고려해야 한다. 다시 말해, 개별경제참여자와 그들의 동기, 그리고 국가경제와 그 임무를 분리하여 바라볼 필요가 있다. 여기서 질서구조(framework)는 개인을 넘어선 경제의 도덕성이 확보될 수 있는 중요한 근거가 될 수 있다.

둘째, 행위에 필요한 구조와 또 그런 구조 안에서 벌어지는 행위의 차이점에 주목할 필요가 있다. 개별경제 주체들은 충분한 구조, 적절한 질서 안에서 공익을 가져올 수 있다. 여기서 '행위에 필요한 구조'와 '그런 구조 안에서 벌어지는 행위'를 구분할 필요가 있다. '행위에 필요한 구조'에는 헌법, 경제법칙, 경쟁에 관한 법질서, 경제공동체의 정치경제적 신념 등이 포함된다. '구조 안에서 벌어지는 행위'는 기업가의 투자정책, 구매와 판매전략, 가격정책 등이 속한다. 입법자는 일정한 법률구조를 마련함으로써 자기이익을 추구하는 개별 경제주체들이 모든 이의 풍요로움에 부응하는 바에 따라 경제생활을 영위하도록 할 필요성이 있다. 이런 구조가 성립되지 않을 때 개별 경제주체들의 이익추구 행위는 제대로 충족될 수 없기 때문이다.

셋째, 시장은 도덕적 수준, 곧 희소한 경제자원을 적절하게 활용할 수 있는 여건을 마련할 때 제대로 된 기능을 수행할 수 있다. 인간의 필요를 염두에 둘 때 물질자원은 공급부족 상태에 있을 수 있다. 연대성의 입장에서 물질적 재화는 가능한 많은 사람들이 이용할 수 있어야 한다. 경쟁과 시장경제의 도덕적 수준과 가치는 희소하고 한정된 경제자원이 이상적으로 활용될 수 있는가의 능력에 달려 있다. 국가는 필요한 만큼 권위와 압력을 행사하며 개인에게 가능한 많은 자유를 주어야 한다. 여기서 '보조성의 원리'는 개인들 스스로에게 경제분야의 능동적 주체가 될 수 있도록 여건을 제공할 수 있다. 이 지점에서 개인은 국가와 같은 경제적 집합체를 위한 단순한 기능적 요소로 전락될 가능성이 있다. 개인은 스스로 수행하고 성취할 수 있는 것을 박탈당하며 공동체에 위탁하게 된다. 이에 시장이 일정한 질서구조에 의거하여 유지되고 제대로 운영될 때 개인의 이익도 한층 잘 보장될 수 있다.

노동우월주의(노동자 존중주의)

현행 자본논리에 의한 물질주의 경향은 노동주체이며 생산과정의 동인으로서 인간을 물상화의 대상으로 환원시켰다. 이런 물상화 상황에서 자본에 대한 인간의 우위성과 사물에 대한 인격의 우위성은 말로만 내거는 슬로건에 불과하고 실제 삶의 측면에서 자본과 물질에 종속된 인간존재로 전락되었다. 인간은 노동의 주체 및 생산과정의 동인이 될 수 없고 노동으로부터 객체화되며 무엇보다도 경제적 생산관계에서 결과를 내야하는 수단적 존재로 취급당하고 있다. 이처럼 자본논리가 일방적으로 부각되는 여건에서 인간과 자연에 대한 부당하고도 굴욕적 착취가 일상적으로 발생할 수 있다. 자본주의적 경쟁에서 낙오자들 내지 탈락자들은 최저의 인간적 삶을 영위할 수밖에 없는 극도의 빈곤과 소외상태에 시달리고 있으며, 거꾸로 그런 경쟁에서의 승리자들은 극도의 사치와 호사스런 삶을 누린다. 이렇게 자본주의에서 윤리성이 배제될 때 경제사회적 양극화는 불가피하게 발생한다. 이런 경제사회적 상황에서 노동자들은 사회조직 안에서 자신에게 적합한 자리를 얻지 못하여 버림받을 수 있다. 심지어 그들은 물건처럼 취급받고 폭력적 악순

환에 빠질 수 있는 '인간이 인간에게 늑대(Homo Homini Lupus)'인 상황에 빠질 수 있다.

사회적 시장경제는 자본의 냉혹성에 주목하여 노동을 상품처럼 사고파는 재화의 성격으로 보지 않고 대신 노동자를 인간으로서의 품위를 존중받으며 일할 수 있는 품격이 관여된 인격적 대상으로 바라본다. 이른바 노동가치는 인격과 인품이 게재된 것으로 탈인격성을 띤 자본보다 항상 우위의 위치에 서야 할 것으로 간주한다. '노동존중주의'는 인간노동이 갖는 창조적 가치를 인정하는 데서 출발한다. 즉, 노동은 단순히 자신의 생존수단이 아닌 각 개별인간으로서의 의미를 실현하는 가치창출 행위의 성격을 띤다. 인간은 노동을 통해 인간으로서의 가치를 실현해갈 수 있기 때문이다. 각 개인이 자신의 생각에 따라 노동을 실현할 때 그 노동은 노동하는 사람의 주체성을 살릴 수 있다. 인격적 주체로서의 인간은 인간이란 어떤 다른 사람으로 대체될 수 없는 고유한 존재라는 사실에서 출발한다. 기계나 가축은 고장이 나거나 죽을 때 다른 기계나 가축으로 대체될 수 있지만 인간은 그럴 수 없다. 노동존중주의는 각 개인이 갖는 고유한 지위와 가치를 인정하며 그 개인의 자유와 존엄성을 인정한다. 노동존중주의는 개인의 욕구와 성향을 무시하지 않으며 그런 인간들이 모여 형성하는 공동체의 독자적 가치를 인정한다. 즉, 개별적 노동을 통해 공동체의 공동선을 달성할 수 있는 것으로 본다. 노동을 통해 개인이 자기실현을 달성하고 아울러 각 개인의 노동을 유기적으로 연결함으로써 공동체 구성원 모두의 인간해방, 곧 인간 공동체의 해방을 추구한다. 이런 점에서 노동존중주의는 노동을 자본의 대용물이나 그 보조적 기능으로 보는 시장경제의 견해에 반대한다.

이런 노동존중의 원칙은 생산과정의 측면과도 직접적으로 관련된다. 생산과정에서 노동은 생산의 핵심적 동인이 될 수 있지만 여러 생산수단의 하나인 자본은 생산을 위한 도구 내지 수단에 불과할 수 있다. 인간에게 노동은 주체이며 자본은 그 대상일 뿐이다. 이 사실은 생산과정에서의 인간우위성, 즉 사물에 대한 인간의 우위성과 밀접한 관련을 갖는다. 자본에 관련된 일체의 것은 사물의 단순한 집적에 불과하다. 여기에 비해 인간은 노동의 주체로서 자립적·자율적이다. 이처럼 인격체로서 인간을 바라보는 것은 중대한 결과를 낳는다. 특히 생산과정에서 인간은 노동하는 주체로서의 권리를 인정받을 수 있어야 한다. 노동을 통한 자기실현은 인간의 천부적 권리이자 소명이며 노동이야말로 가정생활을 기초로 삶을 영위해야 할 인간 공동체 성립의 기본토대이기 때문이다. 여기서 인간노동의 가치는 노동의 종류에 따라 좌우되지 않고, 노동을 통한 인간존엄의 실현에서 찾을 수 있다. 생산과정에서 노동자는 자신의 노동에서 임금에 대한 권리뿐만 아니라 그 밖의 근로조건에서 합당한 권리를 갖는다. 아울러 노동자는 자신의 노동에 대한 대가, 곧 임금을 통해 자신과 가족들이 물질적, 사회문화적, 나아가 정신적으로 품위 있게 생활할 수 있는 재화의 원천을 보장받을 수 있어야 한다.[171]

그렇지만 시장경제에서 인간은 노동의 주체가 될 수 없었고, 생산과정에서의 동인으로 인정받을 수 없었다. 대신 주어진 기간 동안에 일정한 목적을 달성해야 하는 객체적 존재로 취급받았다. 이때 노동자는 물질적 생산수단의 총체로써 또는 하나의 생산도구로서 취급되어 노동하는 존재로서의 참된 존엄성을 보장받을 수 없었다. 자본의 힘이 압도적 영향을 행사하는 현실의 경제사회적 장면에서 인간은 생산과정의 창출자로서 주체적 의미를 상실하게 되었다.

노동존중주의는 노동의 본질적 내지 실제적 우위성을 통해 인간

---

171) 김춘호, **가톨릭 교회와 사회개혁**. 분도출판사. 1997. pp. 315-320.

노동의 주체성을 강조하고 노동의 성격에 관계없이 전 생산과정에의 효과적 참여를 전제한다. 노동존중주의는 인간의 인격적 주체성과 개체로서의 고유성에 토대하여 노동을 통한 실천적 창조행위에서 인간노동의 의미를 추구한다. 노동하는 사람의 자율성은 노동존중주의의 핵심가치로 등장한다. 공동체에서 개인과 집단은 각자의 노동을 기초로 각자의 자율성을 누릴 수 있어야 한다. 이런 자율성 원리는 어느 특정 집단에게 적용되는 것이 아닌 모든 개인과 집단에게 평등하게 적용될 수 있어야 한다.

노동존중주의는 노동자뿐만 아니라 자본을 소유했다는 사실 때문에 자신들이 가진 창조적 노동가치 실현의 가능성을 잘 인정하지 않았던 자본가까지도 포함한다. 노동현장에서 비인간적 위치에 떨어져 노동하는 사람은 물론이며, 다른 사람을 이용함으로써 스스로 비인간적 위치로 전락된 자본가들도 반사회적·비윤리적 성격을 띤 경제체제로부터 벗어날 수 있어야 하기 때문이다. 사회적 시장경제는 이런 반사회적·비윤리적 현행의 자본주의 체제에서 벗어나 노동우위의 원칙을 통해 지속가능한 경제체제를 실현하는 데 그 중요한 관심을 부여한다.[172] 사회적 시장경제는 시장접근이 불가능한 사람들에게 국가가 일정부분 관여하여 그들의 불리한 삶의 조건을 보완하는 데 지속적으로 관심을 갖는다.

그 대표적 예는 독일 루르공업지역의 대량실직 상태에 대한 대응자세에서 찾을 수 있다. 루르공업지역은 석탄공업의 붐을 타고 한때 600여만 명의 노동자가 일하였지만 그 뒤 석탄산업의 위기에 따라 일자리가 급격하게 축소되기에 이르렀다. 이때 국가관여를 통해 대량실

---

172) Wottawah,H.·정용교, **경제와 윤리**, 대왕사, 2008. p. 288.

업을 피하고 안정적 일자리를 확보할 수 있었다. 그것은 사회적 시장경제를 표방한 국가관여의 대표적 노동존중주의 정책과 깊은 관련을 갖는 것이다. 국가는 경제의 구조조정 과정에서 발생하였던 실업자를 다른 유망영역으로 돌려 취업할 수 있도록 조정하는 정책을 폈다. 그런 구조조정은 개인의 역량에 맡길 수 없는 사안으로, 곧 자본주의 시장경제의 원칙으로 해결될 수 없는 문제였다. 그것은 시장에서의 경쟁력 향상과 더불어 사회적 정의차원에서 해결될 수 있는 성격의 문제였다. 이런 구조조정 과정에서 노동존중주의 가치는 그 핵심적 준거가 되었던 원리였다.[173]

공동결정과 동반자 관계

자신이 토대해 살아가는 노동현장에의 적극적 참여는 인간본성에 상응하는 동시에 인간존엄성 실현에도 불가피하며, 나아가 인류의 역사발전에도 핵심적일 것이다. 그런 점에서 노동자 참여가 보장되지 않는 기업체에서 일한다는 사실은 인간을 기계의 부품으로 전락시킬 수 있거나 혹은 여러 개인들의 의견과 행동을 경영통일성의 이름으로 인간의 인간됨을 무시하는 것으로 볼 수 있다.[174] 기업을 포함한 모든 사업장 영역에서 고용주는 고용인을 공동체 구성원으로서 공동결정할 수 있는 파트너로 바라볼 필요성이 있다. 이때 고용주와 고용인 간에 도덕적으로 이루어지는 노동공동체, 곧 공동결정의 구조를 형성할 필요성에 직

---

173) 여기에 대한 자세한 내용은 김종민·허창수, **대량실업을 극복하는 길**, 분도출판사. 2000. 참조할 것.

174) 김춘호, 앞의 책, 1997. p. 338.

면한다. 여기서 노동계약은 노동자를 고용하여 그의 노동을 구매하는 형태가 아닌 그의 인격적 존재를 기반으로 인간사회의 공동선에 기여할 수 있는 형태로 이루어져야 한다. 이처럼 이해관심이 다른 노사양측으로 구성된 기업체는 서로 책임이 다르게 체계화된 공동체 구성원을 일치시킬 수 있어야 하며, 나아가 상호적 대립을 넘어선 인간 공동체로서 동반자적 관계를 형성할 수 있어야 한다. 이 경우에도 노동자는 자신의 의무와 책임을 망각해서는 안 된다. 즉, 노동자는 자신의 노동을 수입의 원천만이 아닌 자신들에게 위임된 의무와 타인의 이익을 위한 봉사로 생각해야 한다. 그는 경제공동체 형성을 위해 고용을 둘러싼 결정, 노동조직 활동, 기업체생활, 기업체 기능, 기업체 발전에 능동적으로 참여할 수 있어야 한다.

기업은 단순한 이윤추구 이상의 조직으로서 다양한 방법으로 인간의 기본욕구를 충족시킬 수 있어야 한다. 아울러 전체인류에 유익을 제공할 수 있는 특별한 집단으로서 인간 공동체의 중요한 영역을 담당해야 한다. 인간의 노동공동체로서 기업을 바라볼 때 노동자를 위로부터 조종되는 거대관료제의 한낱 톱니바퀴에 지나지 않는 것으로 바라보는 인식에서 벗어날 수 있다. 또 노동참여의 주체로서가 아닌 단순한 생산수단에 불과하다는 패배주의적 의식에서 벗어날 수 있다. 기업을 바라보는 이런 인식전환이 이루어질 때 노동자의 적극적 참여와 자발성을 이끌어낼 수 있는 다양한 장치의 마련이 가능할 것이다. 그런 노동자의 참여와 자발성은 공동결정의 구조형성과 밀접한 관련을 갖는다.

이처럼 노동자를 공동결정의 중요한 파트너로 인정할 때 노동자 역할의 재정립은 불가피하다. 그 동안 비용요소로 바라보던 노동자에 대한 관점에서 벗어나 공동결정자로서의 노동자 역할을 정립할 필요가 있다. 사회적 시장경제는 이런 노동자 역할정립에 중요한 배경이 될 수 있다. 노동자를 비용요소, 곧 상품으로 바라보는 시장경제의 인식틀에

서 벗어나 노동자를 자본가의 동반자로서 바라보고, 그를 공동기업가
로 인정할 때 공동결정 구조가 성립될 수 있기 때문이다.

노동자는 노동의 주체이다. 인격적 존재로서 헌법에 보장된 권리
를 인정받을 수 있어야 한다. 기업은 노동자의 근로조건 개선, 복리후
생, 일자리 보장 등에 대해 일정한 책임을 수행해야 한다. 기업가는 노
동자와 대립적 관계보다 협력적 관계모색을 통해 경영참여와 기업에
대한 책임을 갖도록 할 필요가 있다. 노동하는 주체로서 노동자 권리는
자신을 둘러싼 노동쟁점을 스스로 결정할 수 있을 때 보장될 수 있다.
이런 노동자의 참여권리는 독일의 경우 1976년 도입된 '공동결정제도'
에서 잘 드러났다. 공동결정제의 도입을 통해 그들은 기업의 주요정책
결정 과정에 출자자 대표는 물론 노동자(종업원)대표가 참여할 수 있었
다. 또 기업에서도 각 지역과 연방의 사회적 파트너들과 함께 인권존중,
유연한 경영조직, 직업교육에 다양한 기회제공, 일과 가정이 하나되는
근로환경 조성 등에 협조를 아끼지 않았다.[175]

이런 공동결정의 정신은 동반자적 결정 내지 동반자관계의 본질
적 요소에 해당된다. 공동결정은 동반자관계 형성에 결정적 역할을 하
기 때문이다. '동반자관계'는 자기자신의 이익을 위해 남과 협력하되

---

175) 독일은 통일문제의 접근에서 도동독주민을 공동결정을 위한 동반자로
바라보고 접근했기 때문에 통일과업을 완수할 수 있었다. 당시 서독은 동독에
수백억 유로를 투자했고, 2008년까지 1조 2천500억 유로를 동독지역에
투자했으며, 지속적으로 투자를 계속하였다. 이런 투자에 힘입어 일부의
동독지역은 서독지역과 유사한 수준에 도달할 수 있었고 경우에 따라서는
서독지역보다 더욱 활발한 투자활동이 이루어지고 있다. 이런 투자는
동독주민을 경제적 동반자로 인식하고 공동결정 정신을 적극적으로
실현한 결과로 볼 수 있다. 민병욱, "재인식되는 독일기업의 사회적 특징",
한독사회과학논총 23, 2013 참조할 것.

상대방을 착취하지 않고 굴복시키지 않는다. 더불어 결정하면서 타인의 이익을 인정하는 가운데 자기이익을 추구하고 함께 일하는 관계를 말한다. 공동결정은 노동자와 기업가가 대등한 입장에서 노동의 내용과 상황을 함께 결정하며, 그들 간의 동반자관계 형성에 중요한 역할을 한다. 여기서 노동계약은 종속적 계약이 아닌 동반자적 계약, 공동목적을 두고 협동하는 관계를 말한다. 이때 양측은 권리행사를 어느 정도까지 자제할 수 있어야 하고 일정수준까지 자신의 권리를 포기할 수 있어야 한다. 독일의 경우 노사동반자 관계를 위한 공동결정에는 여러 가지가 포함될 수 있다. 첫째, 기업영역(생산합리화, 생산제공, 증자, 기업합병 등), 둘째, 초기업적 산업부서영역(산업별로 체결된 단체협약들), 셋째, 기업 내의 생산과 사업장 영역, 넷째, 노동정책과 노동사법 영역(노동관계 법률의 입법절차와 노동관계 사업절차에의 참여, 즉 심판부 구성원의 추천 및 배심원의 추천 등) 등이다.

노사동반자적 관계의 결정은 사업장의 경영적 차원과 기업구성(기업가의 활동) 차원에서 이루어진다. 사업장 내 공동결정은 첫째, 경제적 영역(업종과 생산품종의 선택, 생산방법 등), 둘째, 인사영역(채용과 해고, 노동분담 등), 셋째, 사회적 영역(작업장 안전사고 대비, 작업장 조성, 휴가, 후생복지, 임금 등) 등이며, 이때 노동자의 공동결정권 행사는 자문권(청취적, 제안권), 거부권, 완전한 공동결정권 형태로 나타난다. 기업구성행위 차원의 공동결정은 이사회의 구성(이사임명), 법정자본의 확장, 사업장폐지, 기업병합 등에서 이루어진다.[176]

단위사업장 내에서의 공동결정은 사업장평의회(Betriebsrat)에서 잘 찾아볼 수 있다. 독일의 경우 5인 이상의 종업원이 있는 작업장의

---

176) Wottawah,H.·정동교, 앞의 책, 2008. p. 151.

모든 구성원들이 의무적으로 가입하도록 되어 있고 사용자에 대해 자신들의 권익을 요구하고 실현할 수 있다. 사업장평의회는 노동조합 가입의 유무에 관계없이 단위기업의 사업장 구성원들에게 관련되는 이해관계를 민주적·자율적으로 협의할 수 있다. 사업장평의회는 자본과 노동의 동등성 확보를 통해 경제사회적 민주화와 노동의 인간화를 동시에 추구하려 하였다.[177] 사업장평의회는 1952년 결성되어 제1차 세계대전 후 공동결정이 복지차원에서 경제영역으로 이동했고, 법률조항에 '노동자는 자신의 총체적 상황규정에 있어 기업가와 동등한 권리를 갖는다'고 명시되는 것으로 나타났다. 이미 바이마르공화국 시절에 노동자와 기업가는 사업장평의회법에 의거하여 동등한 결정권을 행사할 수 있게 되었다. 이어 인사영역, 사회적 영역, 경제적 영역에서 완전한 공동결정권을 갖게 되었다. 공동결정권 등장의 핵심원인은 '노동은 어떤 기구와 다른 어떤 요소보다 우위에 있다'는 노동우위의 원칙 혹은 노동자 존중주의와 밀접한 관련을 갖는다. 사업장평의회법에 의하면 노조원의 유무에 관계없이 사업장에서 일하는 모든 사람들은 자신들의 이해관계에 관계되는 영역, 곧 인사영역, 사회적 영역, 경제적 영역 등의 기업활동에 관련되는 전반적 상황에서 자신의 견해와 의견을 반영할 수 있다. 독일의 모든 기업체는 사업장평의회의 제도적 정착을 통해 기업 내 공동결정의 영역을 법적으로 보장하고 있다.[178]

사업장평의회는 사업장 내의 개인적 및 집단적 권리주장, 사용자의 결정권 보장, 종업원의 각종 욕구와, 주장, 안전에 관한 내용, 노동시

---

177) Stegmann, 앞의 논문, 2006. p. 6.

178) Richardi, Reinhard. *Arbeitgesetze 67*, Auflage. Beck-Texte ins dtv. 2005. p. 15.

간과 조건 등의 일체에 관한 것, 노동자의 노동태도와 규칙, 일의 시작과 마침, 교대시간과 휴식시간 등에 관한 사항, 휴식상황에 관련된 자세한 규정 등 사업장에서 일어나는 일체의 것에 대해 공동결정할 수 있다.[179] 그 밖에도 사업장평의회는 성별에 따라 동일 종류의 작업에서 동일 임금을 적용하는지 여부와 적정노동시간의 여부를 규정할 수 있고 가족친화적 휴가계획의 실시여부에 대해서도 관여할 수 있다. 사업주는 종업원 해고의 경우에도 사업장평의회 의견을 수렴할 필요가 있다. 해고요인이 발생할 때 일주일 간의 기간을 두어 숙고해 결정하도록 하고, 해고가 결정된 경우에도 전직이 가능한지 혹은 가족생계의 책임은 어떠한지 등에 대해 점검한다. 그 점검대상은 나이, 숙련도, 장애유무, 부양가족의 수 등을 따지고 타부서에서 일할 수 있는 숙련도는 있는지 등을 고려한다. 이처럼 사업장평의회는 종업원의 삶과 관련된 자세한 사항을 점검하여 노동자의 복지를 실현하는 데 힘쓴다.

　　사회적 시장경제는 자유로운 시장경제를 원칙으로 계층 사이에 구조적 경쟁의 차별적 부자유, 곧 능력 이외의 조건에 의한 경제기반의 선택적 차별을 배제하는 데 정책의 역점을 둔다. 사회적 시장경제에서 개체는 인격적 주체이며 공동체는 개체의 자기실현을 위한 존재양식임을 인정한다. 즉, 개인을 인격적 주체로 설정하는 개인의 인격성과 개체는 공동체를 통해 자기실현을 할 수 있다는 개인의 사회성을 동시에 인정한다. 공동결정을 통한 동반자 관계 형성은 사회적 시장경제의 중요한 특징이다. 동반자적 공동결정은 시장경제를 사회적 시장경제답게 하는 핵심적 요소라 할 수 있다. 사회적 시장경제는 공동결정에 의한 노사동반자 관계형성을 중요시하며, 이를 통한 노동의 인간화를 핵심가

---

179) Wottawah,H.·정용교, 앞의 책, 2008 p. 176.

치로 받아들인다. 공동결정은 의사결정이 비교적 늦게 진행될 수 있지만 노사 상호 간의 신뢰를 토대로 견고한 협력을 이끌어낼 수 있다. 공동결정에 의한 사회적 협력자로서의 경제사회적 모델을 확립할 수 있다면 작업장에서의 평화는 물론이며 사회전체의 조화로운 발전을 이룰 수 있을 것이라는 사회적 믿음에 근거한다.

3. 사회적 시장경제의 현대적 전망 : 사회적 기업을 중심으로

독일은 1989년 통독이후 대량실업의 위기에 직면하였다. 1990년대 중반 이후 실업률은 매해 10%를 넘어섰고 이들 가운데 1/3 이상은 장기실업자였다. 신 산업영역은 숙련된 직원을 찾을 수 없었고 숙련도가 낮은 사람은 직업을 얻을 수 없는 상황이었다. 저학력 젊은이들, 노인들, 심신장애와 건강에 문제가 있는 노동자와 취약계층의 장기실업자들 등이 핵심적 사회문제로 등장했다. 이에 정책당국(연방노동청과 각주의 지방자체단체)은 실업자에게 무작정의 자금지원이 아닌 고용육성에 관심을 기울였다. 그 일환으로 교육적, 직업적 프로그램을 운영할 비영리 단체를 선정해 지원하게 되었다. 이런 노력은 사회적 기업의 활성화에 의한 노동통합형 정책으로 드러났다.

독일에서 사회적 기업정책은 새로운 고용창출을 통해 프로젝트에 참여한 사람들의 자질향상을 도모하였다. 이에 의해 개방적 노동시장에 고용될 수 있는 여건을 제공하는 데 두었다. 이런 사회적 기업정책을 통해 186만개의 일자리를 창출할 수 있었고 이는 독일 노동인구의 6.5%를 차지할 정도였다.[180] 그 밖에도 독일의 사회적 기업은 경제사회적 소외계층에게 정상적 삶을 영위할 수 있도록 하는 역할을 수행하였다. 실제 독일에서 사회적 기업은 여성(사회적 기업의 여성고용율

72%, 일반기업의 여성비율 43%), 중장년층(사회적 기업의 중장년층 고용율 52%, 일반기업 20%) 등에 일자리를 제공하는 역할을 하였다. 사회적 기업 종사자의 경우 임금총액에서도 일반노동자 평균임금의 90% 수준에 해당한다. 이는 경제적 경쟁과 사회정의, 시장경제와 도덕성 사이의 균형을 추구하려는 독일식의 사회적 시장경제의 원리를 반영한 것이다. [180)

독일의 사회적 기업들은 독일사회에 내재한 조합주의적 성격을 반영하여 시민사회적 측면과 사회경제적 측면을 동시에 추구한다. 이런 점에서 사회적 기업에 대한 정의와 활동범위의 확정이 쉽지 않으며 그 폭도 넓게 형성되는 특징을 갖는다. 대체로 사회적 기업은 지역차원에서 지역의 필요성에 부응하여 일자리를 창출하는 분야에 집중된다. 그 주요영역은 음식과 주택, 지역에너지 보급기술, 운송, 상하수도, 지역지향적인 사회서비스와 생산서비스, 지역문화, 레저와 레크레이션, 환경보호, 도시인프라 구축 등의 영역에서 이루어진다. 사회적 기업은 지역사회 전체를 대상으로 취업기회를 확대할 수 있는 중요한 수단을 제공하는 동시에 사회적, 경제적으로 열악한 위치에 처한 사람들의 일자리를 늘리는 데도 핵심적 수단을 제공한다. 사회적 기업이 활동하는 주요영역은 다음과 같다. 협동조합, 자선기구, 재단, 전통적 연합체 등의 전통사회적 경제운동 단체들, 사회적 약자그룹의 사회통합을 위한 조직, 자원봉사 조직과 기관, 대안운동, 여성과 환경운동의 자립기업, 자조운동, 사회-문화 기업, 지역사회 교환거래제도, 지역사회 공동체 경제운동 등을 두루 포괄한다.

이런 영역들은 사회변화를 위한 실제적인 도구로서의 대안경제,

---

180) 사회적 기업연구원, "독일 사회적기업 네트워크", 2007.12. pp. 34-35.

대량실업에 대한 대응책, 지역경제와 공동체 발전을 위한 수단으로서의 특징을 지닌다. 이런 특성 때문에 독일의 사회적 기업은 노동시장의 표적집단을 더 높은 비율로 고용하고 고용을 위한 자격기준도 상대적으로 높은 편이다. '하이브리드 기업'을 특징으로 하는 독일의 사회적 기업은 경제적 목표와 공동체 지향의 목표를 동시에 추구한다. 따라서 사회적 기업은 투자된 자금의 이윤창출에 그 목표를 두지 않고 전체사회의 공익적 목표를 달성하기 위해 필요한 자금을 어떻게 적절히 조달할 수 있느냐에 핵심적 관심을 부여한다. 이런 사회적 기업활동을 통해 정규 노동시장에의 진입이 어렵거나 배제된 집단을 위한 일자리 창출에 관심을 기울이며, 또 그들이 좀 더 원활히 노동시장에 진입할 수 있도록 도움을 제공하는 데도 관심을 기울인다.

독일에서 사회적 기업이 추구하는 목표는 다음과 같다. 가난을 극복하고 각종 사회적 배척 요인과 싸워 인간 삶의 안녕을 도모하며, 또 사회적으로 유용하면서 환경친화적 직장을 제공하고자 한다. 장기실업자와 다양한 사회적 소외계층을 사회에 적극적으로 통합시켜서, 지속가능한 지역경제를 발전시키는 데 그 핵심목표를 둔다. 이때 기업의 사회적 책임은 다음의 원칙을 전제한다. 첫째, 재화와 서비스 생산, 공급을 통해 이윤과 고용을 창출하는 경제적 책임이며, 둘째, 회계투명성, 성실한 세금납부, 소비자 권익보호 등의 법적의무를 수반하는 법적 책임을 져야 하며, 셋째, 환경경영, 제품안전, 여성이나 현지의 소수인종을 공정하게 대우하는 윤리적 책임이며, 넷째, 사회공헌활동, 자선활동, 교육·문화·체육활동을 지원할 수 있는 자선적 내지 재량적 책임을 져야 한다.[181] 사회적 기업은 시민사회의 성숙에도 일정한 영향을 행사할

---

181) 민병욱, 앞의 논문, 2013. p. 165.

수 있다. 이때 사회적 기업정책의 준거는 지속적인 생산과 서비스 판매, 높은 수준의 자율성, 경제적 위험상존, 최소한의 유급노동, 지역사회 이익명시, 시민사회에서의 기원, 의사결정권과 자본소유의 분리, 개방적 의사결정, 제한적 이윤배분 등에서 찾을 수 있다.[182]

독일에서 사회적 기업은 신자유주의적 경제와 서구식 복지제도의 축소상황에 직면하여 기존의 사회경제와 제3섹터의 한계를 배경으로 등장하였다. 사회적 기업은 사회경제적 재화 및 서비스 생산과 전달을 새로운 사회적 기업가 정신에 통합시키고 시민참여를 공동생산 부문으로 통합시킨 '제3섹터 유형의 새롭고 혼종적인 형태'라 볼 수 있다.[183] 협동조합과 같은 사회경제가 단일의 사회집단에 의거해 설립된데 비해, 사회적 기업은 종업원, 자원봉사자, 소비자, 지원단체, 지방지치단체 등 다수 이해관계자가 사업파트너로 참가한다. 사회적 기업은 내부구성원의 이익뿐만 아니라 공동체 전체의 보편이익을 동시에 추구한다.

이상의 논의를 바탕으로 할 때 독일에서 사회적 기업영역은 환경·문화 등 미래 성장산업, 시장·정부실패로 수요에 비해 공급이 부족한 분야, 독점적 공공서비스를 민간위탁으로 전환할 수 있는 분야, 지역특성을 반영한 지역밀착형 특화모델, 취약계층에게 일 경험을 제공하는 경과적 일자리 등에서 활성화될 수 있었으며,[184] 그 주요 특징은 다음과 같다.[185] 첫째, 사회적 기업은 사적이윤보다 사회정의나 삶의 질과 연관

---

182) 송백영, "사회적 경제모델과 한국의 사회적 기업정책", **공공사회연구** 2. pp. 14-15.

183) 이항우(2011), "사회적 기업과 대안경제: 청주지역 사회적 기업 '가온'과 '삶과 환경' 사례연구", **사회적 기업의 현재와 미래**. 2011. p.5.

184) 송백영, 앞의 논문, 2011. p. 25.

185) 이항우, 앞의 논문, 2011. p. 6.

된 목적을 추구한다. 이를 통해 취약계층의 돌봄서비스 및 미숙련 노동자를 노동시장에 통합시키고자 한다. 따라서 사회적 기업은 노인, 고아, 실업자를 포함하여 지역사회 전반에 걸쳐 보건과 교육, 그리고 상담 등과 같은 개인서비스 영역을 담당한다. 둘째, 사회적 기업은 지역공동체를 통한 지역발전 프로젝트 추진에 관심을 기울인다. 이를 통해 공동체적 연대의식을 증진시키려 하며, 특히 지역문화와 환경관련 영역에서 그런 일을 수행한다. 셋째, 사회적 기업은 외부의존성 경제에서 탈피하여 자립할 수 있는 자조윤리를 강조하며 무엇보다도 지속적 활동을 가능케 하는 자원을 스스로 충당하는 데 관심을 갖는다. 이런 점에서 볼 때 사회적 기업은 공동체 지향적 성격을 띠고 사회적 힘을 토대로 공동체 전체의 이익을 실현하는 데 중요한 목적을 둔다.

독일 사회적 기업활동이 갖는 시사점은 다음과 같다. 첫째, 사회적 기업은 소외계층의 고용증대에 목표를 두고 경제적 저효율을 증대시키는 기능을 수행한다. 대체로 독일은 경제적, 사회적, 생태적 지속가능성이 높은 사회로 고용(노동) 중심의 사회복지 안전망이 잘 갖추어져 있지만 여전히 노동소외 계층을 대상으로 고용안정화에 노력할 필요가 있다. 둘째, 사회적 기업은 경제적 불공정을 공정으로, 사회적 불안과 불신을 안전과 신뢰로, 생태적 파괴를 생태적 배려로 전환하는 데도 일정 역할을 담당한다. 독일은 경제적 공정질서, 사회적 안전망, 생태적 보전기제 등이 공정하게 정립되어 있다고 할 수 있지만, 이런 영역을 범사회적 영역에서 구체적으로 실천하도록 하는 데 나름의 역할을 수행한다. 셋째, 사회적 기업활동을 통해 사회통합적 기능을 실현하는 데도 지속적으로 관심을 기울인다. 독일 사회적 기업의 특징은 사회적 시장경제의 정신을 현실사회의 장면에 실현하려는 일련의 노력이 반영된 것이다.

4. 인간의 얼굴을 한 자본주의

이미 보았듯이 독일식의 사회적 시장경제는 경제적 차원에서 인간화를 실현할 수 있는 지속가능발전을 보장하는 데 관심을 두었다. 무엇보다 독일식 사회적 시장경제는 영미식의 자유시장경제가 갖는 자본의 냉혹성에서 벗어나려 시도하였으며, 아울러 사회주의 경제가 갖는 계획과 통제의 의한 인간의 수동성으로부터 자유롭고자 하였다. 즉, 사회적 시장경제는 자유주의적 요소인 자유보장과 사회주의적 요소인 사회정의와 형평을 동시에 추구함으로써 '인간의 얼굴을 한 자본주의'를 실현하려 했던 것이다.

독일의 경제사회적 환경을 배경으로 등장한 사회적 시장경제는 경제행위를 둘러싼 테두리 질서의 수립이 가능할 때 지속가능사회의 조건이 보장될 수 있다고 본다. 이런 지속가능사회의 조건으로서 경제활동에 적합한 질서구조를 수립하는 것과 맥락을 같이한다. 아울러 지속가능체제로서의 사회적 시장경제의 핵심요소는 질서구조의 정립, 노동존중주의, 공동결정과 동반자 관계 설정 등에서 찾을 수 있었다. 사회적 시장경제는 질서구조(framework)를 통해 경쟁과 도덕성 사이의 갈등과 충돌을 방지하며, 또 이를 통해 시장의 힘만으로 보호될 수 없는 경제사회적 약자를 위한 공동재화를 보호하려는 시스템을 갖추고자 하였다. 또 사회적 시장경제는 노동존중주의의 실현을 통해 노동을 상품으로 사고파는 재화의 성격으로 바라보는 것에서 벗어나 인간으로서의 품위를 존중받으며 일할 수 있는 인간적 환경을 만들고자 하였다. 사회적 시장경제의 또 다른 핵심적 특징은 공동결정을 통한 동반자 관계를 설정하는 것과 밀접한 관련을 맺는다.

사회적 시장경제에서는 노동자를 비용요소, 곧 상품으로 바라보는 시장경제의 인식틀에서 벗어나 노동자를 자본가의 동반자로 바라보고 그를 공동기업가로 인정할 때 공동결정 구조가 성립될 수 있다고 본다. 이런 공동결정은 동반자적 결정 내지 동반자 관계의 본질적 요소가 된다. 특히 독일의 경제사회적 여건에서 공동결정은 사업장평의회의 운영으로 구체화되었다. 사업장평의회는 노조가입에 관계없이 사업장에서 이루어지는 일체의 사항을 공동결정하도록 보장하는 것으로서 노동현장에서 노동우위의 원칙에 의거하여 노동의 인간화를 적극적으로 실현하려는 시도이다.

최근 사회적 시장경제의 원리는 사회적 기업의 활성화로 그 구체적 모습을 드러내고 있다. 독일에서 사회적 기업은 지역차원에서 지역의 필요에 부응하여 일자리를 창출하는 영역으로 나타나며, 동시에 음식과 주택, 지역에너지 보급기술, 운송, 상하수도, 지역지향적 사회서비스와 생산서비스, 지역문화, 레저와 레크레이션 등의 영역에서 다양하게 활동하고 있다. 이는 독일사회 특유의 사회적 시장경제의 정신과 원리를 반영한 것으로 볼 수 있다. 바꾸어 말하면, 경제적 경쟁과 사회정의, 시장경제와 도덕성 사이의 균형을 추구하려는 사회적 시장경제의 원리를 현실의 경제사회적 장면에서 좀 더 적극적으로 실천하려는 활발한 시도라 할 수 있다.

8장

경제윤리학과 경제교육

오늘날 경제사회적 환경에서 경쟁은 날이 갈수록 점점 치열해지며 그에 따른 경제사회적 양극화도 한층 심화되고 있다. 그런 과정에서 수많은 사회적 약자들이 생겨나고 있으며 그들이 설 수 있는 경제적 여건도 훨씬 악화되고 있다. 그동안 우리는 성장논리에 지나칠 정도로 집착했다. 그런 과정에서 인간의 기본적인 욕구충족 이외에도 인간의 복지와 자유로운 자기결정이 경제발전의 중요한 기준임을 간과하며 살아왔다. 물론 이러한 경제 제일주의 경향은 성장이데올로기 형태로 나타났고 마침내 우리는 우리도 모르는 사이에 성장신화에 길들여지게 되었다.

성장지상주의적 경제발전 과정에서는 수많은 경제적 및 사회적 역기능이 발생할 수밖에 없었다. 경제성장을 통해 바람직한 경제사회적 상황을 형성하여 모두가 행복한 삶을 누리기는커녕 오히려 빈부격차의 심화, 노사 간의 전투적 대결양상, 지역 간의 갈등분출, 세대 간의 소통단절, 진보와 보수로 대변되는 첨예한 이념대립 등의 부작용이 사회 곳곳에서 나타나기 시작하였다. 최근 이런 경제사회적 부작용을 목격하면서 사회 일각에서는 성장지상주의 경제에 대한 다양한 학문적 성찰이 모색되기에 이르렀으며, 나아가 그런 부작용을 극복하려는 다양한 형태의 사회운동이 활발히 전개되기도 한다.

성장 지향적 경제에 대한 반성은 우선 인간을 바라보는 시각의 대전환에서 출발해야 할 것이다. 지금까지의 경제적 차원으로 인간존재를 바라보는 시각에서 벗어나 실존적·인격적 차원으로 바라보고 해석할 수 있어야 한다. 즉, 인간 존재를 존엄성에 부합하는 다차원적인 욕구와 권리를 가진 주체로 파악할 수 있어야 한다. 예컨대 인간은 물질적 재화에 의한 육체적인 욕구충족, 정신적·육체적인 건강, 여가시간과 휴양, 쾌적한 노동조건, 자유(자기결정과 공동결정의 자유, 결사의 자유), 자아계발, 생계안정(일자리의 안정과 노동에 대한 권리 보장 등), 온전한 환경보전 등의 다양한 조건을 필수불가결한 요소로서 보장받을 수 있어야 한다.

경제를 바라보는 시각과 경제목표에 대한 입장은 바로 '인간이 모든 경제활동의 목표이며 기준이 되어야 한다'는 대명제에서 출발해야 한다. 경제활동을 통해 추구하는 경제의 중요한 목적은 경제발전을 통해 인간 삶을 좀 더 향상시키며, 동시에 경제활동 과정에서도 인간존엄이 보장되며 인간가치를 실현하는 데 있다.

이 장에서는 경제활동을 통해 인간존엄과 가치실현을 위한 이론적 시각모색과 그 구체적 실천방안에 대해 모색하고자 한다. 먼저 경제학을 넘어선 경제윤리학의 제안을 통해 경제활동에서 인간가치와 존엄의 실현이 얼마나 중요한 것인지를 알아보도록 한다. 이어서 인간존엄을 보장할 수 있는 경제윤리의 구체적 방안은 어떠해야 하는지에 대해 탐색할 것이다. 이런 경제윤리의 실천은 독일의 경제사회적 환경을 배경으로 발전해온 사회적 시장경제질서에 토대하여 다룰 것이다. 마지막으로 사회적 시장경제질서에 입각할 때 경제교육은 어떤 모습을 해야 할 것인지에 대해 타진할 것이다.

1.경제윤리학의 등장과 필요성

경제윤리학(경제질서철학)의 등장

경제학에서는 생산성, 성장, 경쟁력과 같은 경제적 목표를 중요시하지만, 경제윤리학에서는 경제생활의 윤리, 올바른 윤리적 구조와 목표설정, 행동양식 등을 중요시한다. 여기서 윤리는 구조상의 윤리를 말하는 것이지 경제활동을 하는 사람의 신념이나 행동의 윤리를 말하지 않는다. "개인의 올바른 인식과 책임감"[186]만으로는 충분하지 않고, "국가가 규정한 테두리 질서" 수립의 필요성을 제시한다. 경제질서의 수립은 "경제질서에 내적인 정당성을 부여하는 윤리적 이상을 통해 보다 심원한 근거"를 갖출 때 가능할 수 있다는 점을 부각시키고자 한다. 경제윤리학의 중요한 대상은 자유와 사회정의에 토대해야 한다.[187] 경제윤리학의 기본전제는 "인간은 자유로운 개체이면서 동시에 연대의 의무를 져야 하는 사회적 존재여야 한다"는 인간관을 바탕으로 한다.

이런 점에서 볼 때 경제행위에 있어 윤리는 때에 따라 등장하거나 동행하는 경제의 한 부수적 현상이 아니라 언제나 항상 현존하며 주도

---

186) Ludwig Erhard & Alfred Müller-Armack(Manifest '72), *Soziale Marktwirtschaft Ordnung der Zukunft. ein Ullstein Buch*, 1972 및 Peter H, Köppinger, *Die Zukunft der Sozialen Marktwirtschaft*, Königswinter, 1984, p.16.

187) Erhard & Müller-Armack, 1972, p.11.

적 역할과 영향을 미치며 인간 삶에 중요한 기준이 되어야 한다. 즉 "경제행위는 '질서철학'으로 경제의 중심에 '인간'을 두어야 한다"[188]는 명제가 성립된다. '경제정책'은 '사회정책'의 일부분이 될 필요가 있다.[189] 경제정책은 "인간을 단지 기능적으로 생산자이며 소비자로 보지 않고 그를 인격적 실존으로 바라보는 사회정책"을 통해 보완할 수 있어야 한다.[190]

사회적 시장경제는 그 성립에서부터 경제의 윤리적 측면을 제도적으로 보장하는 데 중요한 목적을 두었다. 사회적 시장경제에서 '사회적'이란 용어는 시장경제가 모든 사람의 물질적 번영에 이바지해야 하며, 동시에 사회에 있어서 상대적으로 약하거나 불리한 입장에 서 있는 사람들에 대한 윤리적 자세, 즉 공익적 자세를 견지해야 함을 뜻하기 때문이다.[191] 나아가 '사회적'이란 말에는 '인간의 인격적 계발'을 포함하며, 이런 인본주의적 경제관이 경제체제의 '중심이 되어야' 함을 뜻한다. "자유, 정의, 평등은 사회적임을 드러내는 데 본질적이고 불요불가결한 요소일 수밖에 없다."[192] 따라서 사회적 시장경제는 응용윤리학 혹은 실용윤리학으로서의 성격을 띤다.

---

188) Köppinger, 1984, p.15.

189) Erhard & Müller-Armack, 1972, p. 20.

190) Köppinger, 1984, p.72.

191) Erhard & Müller-Armack, 1972, p. 61.

192) Köppinger, 1984, p.72. 사회적 시장경제제도는 어떤 의미로 어떤 역사적 배경에서 출현하였으며, 그 핵심내용은 무엇인지에 대한 좀 더 자세한 논의에 대해서는 Herbert, Wottawah·정용교, "사회적 시장경제의 핵심내용과 주요테제", 담론201(8집1호)』, 한국사회역사학회, 2005 및 Erhard & Müller-Armack (Manifest '72)를 참조할 것.

시장경제를 경제에서 구현되어야 할 윤리적 규준의 측면과 이런 규준에 상응하는 경제모델(실현도구)로서의 측면으로 나누어 생각할 수 있다. 윤리적 차원에서 볼 때 올바른 경제모델을 확립하려면 시장경제를 보완할 필요가 있다. 이렇게 보완되고 새로워질 때 그것이 윤리적 규준에 상응하는 것이어야 한다. 사회적 시장경제에서는 사회정의와 함께 인간의 자유실현을 윤리적으로 추구해야 할 중요한 가치로 본다. 사회적 시장경제는 '사회정의'와 '자유'를 동시에 실현하려는 경제체제라 할 수 있으며, 이런 시도를 통해 경제사회적 차원에서의 '윤리적 선'에 도달하는 데 관심을 둔다.

경제활동의 주체로서 인간과 윤리

경제생활은 인간 공동체적 삶의 한 영역 내지 형태로 나타난다. 여기서 사회윤리의 일반적 원칙들이 적용된다. 사회윤리학의 중요한 원칙은 '사회가 인간을 위해 있는 것이지 인간이 사회를 위해 있는 것이 아니다'라는 데 있다. 그것은 인간이 사회생활의 목적설정과 진행조성의 기준이 되어야 한다는 것을 의미한다. 즉, 공동생활의 목적을 설정할 때 인간의 복지 내지 공익이 그 핵심적 가치가 되어야 함을 말한다. 이때 공익은 다만 사회생활의 결과여야 한다. 또 공동생활을 진행할 때 인간의 자유로운 자기결정과 복지가 기준이 되어야 한다. 특히 이런 점에서 노동세계에서의 인간화가 요구된다. 결국 '경제란 인간을 위해 있는 것이지 인간이 경제를 위해 있는 것이 아니며',[193] 아울러 '인간은 산업 노

---

193) Rüstow, A., *Das Versagen des Wirtschaftsliberalismus*. Bund-Verlag, 1950, p. 91.

동적 생활의 중심에 설 수 있어야 함'에 유념할 필요가 있다.[194)

사회윤리의 원칙들을 인간 공동체 생활의 중요한 형태로 경제에 응용한다면 경제의 목표는 인간을 가능한 경제적 주체로 잘 돌보아 주며 보호해야 하는 것에서 찾아야 함을 뜻한다. 곧 경제활동의 목표를 자본 축적(과연 누구를 위한 것인지?)을 위한 도구로 삼아서는 안 됨을 의미한다.

이런 입장에 설 때 경제활동을 해야 할 존재로서의 인간은 오로지 자기 자신을 위해서 경제 활동을 하는 존재라기보다 경제공동체를 구성하여 함께 살아가는 존재이기도 하다. 이때 인간은 경제공동체 구성원의 복지를 위하여 재화를 생산하고 또 서비스를 수행한다. 경제활동을 하는 개인의 목표는 우선 자신에게 유익한가 하는 것이 될 것이다. 그렇지만 경제공동체가 효과적으로 기능하려면 일정한 '질서'에 근거하여 경제행위를 수행할 수 있어야 한다. 이 지점에서 경제의 윤리적 차원이 성립되기도 한다. 왜냐하면 윤리적 측면에서 볼 때 경제는 만인의 복지를 향한 질서를 수립하고 그런 질서 위에서 경제공동체로서의 역할을 할 수 있어야 하기 때문이다. 경제는 특정 개인의 사익뿐만 아니라 경제사회의 질서유지를 위한 공동선에 이바지해야 하는 영역으로 움직여야 한다.

결국 경제가 인간 존엄성에 맞게 틀지어지고 운영되어야 한다는 말은 인간이 경제활동의 기준이며 목표여야 함을 뜻한다. 경제는 인간다운 면모를 지니고 인간존엄에 맞게 인간의 얼굴을 하면서 운영되어야 한다는 것이다. 이런 상황에서 볼 때 경제는 윤리적인 문제와 직결된다. 그런 윤리측면은 경제활동에서 중요한 준거가 되어야 하는 것으

---

194) ibid., p.92.

로 이해할 수 있다.

2. 경제생활의 가치질서[195)

인간은 경제의 목표

여러 가지 경제여건에서 생산성을 절대적인 목표로 설정하지 않았다 해도 국제적 및 국내적 경쟁 때문에 우리는 그렇게 할 수밖에 없다고 말할 수 있다. 즉, 똑같거나 더 높은 생산성을 갖지 않는다면 경제는 망할 수밖에 없다고 볼 수도 있다. 그래서 살아남고자 한다면 노동자에게 일정수준까지 희생을 감수하여야 한다고 주장한다. 다시 말해, 노동자의 이익과 권리는 생산성의 유지나 증대 때문에 불가피하게 희생될 수밖에 없는 것으로 볼 수도 있다.

흔히 오랫동안의 경제성장 과정에서 생산성 향상과 경쟁에 아주 익숙해져 낮은 생산성을 기업의 이윤이 적어지는 것으로, 곧 경제가 망하는 것으로 받아들이는 경향이 있었다. 적정한 생산이란 어떠해야 하며, 어떻게 분배문제를 해결해야 하는지에 대해 생각하지 않은 채 성장과 생산성 향상에 몰두하였다. 그런 과정에서 고도성장은 지상과제로 여겨졌으며, 효율성의 이름으로 갖가지의 구실을 붙여 구성원들을 닦달하는 것조차도 정상적으로 수용하였다. 생산성을 낳지 못할 때 도태되어야 할 대상으로 받아들였다. 그것은 인간품성 육성을 기치로 한 교육의 영역에서도 예외 없이 적용되었다. 심지어 점수경쟁을 통한 성적

---

195) 경제생활의 가치질서는 독일식 사회적 시장경제에서 바라보는 경제질서에 대한 견해에 토대하였으며, 이하의 논의는 이런 관점에서 전개되었음에 유념할 필요가 있다.

향상은 교육이 나가야 할 지상과제이자 목표로 보였다.

원칙적으로 생산성 향상을 통한 기업 이윤창출에 이의를 제기할 수 없고 그것을 긍정적으로 받아들일 수 있다. 그렇지만 여전히 이윤 올리기와 경제성장 역시 인간 존엄성에 맞게 이루어져야 한다는 사실을 부인할 수 없다. 생산성 증대는 다른 대책, 즉 생산방법의 기술적인 합리화와 유연적인 시장적응을 통해 가능한 것이어야 하지, 경제생활의 비인간화를 통해 이룩하고자 한다면 곤란하다. 경쟁력 향상은 임금억제를 전제로 하는 임금통제 방법보다는 품질개선 방법을 비롯한 혁신의 도입으로 추구되어야 한다.

경제생활에서 인간을 중심에 둔다면 비인간적인 급속한 성장과 최대생산성보다 인간다운 느린 성장과 적은 생산성도 인정될 수 있어야 한다.[196] 생산성을 향상하기 위해, 즉 더 많은 이윤을 올린다는 명목으로 정리해고와 같은 노동력 감축정책은 정당화될 수 없다. 물론 경우에 따라 생산성이 기업이 망할 정도로 떨어질 수도 있다. 이 경우 정리해고를 포함하여 여러 가지 경영합리화가 모색될 수 있을 것이다. 그렇지만 기업이 망할 때에도 해고자의 생계를 어느 정도까지 보장하는 어떤 조치를 회사 또는 사회가 취할 수 있어야 한다. 노동자들이 법제정이나 각종 사회제도를 통해 실질적인 권리를 보장받을 수 있어야 한다(예컨대 위로금, 연금 조기지급, 재취업 알선과 교육, 실업 보험금 등등).[197]

---

196) 경제의 근본적 효능은 무턱대고 생산을 증대시키는 데 있는 것이 아니고 사람들이 잘 생활할 수 있도록 상황을 만들어주는 것이다. 따라서 '경제성장' 없이도 잘 가동되는 경제를 창출하는 데 관심을 둘 필요가 있다. 이런 과제는 미래 생태적 환경을 고려한 경제운영과도 밀접히 관련된다.

197) 독일의 폴크스바겐사에서는 1990년대 대량해고라는 절박한 위기 상황에 직면했지만 노사 간의 원만한 합의를 통해 대량실업의 위기에서 벗어날 수 있었다. 예컨대 불로크 타임과 릴레이식 등과 같은 다양한 방법을 통해

우리나라의 경우에 60년대 이래 경제발전은 성장위주로 전개되었다해도 과언이 아니다. 이런 경제발전 모델은 "선성장후분배" 정책으로 나타났다. 그 뒤 산업구조가 선진화된 현재의 상황에서도 우리의 경제를 둘러싼 의식은 여전히 성장신화에 익숙하다. 물론 우리경제가 일정수준까지 발전하면서 경제전문가들 사이에서 성장이냐 분배냐를 놓고 활발한 사회적 토론이 전개되고 있으며 이런 과정에서 이전처럼 성장우선 정책이 일방적인 지지를 받고 있지는 않다.[198]

우리가 경제의 중심에 인간을 둔다면 - 이것은 도덕적으로 요구되는 것이다 - 성장을 위한다는 명분으로 정의와 공동선을 희생하는 것을 수용할 수 없다. 오히려 그 반대의 희생, 즉 정의와 공동선을 위해서 느린 성장을 일정수준까지 감내해낼 수 있어야 한다. 정의 및 공동선 그리고 그런 가치 등은 그 자체로 인간의 인격적 문제와 결부되기 때문이다. 그러나 투자와 소비 내지 성장과 분배비율의 문제에서는 언제나 타협이 있을 수 있다. 바람직한 투자와 성장의 정도에 있어서 여러 가지 객관적인 기준, 즉 경제적인 기준이 필요하다. 예컨대 일자리를 창출하는 것에는 일정 정도의 투자가 요구된다. 또 투자는 시장 수요를 고려하고 과잉생산에 조심 내지 유의하면서 진행될 필요가 있다. 물론 여기에서는 그것을 둘러싼 주관적인 선호가 어떠하냐에 따라 결정될 문제이기도 하다.

대량해고 상황을 무난히 타개해갈 수 있었다. 이에 대한 자세한 논의는 허창수, 『대량실업을 극복하는 길』, 왜관: 분도출판사, 1995를 참조할 것.

198) 1997년 IMF의 경제위기를 겪으면서 성장신화는 더욱 강화되었다. 분배가치를 기치로 등장한 참여정부에서도 경제위기 앞에서 분배보다는 성장정책을 강조하였다. 최근 우리 경제사회적 상황에서 '고용없는 성장'이 뚜렷이 나타나고 있다. 또 경제적 양극화가 심화되면서 경제를 바라보는 입장에서의 첨예한 견해 차이를 드러내고 있다.

누구라도 분배는 절대적인 최저생계비 이상을 보장해야 한다는데 동의할 것이다. 동시에 누구라도 성장(그리고 생산성과 경쟁력)은 반드시 극대화될 필요까지는 없다 하더라도 역시 있어야 한다는 것에도 동의할 것이다. 그렇지만 어느 정도까지 이 양자를 서로 맞추고 충족시키면 더 나은지, 즉 미래의 풍요로운 생활을 위해서 현재의 소비를 얼마만큼 미룰 것인지는(그 상호 비율관계) 결국 주관적인 선호에 따른 문제이다. 따라서 경제적 의미에서의 타협은 아주 중요한 과제로 부각된다. 이런 비율적 타협을 결정하는 데 있어서 인간적 가치실현는 중요한 고려요인이다.

인간은 경제과정의 기준

인간을 존중하고자 한다면 그의 경제생활에 있어서

다음과 같은 구체적인 가치를 존중해야 한다.

(1) 물질적 재화에 의한 육체적인 욕구 충족

(2) 정신적, 육체적 건강

(3) 여가시간과 휴양

(4) 쾌적한 노동조건(좋은 인간관계 포함)

(5) 자유(자기결정과 공동결정의 자유, 결사의 자유)

(6) 자기책임과 자아계발

(7) 생계 안정(일자리의 안정, 노동에 대한 권리의 보장)

(8) 온전한 환경(오염되지 않은 환경)[199]

---

199)   Erhard & Müller-Armack, 1972, pp. 93~99.

경제의 기준과 목적에 인간을 둔다면 이 모든 가치는 실현될 수 있도록 해야 한다. 즉, 그것은 이런 가치들의 적절한 결합에서 찾을 수 있다. 그러나 그러한 결합의 실현에 있어서 가치들 간의 충돌이 나타날 수 있고 그 때문에 어떤 가치들은 서로 제한될 수 있다. 그 가치의 실현에서 일정한 순서에 따를 수도 있다. 가치를 실현하는 순서에 있어서 우리는 더 높은 가치를 먼저 실현하여야 한다고 쉽게 말할 수 있다. 그러나 그 말이 성립되기에는 여전히 힘든 난관이 따르기도 한다. 실현의 절박성은 그렇게 간단하게 어떤 가치의 등급에 따를 수 없다. 이런 점에서 상위가치와 필요불가결한 가치 사이를 구별할 수 있어야 한다. 육체적인 욕구충족과 공동결정을 예로 들어 보기로 한다.

공동결정에서 표현되는 자유로운 자기결정은 육체적인 욕구충족보다 더 높은 가치이다. 자유와 같은 것이 정신적인 삶의 표현에 해당되고 인간을 다른 모든 존재와 구별해 탁월한 존재로 만든다. 예컨대 자유로운 자기결정과 같은 정신적인 가치는 더 높은 삶의 질을 실현하는 것이다. 그것은 궁극적으로 - 적어도 활발한 정신적 삶을 영위하는 인간에게는 - 먹는 것과 마시는 것보다 더 큰 행복의 원천이 되기도 한다(물론 먹는 것과 마시는 것만으로 완전히 만족하는 사람들도 있다). 그럼에도 불구하고 먹는 것과 마시는 것은 자유로운 자기결정보다 그 절박한 정도에 있어서는 앞선다. 사람은 먹는 것과 마시는 것 없이 살수 없으나 자유와 자기결정 없이 살 수 있기 때문이다. 굶주리는 사람은 먹는 것과 마시는 것에서 행복을 추구하는 것이지 자기결정에서 찾지 않는다. 때문에 물질적인 가치는 정신적인 가치보다 순서상으로 더 절박한 것일 수 있다. 즉, 우선적으로 실현될 필요가 있다. 따라서 물질적 재화의 생산이 우선시될 수 있다. 그렇다면 생계필수품의 생산을 막으면서까지 공동결정권을 도입할 필요가 없어진다고 할 수 있다.

그러나 여기서는 다음과 같은 원칙이 적용된다. 그 우선성은 다만 영양, 의복, 주거와 같은 생존에 불가피한 기본욕구의 충족과 관련해서만 적용되어야 하는 것이지 사치스런 삶에까지 적용되어서는 안 된다. 마찬가지로 인간은 그 기본욕구의 충족에 관한 절대적인 권리(인권)를 갖지만 사치생활에 대한 인권까지 주장할 수 없다. 그 우선순위는 배고픔의 기본욕구가 충분히 해결될 때까지 한해서 적용되어야 한다. 어떤 경제부문이 충분한 생산과 훌륭한 분배를 통해 모든 사람의 일정한 기본욕구를 해결한다면 이 재화생산의 절대적인 우선순위는 더 이상 거론될 필요가 없다.

3. 사회적 시장경제와 경제교육

독일식 사회적 시장경제의 특징은 다른 경제체제에서 잘 볼 수 없는 경제의 윤리성에서 찾을 수 있다. 사회윤리학의 근본전제는 공동생활의 목적을 설정할 때 인간의 복지 내지 공익에 둔다. 공동생활을 할 때 인간의 자유로운 자기결정과 그의 복지를 중요한 기준으로 삼는다. 이처럼 경제를 윤리적 측면에서 바라보고 운영하는 독일식 사회적 시장경제를 통해 경제교육에 줄 수 있는 몇 가지 시사점을 찾고자 한다.[200]

경제생활의 목적

경제의 목적은 인간의 복지이다

일반사회윤리의 원칙들을 인간 공동체 생활의 형태인 경제영역에 응용

---

200) 여기서는 독일의 사회적 시장경제에서 담아내려는 경제윤리적 원리들이 경제교육에 줄 수 있는 시사점에 한정해 논의를 전개하려 한다.

한다면 경제의 목적은 자본을 축적하는 데서 찾을 수 있는 것이 아니라 오히려 인간을 가능한 재화로 잘 돌보아 주는 것에서 찾을 수 있다. 이런 시각에서 본다면 재화생산을 위한 경제과정은 그 자체로 목적이 될 수 없다. 생산에 참여하는 인간이 생산에 종속되어서도 안 된다. 여기에 비해 고전적 자본주의에서 자본축적은 그 자체로 경제의 중요한 목적이 되었다. 노동자는 그런 목적에 종속될 수밖에 없었다.

사회적 시장경제의 창시자들은 경제적 생산과정 그 자체를 목적으로 삼지 않는다. 재화란 인간에게 제공될 목적을 지닌 수단이어야 함을 분명히 하였다. 여기서 "만인을 위한 복지"는 사회적 시장경제의 가장 중요한 핵심이 된다. 이런 의미에서 경제의 의미는 자본축적에 있는 것이라기보다는 인간복지에 두게 된다. 이미 1947년 독일에 사회적 시장경제를 도입했던 아렌너 프로그램(Ahlener Program)에서는 "모든 경제의 목표는 국민의 욕구를 채우는 일"임을 분명히 했다. 이로써 사회적 시장경제는 자유방임 자본주의와 사회주의 계획경제와 분명히 구분될 수 있다.

앞으로 전개될 경제사회적 환경에서 경제적 양극화 현상은 현재의 상황에서보다 개인적 및 집단적 차원에서 더욱 크게 부각될 것이며 그로 인한 경제사회적 갈등과 투쟁도 한층 격화될 것이다. 이런 경제사회적 상황에서 경제교육은 개체적 존재로서의 인간 이기심과 공동체적 존재로서의 공동선의 적절한 조화에 관심을 가져야 할 필요성이 있다. 지금처럼 효율성과 경쟁 그리고 성과 등의 경제논리만을 일방적으로 가르치고 주입시킨다면 그것이 사회 전체의 경쟁력 향상으로 이어지기 전에 엄청난 경제사회적 갈등에 노출되면서 심각한 계급투쟁을 야기시킬 수도 있을 것이다.[201] 사회적 시장경제에서는 바로 '경제는 인간을 위해 있는 것이지 인간이 경제를 위해 있는 것이 아니다'라는 대전제 아래 경제적 효율성만을 전면에 내세우지 않고, 인간가치를 실현할 수 있는 경제공동체의 실현에 많은 관심을 둔다.

여기서 공교육으로서의 경제교육은 경제영역 전반에서 인간화의 가치를 실현할 수 있도록 하는 데 관심을 둘 필요가 있다. 점점 냉혹성을 띠고 전개될 현재의 경제상황을 염두에 둘 때 그것은 경제교육이 지향해야 할 중요한 몫일 것이기 때문이다. 경제교육을 통해 인간의 경제행위를 어떻게 바라볼 것이며, 바람직한 경제사회적 공동체의 모습이란 어떠해야 할 것인지를 둘러싼 올바른 경제사회적 가치관형성에 관심을 기울일 수 있어야 한다. 경제교육은 경제학 내용 학습을 넘어서서 경제윤리를 반영한 경제적 가치관을 정립하는 데 관심을 가져야 하며, 동시에 타인과의 협동력 경제사회적 관계맺음이 어떠해야 하는지에 대해서도 학습할 수 있도록 해야 한다.

만인의 복지 내지 공동선은 경제의 목표이다

사회적 시장경제에서는 공동체 생활의 목표를 모든 사람이 갖는 동일한 존엄성을 바탕으로 공동선을 어떻게 실현할 것인가에 둔다. 즉, 공동체 생활 그 자체는 같은 정도로 만인의 복지에 이바지해야 하고 또한 만인은 공동체가 생산한 재화를 즐길 수 있어야 함을 전제한다. 모든 사람은 재화를 받을 동일한 기회를 부여받을 수 있는 경제 사회적 구조

---

201) 우리 사회의 곳곳에서는 효율성과 경쟁논리를 주장하는 측과 형평성과 분배논리를 주장하는 측 사이에 팽팽한 이념적 논쟁이 벌어지고 있다. 급기야 양측 간의 실력대결이 첨예한 양상으로 벌어지고 있다. 이런 시대적 상황에서는 공동결정을 통한 동반자 관계 설정과 같은 구체적 교수학습 프로그램을 개발해도 현장에서 실현하는 데 큰 난관이 따를 것이다. 경제를 효율성과 경쟁의 측면으로 바라보는 데 익숙한 상황에서 경제를 인간성 향상 내지 사회적 공동선 실현으로 바라보기는 쉽지 않을 것이기 때문이다. 이런 현실을 염두에 둘 때 경제교육은 경제를 바라보는 관점 내지 시각정립과 밀접히 맞물리는 문제이다.

속에서 삶을 영위할 수 있어야 한다.

공동선은 단순히 똑같이 분배하는 데 있지 않다. 똑같은 분배는 '부당한' 것일 수 있기 때문이다. 공동선에는 '정의로운 분배'가 요구되는 데 이때 정의로운 분배는 수행실적(성과)에 따른 분배를 말한다. 그렇지만 공동선의 원칙은 아무 것도 할 수 없는 사람까지도 관심의 대상에 넣을 수 있어야 한다. 사회정의는 이웃사랑을 통해 보완되어야 하기 때문이다. 사회적 시장경제에서는 사회적 약자를 배려하는 '만인의 복지'에 그 중요한 목표를 두며, 이를 통해 세상의 공동선을 실현하고자 시도한다.[202]

사회적 시장경제에서 사회정의와 공동선은 아주 중요한 두 가지 핵심요소이다. 특히 국가는 공동선을 구현하는 데 필요한 활동을 하여야 한다. 예컨대 고용촉진정책, 보조금 및 조세정책에 의한 소득분배, 공동선에 이바지하는 경쟁질서의 유지정책, 주택건설정책, 사회보장정책 등이 요구된다.[203] 아울러 국가는 공동선에 이바지할 수 있는 경제사회적 구조를 설정해야 한다. (예컨대 사업장 구조에 관한 법, 사회보장제도, 노사 간의 동반자 관계 등등).

사회적 시장경제의 주창자들은 시장이 자유롭게 작동한다면 공동선이 저절로 생겨날 수 있는 것으로 보지 않는다. 이 지점에서 국가에 의한 구조적 통제가 없다면 시장경제는 독점에 의한 '경제권력'으로 쉽게 변질될 수 있다. 시장에서의 경쟁은 그 자체로 공동선에 이바지하는 기능을 발휘할 수도 있다. 그렇지만 그런 경쟁질서는 저절로 주어질 수 없다. 이런 이유 때문에 경쟁질서를 유지하는 데 필요한 일정한 정

---

202) Müller-Armack, 1972, p.14.

203) ibid., p.13.

책이 필요하다는 사실이 거듭 강조된다. 만인의 복지 곧 공동선의 실현에 중요하기 때문이다. 따라서 공동선이란 자유방임주의에서는 우연의 부산물, 곧 저절로 생겨날 수 있는 것으로 바라보는데 비해, 사회적 시장경제에서는 의도적으로 추구한 목적으로써 생겨날 수 있는 것으로 바라본다.[204)]

이 지점에서 경제교육은 사회적 공동선 실현이 어떻게 가능할 수 있는가에 유념하면서 인간다운 삶이 가능한 경제관을 심어주어야 한다. 최근의 신자유주의적 상황에서는 세계적 차원의 경쟁력 확보가 국가단위의 경제운영에 핵심적 관건이 되면서 다수의 사회적 약자들이 양산될 가능성이 그 어느 때보다 커지고 있다. 아울러 지식과 정보가 경제의 중요한 생산요소로 등장하면서 경제에서의 쏠림현상도 한층 가속화될 것으로 보인다. 이런 시대적 상황을 염두에 둘 때 경제교육은 경제적 강자와 약자가 공존할 수 있는 경제사회적 환경을 어떻게 여하히 창출할 수 있느냐에 관심을 두어야 한다. 그런 상호적 합의체계를 사회 구성원들이 수용할 수 있도록 환경적 여건을 정비하는 데도 관심을 기울여야 할 것이다. 그렇지 않다면 계층 간의 간극과 계층적 대물림 현상이 심각한 양상에 이르러 지금까지 각고의 노력으로 쌓아온 현행의 경제사회적 체제마저도 위협에 노출될 가능성이 그 어느 때보다도 클

---

204) 사회적 시장경제에서 공동선을 중요시한다고 해서 국가의 무차별적 개입을 인정하지 않는다. 국가가 시장과 국민생활에 개입할 때 상당히 신중할 필요가 있다. 보조성 원칙에 입각해 국가영역이 개입하지 않는다면 개인의 인간다운 삶이 보장되지 않는다고 생각할 때 관여하는 것이 일반적이다. 사회적 시장경제에서 바라보는 국가관은 큰 국가가 아닌 작은 국가의 형태를 한다. 다시 말해, 국가가 반드시 개입하지 않을 때 사회적 공동선이 보장되지 않는 몇 가지 영역을 제외하고는 일반적으로 국가는 개입하지 않아야 한다는 원칙을 따라야 한다.

수 있기 때문이다. 경제교육은 계층 간극의 심화현상에 더 큰 기여를 할 것인지 아니면 동반자적 관계 설정을 통해 사회적 공동선에 다가갈 수 있도록 할 것인지에 대해 심사숙고해야 할 국면을 맞이하고 있다고 해도 과언이 아니다.[205]

경제생활의 진행

인간의 자유로운 자기결정권이 존중되어야 한다

사회적 생활이 인간복지에 이바지한다면 그에 합당한 질서를 마련할 수 있어야 한다. 즉, 사람들의 경제생활을 일정한 질서에 입각해 규정할 필요가 있다. 그러나 이와 같은 인간 삶에 대한 통제에는 일정한 한계도 또한 필요하다. 왜냐하면 인간은 사회적 존재인 동시에 자유로운 자기결정을 지닌 개체여야 하기 때문이다. 따라서 사회의 경제생활을 규정하는 질서와 조치들은 인간의 자유로운 자기결정을 가능한 존중하는 범위 내에 한정될 필요가 있다.

　인간은 이중적 본성을 지니고 있다. 인간은 개체적 존재이면서 동시에 사회적 존재이기도 하다. 인간은 한편에서 자유롭게 자기결정을 할 수 있어야 하지만 다른 한편에서 그는 사회적 연대에 구속될 수밖에

---

205) 독일의 경우, 1989년 통일 이후 당시 서독에서 동독으로 엄청난 투자가 이루어졌다. 1989년 통일 이후 10여 년이 지나면서 무려 수백조 유로의 돈을 투자하였고, 그런 노력을 통해 동서독 간의 경제적 격차를 상당 수준까지 완화시킬 수 있었다. 이는 사회적 시장경제의 환경에서 생활했던 서독주민들이 동독지역 주민들을 돌봐야 할 동반자, 곧 함께 살아야 할 파트너로 보았기 때문에 가능했다.

없다. 즉, 인간은 주체적 존재로서 마음껏 자유를 향유할 수 있지만 동시에 공동체 생활을 해야 하는 사람으로서 연대에 입각해야 한다. 그런데 그러한 연대는 사회 내에서 제도화되고 질서지어질 필요가 있다. 이렇게 사회 안에서 연대공동체를 형성할 때 인간은 반드시 일정한 윤리적 자세 내지 공익적 자세에 입각해야 한다.[206]

사회적 시장경제에서는 인간의 자유와 사회적 구속이라는 종합체적 성격을 충분히 인정하고 이를 조화롭게 실현하는 데 관심을 둔다. 연대적 존재로서의 인간실존을 염두에 두면서도 가능한 자유의 확대를 추구한다. 인간에게 있어서 자유로운 자아계발과 자기결정의 원칙은 불가침한 것이어야 한다고 보기 때문이다. 이런 점에서 개인의 행동과 결정의 자유는 부단히 확대되어야 한다.[207] 다른 한편에서 인간은 연대공동체의 일원으로서 타인과 동반자 관계를 맺을 수 있어야 한다. 여기서 말하는 사회적 동반자 관계는 계급투쟁과 권리가 없는 종속에 대한 대안적 의미를 띤다. 노동자를 바라보는 시각에서도 그는 인간이며 동료로 평가되어야 하고, 작업장에서의 '공동조성의 권리'를 누릴 수 있도록 해야 한다.[208] 이른바 회사를 '사람들의 공동체'로 바라보아야 한다. 따라서 경영자도 회사에서 일하는 사람들을 홀로 좌지우지할 수 있는 것으로 보아서는 안된다.[209] 인간은 산업노동의 중심에 서야 한다. 국가는 인간의 존엄성에 걸맞은 일자리를 조성해서 노동세계의 인간화를 보장할 수 있어야 한다. 동시에 개인의 입장에서도 노동세계에서의

206) Schummer, Uwe, *Im Mittelpunkt steht der Mensch*, Bund-Verlag, 1995.

207) Müller-Armack, 1972, p.61.

208) ibid., p.13.

209) ibid., p.14.

인간화를 요구할 수 있어야 한다.

경제교육에서는 경제적 제반 행위에 있어서의 자기결정이 갖는 중요성에 대해 성찰할 수 있도록 해야 한다. 아울러 작업장 내지 사업장 단위에서의 공동결정이 갖는 중요성에 대해서도 생각해볼 수 있어야 한다. 이런 자기결정과 공동결정의 변증법적 의의에 대해 성찰할 수 없을 때 개체적 존재와 공동체적 존재로서의 인간성이 갖는 중요성을 놓칠 수 있기 때문이다. 특히 노동의 세계에서의 인간화 실현은 사회적 시장경제의 핵심목표로서 사업장 단위에서의 인간화를 위한 관건이다.

작업장 내지 사업장 단위에서 공동결정권은 노동세계의 인간화에 필수적인 것이다. 독일의 단위사업장에서 일상화되어 있는 공동결정권 제도에 주목해 볼 필요가 있다. 독일의 단위사업장에서 노동자는 의사결정에 주체적으로 참여할 수 있다. 그들의 경우 5인 이상의 종업원이 일하는 어느 사업장에서든 '사업장평의회(Betriebsrat)' 제도를 설치하도록 되어 있으며, 이 사업장평의회를 통해 종업원들이 기업의 공동주인으로 권리와 의무를 행사할 수 있다.[210] 인간이란 자신이 하는 일에 대해 스스로 결정할 수 있을 때 노동세계에서의 인간화가 더 잘 구현될 수 있다고 보기 때문이다. 이런 작업장에서의 인간화가 가능할 때 인간은 더욱 주체적인 삶을 영위할 수 있고 경제에서의 효율성과 성장도 보장될 수 있다.

우리의 경제교육은 형식적 측면에서 합리적 의사결정력의 중요성을 주장하고 그런 능력을 키우는 것에 관심을 기울이고 있지만, 실질적 측면에서 입시와 시험이란 틀에 매몰되어 제대로 된 자기결정에 토

---

210) 사업장평의회 관련 좀더 자세한 논의에 대해서는 Herbert, Wottawah·정용교, "기업내 공동결정권을 둘러싼 쟁점과 핵심내용-독일의 사업장평의회를 중심으로-", 『담론201(9권3호)』, 한국사회역사학회, 2006를 참조할 것.

대한 의사결정력을 키우는 데 많은 한계를 갖는다. 학생들이 자신의 삶과 밀접한 경제행위를 둘러싼 쟁점에 대해 자기결정 능력을 키울 수 없고 무엇보다도 그런 자기결정력 향상을 위한 철학적 배경을 조성하는데도 성공적이지 않다. 경제교육은 점수와 성적에 초점을 둔 성과위주로 진행되었다. 그런 과정에서 경제행위를 둘러싼 자기결정력과 공동결정력의 중요성을 제대로 학습할 수 없었다.

독일 김나지움 경제교육의 경우, 사회적 시장경제제도에 대한 확고한 신뢰에 토대하여 어떻게 경제행위를 하는 것이 공동선에 입각한 자기결정인지에 대해 학생들에게 다각도로 생각하도록 하였다. 또 그렇게 사고한 바를 실제의 행동으로 옮기도록 하는 실천적 프로그램을 운영하는 데 관심을 두고 있었다. 사회적 공동선의 실현이라는 대전제 아래 각 개별 경제주체들이 자유로운 경제활동을 통해 맡은 바 책임을 어떻게 스스로 수행하도록 할 것인지를 터득하도록 하는 데 노력하고 있었다. 이처럼 자기결정을 보장한다는 것이 인간존엄성의 중요한 실현이라는 사실을 생각하도록 했고, 그런 자기결정이 공동결정의 대전제와 불가분의 관계를 갖는다는 사실에 대해서도 강조하고자 했다.[211]

경제과정은 인간복지에 맞게 구성되어야 한다

경제가 인간을 위해 존재한다는 뜻은 인간이 경제의 목적일 뿐만 아니라 경제활동의 주체인 동시에 인간은 경제적 생산과정에 있어 규준이 되어야 함을 뜻한다. 즉, 그것은 생산조건을 인간답게 형성하여야

---

211) 여기서 자기결정은 누구의 도움도 없이 혼자서 자신의 일을 처리해야 하는 것으로 볼 수 있으나, 오로지 자신만 이익을 챙기는 것과 근본적으로 다르다. 특히 자기결정은 이웃을 위해 필요한 책임을 배제하지 않음에 유념할 필요가 있다. 타인을 위한 공동책임의 의무까지 수용할 수 있어야 한다.

함을 뜻하며, 나아가 경제생활의 형태에 있어서 인간복지가 결정적 역할을 해야 함을 말해 준다. 인간을 무시하는 경제과정은 인간을 물질적 재화생산에 종속시킬 수 있기 때문이다.

경제활동의 기본은 역시 인간복지에 두어야 하는 것이지 생산성과 성장에 두지 않는다. 따라서 사업장에서의 인간화는 특히 중요하다. 예컨대 노동하는 인간의 신체적, 정신적 건강을 존중해야 하고 그가 경제생활의 결정에 적극 참여할 수 있도록 분위기를 조성해야 한다. 좀더 구체적으로 말하면, 작업장 안전의 개선, 일련의 인간다운 조건조성 등을 통해 인간으로서의 품격을 살려낼 수 있는 경제질서를 보장해야 한다.

사회적 시장경제는 그 출발에서부터 경제적 성과보다 경제행위에서의 인간화에 우선순위를 두기 때문에 경제과정에서의 인간복지에 많은 관심을 갖는다. 이런 점에서 사회적 시장경제는 연대 공동체적 및 경제 윤리적 특성을 띠며 발전하였다. 사회적 시장경제가 윤리적 특성을 띤다는 말은 곧 경제행위를 효율성이나 성과와 같은 경제논리에만 매달리지 않고 생산과정에서의 인간화와 경제정의의 실현, 그리고 사회적 공동선의 달성 등을 중요시함과 맥락이 닿는다.

우리는 그동안의 급속한 성장중심의 경제운영 정책에서 생산과정에서의 인간화의 실현에 소홀했던 점을 부인할 수 없다. 각종 편법과 탈법을 통해 경제행위를 추구한 측면이 없지 않다. 따라서 경제교육에서는 느린 성장을 인정하고 정의로운 경제행위란 어떠해야 하는지에 대해 숙고할 수 있도록 해야 한다. 무엇보다도 경제주체들이 제반 경제적 행위과정에서 인간다운 삶의 조건을 보장받으면서 인간답게 일할 수 있는 여건을 만드는 것이 왜 중요한지를 학습할 수 있도록 해야 한다.

그동안의 결과 내지 성과지상주의적 관점에서 벗어나 경제를 통한 인간성 실현이 어떻게 가능할 것인지를 생각할 수 있도록 해야 한다. 날이 갈수록 치열해지며 냉혹성을 띠며 전진을 거듭하는 현행의 경제적 상황에서 경제교육은 인간성의 실현에 보탬이 될 수 있는 경제공동체를 어떻게 구축할 수 있느냐에 대해 깊은 성찰의 장을 제공할 수 있어야 한다. 다시 한번 '경제란 인간을 위해 있는 것이지 인간이 경제를 위해 있지 않다'라는 대전제를 되새길 필요가 있다.

사회적 동반자 관계

시장경제에서 경제주체는 -노동자도 예외가 아님!- 자신의 이익을 우선적으로 고려하면서 행위를 결정한다. 여기서 노사관계란 불가피하게 적대관계, 다시 말해 계급투쟁 관계를 맺을 수밖에 없다고 다소 성급하게 결론을 내릴 수 있다. 그러나 이러한 결론은 잘된 결정이라 할 수 없다. 왜냐하면 경제행위에서 개인의 이익을 우선시하기도 하지만 그럼에도 불구하고 동반자 관계란 불가능한 것이 아니기 때문이다. 예를 들면, 노사 양측은 서로의 이해관계를 놓고 감정대립을 벌일 수 있지만 그런 대립이 이성적이며 평화스럽게 조정된 교섭을 통할 때 조화로운 관계를 맺을 수 있다. 이 지점에서 그들은 계급투쟁 대신에 산업평화 관계를 맺을 수 있다. 이처럼 동반자 관계를 맺는다는 것은 우선 상대방의 정당한 이익을 승인하는 것을 전제한다. 그러므로 동반자 관계는 상대방의 이익을 인정하면서 자신의 이익을 추구한다. 그것은 공동선의 테두리 안에서 자기 자신의 이익을 추구한다는 것을 의미하기도 한다.

그 밖에도 노사양측은 생산증대, 가격안정 등에서 상호 협력해야 한다. 그것은 협동과 공동책임, 즉 동반자 관계를 통해서 올바르게 해결될 수 있기 때문이다. 동반자 관계는 상호 연대적인 협조를 위해 비슷한 관심을 가진 사람들이 함께 단결하는 것을 뜻한다. 여기에서는 분명 여러 가지 역할과 결정영역이 있을 수 있다. 동반자 관계는 공동으로 결정해야 하는 영역이 있기 때문이다. 만일 노동자가 기업가의 손 안에 있는, 즉 아무런 의사결정권도 행사할 수 없는 생산재에 지나지 않다면 그것을 동반자 관계라 할 수 없다. 동반자 관계는 '공조'일 뿐만 아니라 '공동결정'을 전제로 성립하기 때문이다.[212]

구체적으로 어떤 영역에서 어떻게 공동결정을 이루어야 하는가는 협약과 법을 통해 규제될 필요가 있다. 간단히 살펴본다면, 공동결정은 다음 세 가지 영역에서 이루어질 수 있다: 1) 사업장 영역, 2) 기업구조 영역, 3) 초기업적 영역이 그것이다.[213] 일반적으로 공동결정은 그 해당사항이 노동자의 실존과 노동투입에 직접적이면 직접적일수록 노동자의 공동결정의 비중이 커진다고 할 수 있다. 왜냐하면 사람은 자아결정과 자아계발에 대한 권리를 행사해야 하기 때문이다.

현대사회에서 보통 단일개체로서 노동자와 사용자는 더 이상 대립적이지 않다. 대신 양측은 단체로 대립하는 것이 일반적이다. 따라서 동반자 관계는 개체로서의 동반자 관계가 아니라 사회적 집단으로서 동반자 관계를 맺어야 한다. 이런 '집단화'는 노동자 측에서 특히 중요하다. 왜냐하면 개체로서 노동자는 사용자에 비해 더 약하지만 단체를 통할 때 좀 더 강해질 수 있기 때문이다. 단체를 통해 힘의 균형을 유지할 수 있어야 한다. 이렇게 노사 양측 간의 힘의 균형이 이루어질 때 실제로 온전한 동반자 관계를 설정할 수 있다. 이러한 힘의 균형이 이루어질 때 동반자 관계는 고유의 목표에 도달할 수 있으며 공동선의 실현에도 한 발 가깝게 다가설 수 있다.

---

212) 허창수 지음, 『이성의 길』, 분도출판사, 2001.

213) 공동결정을 통한 동반자적 노사관계에 정립에 대한 좀 더 자세한 논의에 대해서는 정용교·허창수, "공동결정을 통한 동반자적 노사관계 모색", 『우리사회연구(제10집)』, 우리사회문화학회, 2003을 참조할 것.

사회적 시장경제는 노사 쌍방 간 힘의 균형 관계를 전제로 한다. 그것은 일방의 승리와 다른 일방의 도태를 뜻하는 것이 아니다. 이른바 경제적 주체들 간의 동반자 관계라는 제도적 장치를 통해 경제적 이해관계를 조절하는 데 중요한 특징을 둔다. 이런 점에서 다시 한번 '윤리체계'로서의 사회적 시장경제가 갖는 특성을 확인할 수 있다.

　　동반자 관계를 받아들인다는 것은 계급투쟁을 포기하는 것을 뜻한다. 예컨대 동반자 관계를 받아들인다면 노동조합은 노동자의 이익을 위해 투쟁할 수 있지만 기업가계급의 소멸을 목표로 해서는 안 되며, 다만 노동자의 권익을 어떻게 제대로 실현할 것인가에 관심을 두어야 한다. 또 노동조합은 공동결정을 위해 노력해야 하지 노동자 중심의 프롤레타리아 독재를 시도해서도 안 된다. 노동자는 자신의 권익실현에도 관심을 기울여야 하지만 동시에 기업의 권익 실현에도 관심을 두어야 한다. 공동결정·협력·개혁을 가능하게 하는 방법은 타협을 통해 찾을 수 있다. 즉, 동반자 관계를 제대로 잘 설정하는 비결은 타협하는 데 있다. 나도 잘 살고 남들도 잘 사는 것을 인정하는 것이 사회적 시장경제의 가장 핵심적인 세계관을 이룬다.

　　경제교육은 경제행위의 주체들 간에 동반자적 관계를 어떻게 잘 설정할 수 있도록 하느냐에 관심을 두어야 한다. 그것은 이제까지의 전투적 노사관계 대신에 동반자적 노사관계를 형성하는 것과 통한다. 무엇보다도 경제행위 자체를 타협과 협력의 산물로 바라보게 함으로써 노동세계의 인간화에 다가설 수 있는 것과 맥락이 닿는다. 경제행위에서의 동반자 관계설정을 통해 인간은 타인과 함께 자신의 문제를 스스로 결정할 수 있고 자신의 이해와 관심사를 정당하게 주장할 수 있는 존엄성을 보장받을 수 있기 때문이다.

　　이처럼 경제적 영역에서 각 주체들이 당면한 경제현안을 두고 동반자적 관계를 설정할 수 있는 경제교육의 환경을 만들 수 있어야 한다.

현행 경제교육은 겉으로 설정한 목표에서는 협력과 타협을 내걸면서도 속으로는 효율과 성과를 끊임없이 부추기며 동반자적 관계설정에 방해 요인으로 작용했다고 해도 과언이 아니다. 특히 학교단위의 경제교육 은 경제적 성과를 두고 무한으로 질주를 거듭하는 자본주의 속성을 염 두에 두면서 동반자적 관계형성을 통한 인간의 얼굴을 실현하는 경제 에 대해 충분히 생각할 여지를 마련해줄 수 있어야 한다. 그렇지 않다면 극단으로 치닫는 현행의 경제적 상황에서 소수의 경쟁력 갖춘 사람들 에 의한 다수의 종속현상이 현실화될 수 있기 때문이다. 경제의 가장 기 본적 의무는 경제를 통해 소수의 승자를 키우는 데 있기보다 다수의 사 람들이 인간답게 함께 살아가도록 하는 데 두어야 한다.

4. 경제교육 : 테두리질서 수립

경제행위는 궁극적으로 인간 삶을 윤택하게 함으로써 인간이 인간다 운 삶을 꾸릴 수 있는 물적 기반을 마련해주는 것에서 찾을 수 있다. 따 라서 경제문제는 인간과 인간과의 관계를 떠나서는 생각할 수 없다. 이 렇게 윤리적 차원에서 경제문제를 바라보는 시각은 사회적 시장경제에 서 추구하는 이념과 맥락을 같이 한다.

사회적 시장경제에서 노동자는 더 이상 '노동의 판매자'가 아니며 '공동생산자'로 이해된다. 즉, 노동자는 사용자와 더불어 동등한 시장상 품의 생산자로 파악된다. 이런 협력은 상대방의 상이한 이익을 서로 간 에 인정해주는 것에서 출발하며, 상이한 이익의 추구가 서로 간에 상충 되지 않음을 인정한다. 서로 간에 공동의 목표를 향해 협력함으로써 생 산물은 공동의 성과물이 된다. 따라서 노동자는 기업영역에 일정부분 참여할 수 있어야 하며, 동시에 권한에 걸맞은 책임을 져야하며 또 이익의 배분에서도 정당한 몫을 받을 수 있어야 한다.

이런 관점에서 보면 기업은 상품의 생산 장소일 뿐만 아니라 인간의 생산 공동체가 되어야 한다. 노동자는 회사에 무엇인가를 팔려는 사람들이 아니라 그리고 회사 밖에서 대립되는 위치에 있지 않고 노동계약을 통해 법적으로나 실존적으로 회사에 속해야 한다. 그들은 회사를 이루는 중요한 구성원으로서 회사의 주체이다. 기업이라는 경제공동체의 구성원들은 노동자든, 관리자든, 자본소유자든 모두가 인격적 존재이므로 자기의 생활과 관련된 사항에 대해 일정 수준의 발언권을 행사할 수 있어야 한다. 이런 일정 수준의 발언권, 즉 공동결정권의 보장을 통해 기업은 더욱 활성화될 수 있으며, 동시에 경제공동체의 형성에도 이를 수 있다.

독일식의 경제윤리적 기반에 토대한 사회적 시장경제 시스템은 성장과 효율성을 목표로 전진을 거듭하는 우리의 경쟁적 상황에 일정한 시사점을 제공한다. 현재 우리의 경제사회적 상황은 지구촌을 휩쓸고 있는 신자유주의적 경향에서 자유롭지 않다. 그것은 우리 사회 곳곳에 '일등주의', '최고주의'의 팽배현상을 낳고 있다. 청년실업을 비롯한 사회적 양극화와 쏠림현상은 날이 갈수록 심해지고 있고, 사회적 약자들이 느끼는 사회적 위화감과 상대적 박탈감이 일정한 도를 지나 사회통합에 중대한 위협을 가할 정도가 되고 있다.

오늘날 한국사회가 처해 있는 이런 중차대한 측면을 염두에 둘 때 경제교육의 방향 정립은 한층 커진다. 지금처럼 효율성, 성장, 성과, 경쟁 등에 초점을 둔 경제교육의 전제를 반성적 차원에서 바라볼 필요가 있다. 경제의 궁극적 목표를 경제행위를 통한 참된 인간성 실현의 의미로 보완할 수 있어야 할 것이다. 경제의 근본은 "만인의 복지를 향한 일정한 테두리 질서" 마련을 통해 개인의 '사익'과 사회적 '공동선' 사이의 일정한 조화를 마련하는 데 둘 수 있어야 한다. 이 사실은 경제에 윤리의 색을 입히며 그런 색에 따라 일상을 살도록 여건과 환경을 조성해야 할 필요성이 점증하는 현상으로 볼 수 있다. 경제에 윤리적으로 접근하여 삶으로 드러내도록 하는 것은 오늘날 경제교육이 당면한 현안의 과제로 부각되기 때문이다.

우리는 인간의 경제행위를 바라보는 관점과 시각에서 일대 전환이 필요한 시기에 살고 있다. 치열한 경쟁을 통해 이윤을 창출해야 한다는 경제논리에서 일정수준 벗어나 인간존엄과 가치를 보장할 수 있는 동반자적 경제공동체를 구축해야 할 중차대한 시점에 서 있다. 오늘날 우리가 처한 경제상황은 단순히 경제적 논리에서 해결의 실마리를 찾기보다 사회구성원 모두의 협치를 통한 공존적 삶에서 그 가능성을 찾을 수 있기 때문이다. 경제를 윤리적 차원에서 바라고 접근할 때 만인의 복지에 한층 더 가깝게 다가설 수 있다.

참고 문헌

1장

레오 13세. 1891. *Rerum Novarum*(노동헌장). 교황청회칙.

비오 11세. 1931. *Quadragesimo*(40주년). 교황청회칙,

심현주. 2007. "다원주의사회에서 타자인정윤리".『가톨릭철학』9. 한국가톨릭철학회.

요한 23세. 1961. *Mater et Magistra*(어머니와 교사). 교황청회칙.

요한 23세. 1963. *Pacem in Terris*(지상의 평화). 교황청회칙.

요한 바오로 2세. 1988. *Sollicitudo Rei Socialis*(사회적 관심). 교황청회칙.

요한 바오로 2세. 1981. *Laborem Exercens*(노동하는 인간). 교황청회칙.

요한 바오로 2세. 1991. *Centesimus Annus*(새로운 사태). 교황청회칙.

제2차 바티칸 공의회. 1963. *Gaudium et Spes*(기쁨과 희망). 현대세계의 사목헌장.

허창수. 1996.『자본주의의 도덕성과 비도덕성』. 왜관: 분도출판사.

『제2차 바티칸 공의회 문헌<문헌 교령 선언문>』. 1973. 한국천주교중앙협의회.

Aquinas, Thomae. *Summa Theologiae*. 정의채 역. 1989.『신학대전』. 성바오로출판사.

Baier, K. 1974. *Der Standpunkt der Moral*. Patnos Verlag. Düsseldorf.

Bernet, Beat. 1993. *Management, Macht und Moral*. Frankfurt.

Böckle, F. 1977. *Grundbegriffe der Moral*. Pattloch.

Furger, Franz. 1992. *Moral und Kapital*. Zürich.

Group of Experts on "World Economy and Social Ethics". 2001. *Social Capital*.
    German Bisshops' Conference.

Gustav, Gundlach. 1964. *Die Ordnung der menschlichen Gesellschaft*. Köln.

Herbert, Wottawah·정용교. 2005. "사회적 시장경제의 핵심내용과
    주요테제".『담론201』8(1). 한국사회역사학회.

Herbert, Wottawah·정용교. 2008.『경제와 윤리 - 경제는 윤리의 대상이 되는가?』.
    서울: 대왕사.

Johannes, Messner. 1968. *Das Gemeinwohl, Idee, Wirlklichkeit, Aufgaben*,

Osnabück.

Küng, Hans. 1990. *Projekt Weltethos*. R. Piper GmbH & Co. KG, München. 안명옥 옮김.『세계 윤리구상』. 왜관: 분도출판사.

Luckmann,Th. 1972. *Zwänge und Freiheiten im Wandel der Gesellschaftsstruktur, in Neue Anthropologie3(Sozialanthropologie)*.

Monzel, Nikolaus. *Solidarität und Selbstverantwortung*. München, 1956.

Pannenberg, Wolfhart. 1983. *Anthropologie in theologischer Perspektive*. Vandenhoeck & Ruprecht. Göttingen. 박일영 옮김. 1996.『인간학 II (인간사회론)』. 왜관: 분도출판사.

Peschke, Karl H. 1986. *Christian Ethics*. 김창훈 옮김.『그리스도교 윤리학』. 왜관: 분도출판사. 1990.

Rotter, Hans. 1975. *Grundlagen der Moral*. Benziger Verlag. Zürich-Einsiedeln-Köln. 안명옥 옮김.『윤리의 기초』. 왜관: 분도출판사.

Tönnies, F. 1887. 황성모 역. 1984.『공동사회와 이익사회』. 서울: 삼성출판사.

Tugendhart, E. 1984. *Probleme der Ethik*. Stuttgart.

Zoll, Rainer. 2000. *Was ist Solidarität heute?*. 최성환 옮김. 2008.『오늘날 연대란 무엇인가』. 서울: 한울.

2장

레오 13세, *Rerum Novarum*(노동헌장), 교황청회칙, 1891.

비오 11세, *Quadragesimo*(40주년), 교황청회칙, 1931.

요한 23세, *Mater et Magistra*(어머니와 교사), 교황청회칙, 1961.

요한 23세, *Pacem in Terris*(지상의 평화), 교황청회칙, 1963.

요한 바오로 2세, *Sollicitudo Rei Socialis*(사회적 관심), 교황청회칙, 1988.

요한 바오로 2세, *Laborem Exercens*(노동하는 인간), 교황청회칙, 1981.

요한 바오로 2세, *Centesimus Annus*(새로운 사태), 교황청회칙, 1991.

제2차 바티칸 공의회, *Gaudium et Spes*(기쁨과 희망), 1963.

허창수,『이성의 길』, 왜관: 분도출판사, 2001

허창수,『자본주의의 도덕성과 비도덕성』, 왜관: 분도출판사, 1996.

허창수·김종민,『경제활동 - 사람은 어디에 있는가? -』, 왜관: 분도출판사, 1995.

『제2차 바티칸 공의회 문헌<문헌 교령 선언문>』, 한국천주교중앙협의회, 1973.

Baier, K., *Der Standpunkt der Moral*, Patnos Verlag Düsseldorf, 1974.

Bernet, Beat, *Management, Macht und Moral*, Frankfurt, 1993.

Böckle, F., *Grundbegriffe der Moral*, Pattloch, 1977

Furger, Franz, *Moral und Kapital*, Zürich, 1992.

Group of Experts on "World Economy and Social Ethics", Social Capital, German Bisshops' Conference, 2001.

Group of Experts on "World Economy and Social Ethics", The many faces of globalization, German Bisshops' Conference, 2000.

Gustav, Gundlach, *Die Ordnung der menschlichen Gesellschaft*, Köln, 1964.

Heinz, Lampert, *Die Wirtschafts- und Sozialordung*, München, 1965.

Herbert, Wottawah·정용교, 『경제와 윤리 - 경제는 윤리의 대상이 되는가?』, 서울: 대왕사, 2008.

Johannes, Messner, *Das Gemeinwohl, Idee, Wirlklichkeit, Aufgaben*, Osnabück, 1968.

Küng, Hans, *Projekt Weltethos*, R. Piper GmbH & Co. KG, München, 1990, 안명옥 옮김, 『세계윤리구상』, 분도출판사, 1992.

Monzel, Nikolaus, *Solidarität und Selbstverantwortung*, München, 1956.

Peschke, Karl H, *Christian Ethics*, 1986, 김창훈 옮김, 『그리스도교 윤리학』, 분도출판사, 1990.

Rotter, Hans, *Grundlagen der Moral*, Benziger Verlag, Zürich-Einsiedeln- Köln, 1975, 안명옥 옮김, 『윤리의 기초』, 왜관: 분도출판사, 1993.

Schmmer, Uwe, *Im Mittelpunkt steht der Mensch*, Bund Verlag, 1995.

Tugendhart, E., *Probleme der Ethik*, Stuttgart, 1984.

Wolf, Ernst, *Sozialethik: Theologische Grundfragen*, Göttingen, 1982.

3장

성경

김춘호, 『가톨릭 교회와 사회변혁』, 분도출판사, 1998,

박준영, "R.S. Peters 교육철학에 있어서의 권위와 교육", 경성교육연구 2, 57~68, 1996.

박준영·천정미, "교육자의 권위위기 현상과 권위회복", 인문과학논총 5, 205~221, 2002.

비오 11세, *Quadragesimo Anno*(사십주년), 1931,

요한 23세, *Mater et Magistra*(어머니와 교사), 1961.

요한 23세, *Pacem in Terris*(지상의 평화), 1963,

정용교·Herbert, Wottawah, "인간존재의 이중주: 개체성과 공동체성을 중심으로",
　　대한정치학회보 17(1), 2009.

제2차 바티칸 공의회, *Gaudium et Spes*(기쁨과 희망), 1963,

최성환, "사회와 권위", 철학탐구 22, 173~201.

Aquinas, Th., *Summa Theologae*, 정의채 옮김,『신학대전 I 』, 바오로딸, 2000.

Augustinus, *De Civitate Dei*, 성염 옮김,『신국론』, 분도출판사, 2004.

Dussel, E., *Etica Communitaria*, Ediciones Paulinas, Madrid, 1986, 김수복 옮김,
　　『공동체 윤리』, 분도출판사, 1990.

Herbert, Wottawah·정용교,『경제와 윤리』, 대왕사, 2008,

Johannes, M., *Das Gemeinwohl, Idee, Wirklichkeit, Aufgaben*, Osnabück, 1968.

Küng, H., *Project Weltethos*, R. Piper GmbH & KG, München, 1990, 안명옥 옮김,
　　『세계윤리구상』, 분도출판사, 1992.

Pannenberg, W., *Anthropologie*, Vandenhoeck & Ruprecht, Göttingen, 1983;
　　박일영 옮김,『인간학Ⅲ』, 분도출판사, 1996.

Peschke, Karl H, *Christian Ethics*, C. Goodliffe Neale, Alcester and Dublin, 1986,
　　김창훈 옮김,『그리스도 윤리학』, 분도출판사, 1990.

4장

김춘호,『가톨릭교회와 사회변혁』,(왜관: 분도출판사, 1998).

소병철, "경제윤리의 필연성에 관한 소고",『범한철학』, 제44호(2007).

비오 11세,『하느님이신 구세주』, 교황청회칙(1937).

허창수,『자본주의의 도덕성과 비도덕성』,(왜관: 분도출판사, 1996).

허창수·김종민,『경제활동-사람은 어디 있는가-』,(왜관: 분도출판사, 1995).

정용교·허창수, "공동결정을 통한 동반자적 노사관계모색",『우리사회연구』, 제10호
　　(2003).

정용교·허창수, "노동인간화를 둘러싼 쟁점과 동향",『동향과 전망』, 제62호 (2004).

Engels, F., "Das Kapital von Marx", in: Herbert Pönick. *Die sozialen Theorien im 19.Jahrhundert in Deutschland*. Paderborn.33(1869).

Heiz, E., "Menschliche Arbeit aus betriebswirtschafter Sicht", Schubert, V. *Der Mensch und seine Arbeit*, EOS Verlag Erzabtei St. Ottilien(1986).

Herbert, Wottawah·정용교, "사회시장경제의 핵심내용와 주요테제",『담론 201』, 제8권 1호(2005).

Herbert, Wottawah·정용교,『경제와 윤리』(서울: 대왕사, 2008).

Köppinger, P., *Die Zukunft der Sozialen Marktwirtschaft*, Königswinte (1984).

Koslowski, P(Ed.), *The Social Market Economy*, Spinger(1998).

Koslowski, P., "The Social Market Economy: Social Equilbration of Capitalism and Consideration of the Totality of the Economic Order", in *The Social Market Economy*, Spinger(1998).

Ludwig Erhard & Alfred Müller-Armark, *Soziale Marktwirtschaft-Ordnung der Zukunft-*, ein Ullstein Buch(1972).

Müller-Armack, A., *Still und Ordnung der Sozile Marktwirtschaft. Veröffentlichung des Instituts für Wirtschaftspolitik an der Universität Köln*: Untersuchung (1972).

Paulus PP. II, *Centesimus Annus*(백주년), 교황청회칙(1991).

Paulus PP. II, *Laborem exercens*(노동하는 인간). 교황청회칙(1998).

Rüstow, A., *Das Versagen des Wirtschaftsliberalismus*. Bund-Verlag(1950).

Smith, A., *An Inquiry into the Nature and Causes of the Wealth of Nations. Bd1* (1756).

Stegmann, Franz J., "Wirtschaft, Market und Ethik", 경제윤리세미나자료집(미발행, 2006a).

Stegmann, Franz J.. "From 'Cost Factor' to 'Co-Entrepreneur'". 제19차 독일경제 윤리세미나자료집(미발행, 2006b).

Watrin, C., "The Social Market Economy: The Main Ideas and Their Influence on Economic Policy", *The Social Market Economy*. Spinger(1998)

5장

김춘호,『사회주의와 가톨릭 사회교시』, 분도출판사, 1991.

레오 13세, *Immortale Dei*(그리스도인의 국가건설에 관해), 교황청회칙, 1885.

레오 13세, *Libertas Praestantissimum*(인간자유의 기원에 관해), 교황청회칙, 1888.

레오 13세, *Sapientiae Christianae*(시민인 그리스도인에 관해), 교황청회칙, 1890.

레오 13세, *Dinturnum*(국가권력의 기원에 관해), 교황청회칙, 1891.

레오 13세, *Reum Novarum*(노동헌장), 교황청회칙, 1891.

바오로 6세, *Poplorrum Progressio*(민족들의 발전), 교황청회칙, 1967.

바오로 6세, *Octogesima Adveniens*(80주년), 교황청회칙, 1971.

비오 10세, *Singulari Quadam*(독일노조에 관한 칙서), 교황청회칙, 1912.

비오 11세, *Quadragesimo Anno*(40주년), 교황청회칙, 1931.

비오 11세, *Divini Redemptois*(무신론 공산주의), 교황청회칙, 1937.

아우구스틴, *De civitate Dei*, 성염 옮김,『신국론』, 분도출판사, 2004.

아우구스틴, *confessionum*, 김평옥 옮김,『고백론』, 범우사, 1987.

아우구스틴, *De libero arbitrio*, 성염 옮김,『자유의지론』, 분도출판사, 2006.

아퀴나스, *De regimine principium*(통치원리론).

아퀴나스, *Summa Theologiae*, 정의채 옮김,『신학대전』, 바오로딸, 2000.

홉스, *Leviathan*, 신재일 옮김.『리바이어던』, 서해문집, 2007.

요한 23세, *Mater et Magistra*(어머니와 교사), 교황청회칙, 1961.

요한 23세, *Pacem in Terris*(지상의 평화), 교황청회칙, 1963.

요한 바오로 2세, *Laborem Exercens*(노동하는 인간), 교황청회칙, 1981.

제2차 바티칸 공의회, *Gaudium et Spes*(기쁨과 희망), 사목헌장, 1963.

Herbert, Wottawah & 정용교,『경제와 윤리』, 대왕사, 2008.

Klein, W. & Ludwig, H. & Rivinius, K, J, *Texte zur katholischen Soziallehre* Ⅱ. Bundesverband der Katholischen Arbeitnehmer-Bewegung Deutschlands, 1976.

Nell-Bruning, O. & Schasching, J, *Texte zur katholischen Soziallehre*, Ketteler-Verlag, 1989.

6장

김춘호(1998),『가톨릭교회와 사회변혁』, 분도출판사.

정용교·Herbert Wottawah(2009), "가톨릭의 입장에서 바라본 국가윤리와 국가권력", 『윤리연구』 제74호, 227~250.

제2차 바티칸 공의회(1963), *Gaudium et Spes*(기쁨과 희망), 교황청.

Hobbes. T.(1651), *The Matter, Forme, and Power of Common wealth Ecclesiastical and Civile*, 최진원 역(2009), 『리바이어던』, 동서문화사.

Horkheimer, M.(1947), *Zur Kritik der instrumentellen Vernunft*, 박구용 역(2006), 『도구적 이성비판』, 문예출판사.

Joannes 23(1961), *Mater et Magister*(어머니와 교사), 교황청.

Joannes 23(1963), *Pacem in Terris*(지상의 평화), 교황청.

Klein, W. & Ludwig, H. & Rivinius, K, J.(1976), *Texte zur katholischen Soziallehre* II, Bundesverband der Katholischen Arbeitnehmer-Bewegung Deutschlands.

Leo 13(1885), *Immortale Dei*,(그리스도인의 국가건설에 관해), 교황청.

Leo 13(1881), *Diuturnum*(국가권력의 기원에 관해), 교황청.

Leo 13(1890), *Sapientiae Chreistianae*(시민인 그리스도인에 관해), 교황청.

Leo 13(1888), *Libertas Paestantissimum*(인간자유의 기원에 관해서), 교황청.

Lock, J.(1690), *Two Treatises of Government*. 강정인 역(2007), 『통치론』, 까치글방.

Machiavelli, Niccolo(1532), II Principe, 변용란 역(2009), 『군주론』, 아름다운날.

Nell-Bruning, O. & Schasching, J.(1989), *Texte zur katholischen Soziallehre*, Ketteler-Verlag.

Pius 11(1923), *Urbi Arcano*(그리스도왕국에 있는 그리스도의 평화에 관하여), 교황청.

Rousseau, J, J.(1762), *Du Contract social, ou principes du drotit politique*, 김중현 역(2010), 『사회계약론』, 팽귄클래스코리아

7장

곽태열(1992). "사회적 시장경제성립의 역사적 배경". **경상논총**. 32-46.

김종민·허창수(2000). 『**대량실업을 극복하는 길**』. 분도출판사.

김춘호(1998). 『**가톨릭 교회와 사회개혁**』. 분도출판사.

민병욱(2013). "재인식되는 독일기업의 사회적 특징". **한독사회과학논총** 23. 157-188.

성태규(2002). "독일 질서자유주의에서의 정치적 질서정책". **국제정치논총** 42(2). 217-236.

송백영(2011). "사회적 경제모델과 한국의 사회적 기업정책". **공공사회연구** 2. 5-32.

오미일(2010). "글로벌경제의 대항비전으로서 사회적 경제". **로컬리티인문학** 4. 83-118.

오용선·송형만·신승혜(2010). "독일의 사회경제 발전모델과 사회적 기업".
이시재, 구도완, 오용선 외 지음. **『생태사회적 발전의 현장과 이론』**. 아르케.

이항우(2011). "사회적 기업과 대안경제: 청주지역 사회적 기업 '가온'과 '삶과 환경'
사례연구". 충북대 사회과학연구소. **사회적 기업의 현재와 미래**. 1-24.

칼 폴라니, 홍기빈 옮김(2009). **『거대한 전환』**. 길.

사회적 기업연구원(2007.12). "독일 사회적기업 네트워크". **사회적기업연구원**. 34-35.

Amin, Ach(2009). "Locating the Social Economy". in *The Social Economy*, edited
by A. Amin. London: Zed Books Ltd.

Dyllick, Thomas(1992). *Management der Umweltbeziehhung.* 안병직·황신준
역(1996). **『경제정책의 원리』**. 민음사.

Gonzalles, Vanna(2007). "Globalization, Welfare Reform and the Social Economy",
in **Journal of Sociology and Social Welfare** 34(2).

Göbel, Elisabeth(1992). *Das Management der sozialen Verantwortung.* Berlin:
Duncker und Humbolt.

Thieme, H. J.(1994). *Soziale Marktwirtschaft.* München. Nördingen. 21.

Janelle A. kerlin(2010). "사회적기업 모델과 배경의 비교". *Social Enterprise Studies.*
5-19.

Köppinger, Peter, H.(1984). *Die Zukunft der Soziale Marktwirtschaft* Königswinter.

Koslowski, P(Ed.), 1997. "The Social Market Economy: Social Equilbration of
Capitalism and Consideration of the Totality of the Economic Order". in
The Social Market Economy(Spinger)

Milbrath, Lester(1989). *Envisioning a Sustainable Society: Learning Our* Way Out.
이태건·노병철·박지운 옮김(1992).**『지속가능한 사회』**. 인간사랑.

Müller-Armack, A.(1972). *Still und Ordung der Soziale Marktwirtschaft.*
Veröffentlichung des Institut für Wirtschaftspolitik an der Universität Köln:
Untersuchung.

Paulus PP. II (1991). *Centesimus Annus*(백주년). **교황청회칙**(40항).

Richardi, Reinhard(2005). *Arbeitgesetze 67.* Auflage. Beck-Texte ins dtv.

Rüstow, A.(1950). *Das Versagen des Wirkschaftliberalismus.* Bund-Verlag.

Stegman, Franz Josef(2000). *Geschichte der sozialen Ideen in Deutschland.* Essen:

Klartext Verlag.

Stegman, Franz Josef(2006). "From 'Cost Factor' to 'Co-Entrepreneur': The Changing Role of the Worker in Modern Economy". 경제윤리세미나 발표자료.

Wottawah,H.·정용교(2008),『경제와 윤리』대왕사.

8장

김종민·허창수 지음, 『대량실업을 극복하는 길』, 왜관: 분도출판사, 2000.

정용교·허창수, "공동결정을 통한 동반자적 노사관계 모색", 우리사회문화학회, 『우리사회 연구』제10집, 2003.

정용교·허창수, "노동인간화를 둘러싼 쟁점과 실행", 한국사회과학연구소 박영률출판사. 『동향과 전망』제62권, 2004.

허창수 지음, 『이성의 길』, 왜관: 분도출판사, 2001.

Herbert, Wottawah·정용교, "사회적 시장경제의 핵심내용과 주요테제", 한국사회역사학회, 『담론201』제8권1호, 2005.

Herbert, Wottawah·정용교, "기업내 공동결정권을 둘러싼 쟁점과 핵심내용", 한국사회역사학회, 『담론201』, 제9권3호, 2006.

Bernet, Beat, *Management, Macht und Moral*. Frankfurt, 1993.

Furger, Franz, *Moral oder Kapital?*, Zürich, 1992.

Grosser, Dieter u.a., *Soziale Marktwirtschaft*, Stuttgart, 1990.

Hengsbach, Fridhelm, *Wirtschaftsethik*, Freiburg, 1991.

Lampert, Heinz, *Die Wirtschafts- und Sozialordnung*, München, 1965.

Ludwig Erhard & Alfred Müller-Armack(Manifest '72), *Soziale Marktwirtschaft Ordnung der Zukunft,* ein Ullstein Buch, 1972.

Müller-Armack, A., *Still und Ordnung der Soziale Marktwirtschaft*. Veröffentlichung des Instituts für Wirtschaftspolitik an der Univeisät Köln: Untersuchung, 1972.

Peter H, Köppinger, *Die Zukunft der Sozialen Marktwirtschaft*, Königswinter, 1984.

Rüstow, A., *Das Versagen des Wirtschaftsliberalismus*, Bund-Verlag, 1950.

Schubert, Venanz,(Hrsg.), *Der Mensch und seine Arbeit*, St. Otttilin, 1986.

Schummer, Uwe, *Im Mittelpunt steht der Mensch*, Bund-Verlag, 1995.

Sik, Ora, *Die sozialgerechte Marktwirtschaft - ein Weg für Osteuropa*, Freiburg, 1990.

v. Nell-Breuning, Oswald, *Grundsätzliches zur Politik*, München-Wien, 1975.

Vaulel, Roland & Barbier Hans D.(Hrsg.), *Handbuch der Marktwirtschaft*. Pfullingen, 1986.

Wolf, Ernst, *Sozialethik: Theologische Grundfragen*, Göttingen, 1982.

찾아보기